中国城市群研究丛书

丛书主编　张学良　肖金成

呼包鄂城市群协同发展研究

Research on the Synergistic Development of
Hohhot-Baotou-Ordos Urban Agglomeration

杜凤莲　崔新蕾　等著

中国财经出版传媒集团

经济科学出版社
Economic Science Press

图书在版编目（CIP）数据

呼包鄂城市群协同发展研究/杜凤莲等著 . ﹣﹣北京：
经济科学出版社，2023.2
（中国城市群研究丛书）
ISBN 978 - 7 - 5218 - 3216 - 7

Ⅰ. ①呼… Ⅱ. ①杜… Ⅲ. ①城市群 - 发展 - 研究 -
内蒙古 Ⅳ. ①F299. 272. 6

中国版本图书馆 CIP 数据核字（2021）第 250621 号

责任编辑：于 源 陈 晨
责任校对：齐 杰
责任印制：范 艳

呼包鄂城市群协同发展研究
杜凤莲 崔新蕾 等著
经济科学出版社出版、发行 新华书店经销
社址：北京市海淀区阜成路甲 28 号 邮编：100142
总编部电话：010 - 88191217 发行部电话：010 - 88191522
网址：www. esp. com. cn
电子邮箱：esp@ esp. com. cn
天猫网店：经济科学出版社旗舰店
网址：http：//jjkxcbs. tmall. com
北京季蜂印刷有限公司印装
710 × 1000 16 开 13 印张 260000 字
2023 年 2 月第 1 版 2023 年 2 月第 1 次印刷
ISBN 978 - 7 - 5218 - 3216 - 7 定价：56. 00 元
（图书出现印装问题，本社负责调换。电话：010 - 88191510）
（版权所有 侵权必究 打击盗版 举报热线：010 - 88191661
QQ：2242791300 营销中心电话：010 - 88191537
电子邮箱：dbts@ esp. com. cn）

中国城市群研究丛书
主编简介

张学良，1978年6月生，安徽安庆人，经济学博士，中国区域经济50人论坛成员，上海财经大学长三角与长江经济带发展研究院执行院长。上海财经大学讲席教授、创新团队首席专家，博士生导师，美国密歇根大学、佛罗里达大学访问学者。入选中组部国家"万人计划"哲学社会科学领军人才、中宣部文化名家暨"四个一批"人才、教育部新世纪优秀人才等多个国家级人才计划，为国家社科基金重大项目首席专家，兼任全国经济地理研究会副会长、长三角城市经济协调会专家咨询委员会专家，主持了国家社科基金重大（重点）项目、国家自然科学基金项目与各级政府委托重大课题50余项，研究方向为区域经济与城市经济。

肖金成，1955年9月生，河北邯郸人，经济学博士，研究员，享受国务院特殊津贴。现任中国宏观经济研究院研究员、中国社会科学院研究生院博士生导师、中国区域经济学会副会长、中国区域科学协会理事长。曾任国家发展和改革委员会国土开发与地区经济研究所所长、国家发展和改革委员会经济研究所财政金融研究室主任、国家原材料投资公司财务处处长、中国城市规划学会区域规划和城市经济委员会副主任委员。2011年，被中国国土经济学会评为"中国十大国土经济人物"，2012年，被中国国际城市化发展战略研究委员会评为"中国城市化贡献力人物"，被中国科学技术协会评为"全国优秀科技工作者"。

序

大力推动城市群高质量发展

城市群是城市发展的最高层次的空间组织形式。作为资源要素的主要集聚地和协同创新的最强承载体，城市群在区域和国家经济社会发展中发挥着核心支撑作用。资料显示，世界排名前 40 名的城市群为全球贡献了 66% 的经济总量和 85% 的科技创新成果，而城市群都是各国经济发展格局中最具活力和潜力的地区[①]。我国已由高速增长阶段转向高质量发展阶段，抓住世界百年未有之大变局带来的机遇，适应形势变化构建以国内大循环为主体、国内国际双循环相互促进的新发展格局，实现国家经济更高质量、更有效率、更加公平、更可持续、更为安全的发展，必须高度重视城市群发展，采取更加有力的举措推动城市群建设。

一、进一步认识推动城市群发展的重要意义

党的十八大以来，我国把城市群作为新型城镇化的主体形态予以积极部署、大力推进。在《国家新型城镇化规划（2014—2020 年）》中，对优化提升东部地区城市群、培育发展中西部地区城市群和建立城市群发展协调机制做了安排。国家"十三五"规划纲要明确了城市群的具体建设任务。近些年来，19 个城市群和 2 个城市圈的规划编制工作相继展开。党的十九大报告进一步指出，要以城市群为主体构建大中小城市和小城镇协调发展的城镇格局。十九届五中全会通过的

---

① 范恒山：《推动长三角城市合作联动新水平》，载于《智库时代》2017 年第 4 期，第 57 页。

《中共中央关于制定国民经济和社会发展第十四个五年规划和二〇三五年远景目标的建议》强调，发挥中小城市和城市群带动作用，建设现代化都市圈。在新的发展阶段，践行新发展理念，推动形成新的发展格局，应进一步认识并充分发挥城市群建设的重要作用。

第一，有利于促进城乡区域协调发展。当前我国存在的主要问题是发展不平衡不充分，而这在城乡区域发展方面表现得尤为突出。东西部差距过大问题没有完全解决，南北地区悬差又凸显出来；近些年城镇居民与农村居民人均可支配收入比有所缩小，但综合考量城乡差别依然很大。建设城市群有利于加快缩小城乡间、地区间的发展差距。城市作为优质资源要素的主要集聚地，不仅构成了经济社会发展的主体动源，而且是带动区域发展的核心力量，而由多个城市有机组合而成的城市群，依托其网状形态和联动机制对周边地区发挥着更加广泛和更具强度的辐射带动作用，从而能大大加快欠发达地区的发展进程。不仅如此，依据东、中、西地区资源禀赋和发展潜能构造城市群功能和布局供应链价值链，则可以形成区域间联动发展、合作共赢的格局。就城市群内部看，通过城市间的合理分工及交通通信等基础设施网络连接等举措，不仅能发挥中小城镇各自的比较优势，还可以充分发挥中心城市的引领带动作用，促进域内各城市间在关键领域和重点环节的一体发展、协调发展，从而大大提升相对落后地区的发展速度与品质。

第二，有利于防止和治理"大城市病"。城镇化发展进程寓含着两个演进趋势：一个是农村生产要素向城镇的流转集聚，这更多地体现为土地城镇化的发展；另一个是产业和人口等向大城市的转移集聚，这更多地体现为人口城镇化的发展。前一种演进容易形成粗放发展，而后一种演进很容易导致"大城市病"。大城市具有的综合优势吸引众多的人口和企业进入，众多人口和企业的进入推动了城市产业多元扩张和功能全面拓展，大而全的产业体系和混杂的功能结构，造成城市不堪重负，从而形成了交通拥堵、环境污染、资源浪费等一系列"大城市病"。因此，注重于发展单个城市，不仅大概率会使城市患上各种病灶，而且一旦患病，很难通过自己进行有效治理。发展城市群则能够较好地解决这个问题。通过功能疏解重组既能够化解中心城市人口多、产业杂、环境乱、服务难等难题，又能强化各适宜中小城市的主体功能，推动其产业结构和公共服务等的优化提升。借此也能有效克服各城市间基于局部利益造成的不良竞争，促进优势互补、资源并济和风险共担。

第三，有利于进一步提升资源配置效率。作为由众多不同规模等级城市组合而成的空间结构紧凑、经济联系紧密的有机体，城市群为一体发展、协同运行提供了坚实的组织体系和空间构架，而一体发展、协同运行给城市个体和城市群整体都能带来强大的发展动能。城市间的合理分工减少了不良竞争、带来了地区协作，防止了资源配置分散、带来了专业效能的提升，强化了比较优势、提供了产业衔接配套条件。与此同时，在一体化、同城化等机制下，各城市可以突破行政区划约束，在城市群范围内自由进行资源要素配置，这不仅能有效化解自身面对的"巧妇难为无米之炊"困境，还能大大降低配置成本，提高适配水平，从而大大提升发展质量与效率。

第四，有利于加快形成双循环战略格局。城市群不仅是国家和地区发展创新的主体，而且是全面承载生产、分配、流通、消费过程，衔接供给、需求体系，连接国内外市场的平台，城市群的循环不仅是国家双循环的基础与支撑，也是动能和推手。通过加强城市群各城市间跨行政区的开放合作，打破阻梗与封锁，畅通内部"小循环"，实现中心城市的引领带动作用与其他城市联动崛起效应的有机结合，全面激发各个地区的发展潜能，提升城市群整体竞争力，带动周边区域加快发展。通过深化城市群间的开放合作，形成合理的区域分工和全方位的合作联动局面，形成供给与需求的配套促进、产业链创新链的联动提升，通过发挥内需潜力，使国内市场和国际市场互相联通，持续挖掘新动能、拓展新空间。

二、不断提高城市群的建设水平

为了契合经济进入高质量发展新阶段的要求，服务加快推进国家现代化建设重大使命，努力在形成新发展格局中担当砥柱职责，我国城市群发展必须走内涵式的高质量发展道路。要遵循客观规律要求，着眼解决关键问题，不断提高城市群的建设水平。考虑到城市群建设所涉及领域的广泛性与关系的复杂性，在具体方略上，宜坚持从实际出发，灵活施策、多措并举。特别要围绕五个方面下功夫。

第一，强化区域战略协调互动，进一步优化城市群功能分工。围于历史基础和自然禀赋的差异，我国城市群在国土空间中总体呈现出"东高、中平、西低"的分布格局，而东部地区城市群的经济实力、可持续发展能力远远领先于中西部地区城市群。现有城市群本身发展很不平衡，既有已经较为成熟的，也有正在快速发展之中的，还有处于培育形成阶段的。这种不平衡状态要求城市群发展在总体战略上坚持分类指导、因地制宜，并根据各城市群的发展水平和比较优势，进一步明确功能定位、确立发展重点。在此前提下，应大力推动成熟型城市群与发展型城市群、培育型城市群的战略互动。长三角、粤港澳、京津冀等成熟型城市群应充分发挥辐射带动作用，将发展型城市群和培育型城市群作为产业转移和跨区域合作的主要依托，发展型城市群和培育型城市群应进一步加强与成熟型城市群的交流合作。一方面，通过移植借鉴成熟经验和科学做法，夯实经济社会运行和治理的软硬基础，建立国际一流的发展环境；另一方面，通过飞地经济、租赁经济、托管经济、共享经济、平台经济等多种组织形态和合作模式，实现优质资源要素的共享互补，进一步强化地区比较优势和特色经济体系。

第二，加快都市圈建设，完善城市群空间结构。通常意义上，都市圈是城市群内部以超大特大城市或辐射带动功能强的大城市为中心，以约1小时通勤圈为基本范围的城镇化空间形态，它以同城化为方向，构筑中心城市和周边城市一体化发展的运行格局。都市圈是城市群的基本支撑和主要带动力量，从根本上决定着城市群发展的能量与质量。放眼世界，城市群的发展几乎都得益于都市圈的优强发展。据2018年美国经济分析局数据，纽约大都市区以占美国东北部大西洋沿岸城市群不到25%的总面积集聚了超过40%的就业，创造了约40%的国民生产总值，其集聚带动效应十分显著。因此，推动城市群发展，必须加快都市圈建设。都市圈建设仍然要坚持分类指导、因地制宜的总体原则，而操作的重心，一方面应是进一步塑造和突出中心城市的主体功能，增强其核心竞争力；另一方面则是大力推动中心城市与周边城市的一体发展、协调联动，这两个方面应该有机结合、相互支撑。可以利用空间换产业、市场换技术、园区换资本等手段，在疏解中心城市非主体功能的同时，将中心城市发展中的一般功能和"臃肿"事务向周边地区进行"梯度转移"，扶助周边地区突破发展的瓶颈制约。同时，以体制机制创新为保障，以基础设施一体化为支撑，促进中心城市和周边城市市场统一建设、产业错位布局、公共服务协同共建、生态环境一体保护，在合作联动中实现互利共赢。通过促进中心城市和周边地区功能互补和同城化建设，进一步完善城市群的空间结构，形成更大的发展能量。

第三，依托经济联动规避行政区划约束，最大限度地提升城市群综合承载能力。我国京津冀、粤港澳、长三角、成渝等 19 个城市群承载了全国 78% 的人口，贡献了超过 80% 的地区生产总值，成为承载资源要素、引领经济发展的主要空间载体。其中的奥妙在于，城市群各城市间通过协调联动强化了资源要素的跨行政区划配置，即通过拓展经济边界提升区域资源能源、生态环境、基础设施、公共服务等对经济社会发展的承载和支撑能力，缓解单个城市因行政区划限制所受到的土地、生态、环境等的约束。推进城市群发展，应进一步通过共建经济区、深化互补性经济合作、促进体制对接与市场开放等途径，突破行政边界限制，打通人员、资金、技术、土地、数据等要素的自由流动通道。土地是城市群发展的核心要素，往往受制于行政区约束和城市分割，应作为城市群改革创新的重点。就这方面而论，在加强建立全国性建设用地、补充耕地指标跨区域交易机制探索的同时，重点应加快城乡接合部农村集体土地制度改革，盘活存量建设用地，并深化农村宅基地制度改革试点，完善城乡建设用地增减挂钩政策，通过这些举措改变中心城市土地紧缺而外围地区土地闲置的不良状况。

第四，强化数字技术开发利用，夯实城市群现代化建设的智能基础。伴随全球新一轮科技和产业革命的蓬勃兴起和深入发展，以互联网、大数据、人工智能等为代表的数字技术将直接作用于经济发展，形成"数字经济＋"模式，带动人类社会生产方式变革、生产关系再造和生产空间重构。如果说过去区域经济乃至整个国民经济的快速发展在很大程度上得益于各类战略的大力推动的话，那么数字技术将成为现在和未来国家高质量发展的核心支撑力量。对于城市群建设来说，数字技术不仅是高效运行、有效治理和一体联动的支撑，还是内涵拓展、品质提升、功能集聚的条件。要把握新的科技革命的机遇，立足争取未来发展的主动地位，加快推进城市群数字技术的开发利用。在这方面应当竭尽所能，能走多快就走多快。当前应当重视的是，加快 5G 基站、智慧高速公路、未来社区等数字基础设施或运行载体在城市群内深度布局；大力推动传统产业数字化改造，促进制造业与数字技术融合发展；结合本地比较优势，发展和壮大数字经济核心产业；加快完善相关法律法规体系，优化数字经济投资促进机制，强化保障措施。通过努力，在城市群内形成优质高端、开放包容的数字技术基础设施与经济运行体系。

第五，协调优化"三生"空间，努力提高城市群的内在品质。高质量发展的城市群应当是生产、生活和生态功能的有机结合体。回顾我国城镇化发展历程，"三生"空间布局失衡是一个突出问题。在比较长的一个时期里，对生产功能的过度重视，导致生活空间和生态空间不断被蚕食侵夺，相应影响了城市品质的提升和人民福祉的增长。随着新发展理念特别是绿色发展理念深入人心，今天城市生态和生活空间建设已受到各方面高度重视，但协调发展和优化布局仍然面临着不少难题。必须明白，城市群发展"三生"协调并不是简单强化自然景观或休闲场所建设，不是三种功能空间的物理拼凑，而是从整体规划到具体设计上全方位多层次体现三者的交融耦合。高质量发展前提下的"三生"协调，要把绿色作为全部经济社会活动的底色，融入生产格局和生活方式之中。要站在绿色发展、经济发展与环境保护有机结合、人和自然和谐共生的基点上来考虑"三生"的建设与布局，通过"三生"的融合协调，更好地满足人民日益增长的美好生活的需要，实现城市群的高品质建设、高质量发展。

三、完善城市群一体化发展的支撑协调机制

城市群在超越单个城市的更大空间范围内承载着资源要素的集聚与配置，它不是简单的城市集合体，而是特定空间内由不同规模等级的城市在分工与协作基础上形成的具有密切联系的一体化功能区域。可以说，一体化是城市发展的基本品质所在，也是其旺盛的持续发展潜力所在，而一体化的本质和核心则是资源要素的无障碍自由流动和地区间全方位开放合作。因此，推动城市群发展，还要以促进资源要素自由流动和各城市间全方位开放合作为导向，建立健全各种支撑协调机制，尤其要重视以下一些方面的机制建设。

第一，完善规划指导协调机制。事前的统筹布局、一体规划不仅可以避免低水平重复建设，还可以促进各个城市的发展紧扣自身功能定位，充分发挥比较优势，从而促进城市群内部合理分工与协调发展，

进而提升区域的整体竞争能力。我国实施规划指导具有特殊的优势和丰富的经验，世界上一些国家和地区在城市群规划建设方面也有可资借鉴的做法。例如纽约都市区区域规划协会的工作经验表明，尺度较小、精准度较高的区域规划更能促进区域间交流合作。因此，应当进一步完善城市群规划的指导、管理与协调机制，在强化政府规划部门指导的同时，针对不同区域的城市群发展建立社会层面的规划引导和协调机制。在规划重点上，考虑到都市圈发展对城市群发展的特殊功能，应在统筹谋划城市群发展总体方向、战略布局、地区特色和发展重点的同时，把加强都市圈建设的规划指导与协调放到突出重要的位置。

第二，创新产业集群发展跨区域协调机制。产业集群的跨区域建设是城市群建设的核心内容，而形成世界级产业集群是实现城市群高质量发展的关键支撑。产业集群组织在欧盟、美国、德国、日本等发达国家世界级产业集群的建设过程中发挥了至关重要的作用。在坚持政府引导、市场决定和企业推动的基本思路与操作原则的基础上，我国推动城市群内跨区域产业集群建设，还应借助已有的区域合作机制，尝试建立包括政府、企业、高校、科研院所、行业协会、投资机构等在内的多元化集群管理组织架构，通过其更好地协调各方利益，维护公平竞争秩序、优化产业结构，并不断推动产业发展政策的调整和创新，支持先进特色产业做强做大。

第三，探索公共服务优化配置机制。以医疗、教育为代表的公共服务跨地区共享是城市群高质量一体化发展的重要标志，也是提升人民群众获得感和幸福感的重要途径，但在现阶段仍然是城市群建设的一个难点。解决这一难题，一个可以探寻的思路是建立教育、医疗协同发展体系，形成公共服务跨区域优化配置机制。在具体操作上，可以通过中心城市医疗、教育等公共服务部门与周边地区签署合作协议等方式，促进资源共享、研训协同；可以采取设立分院、科室合作、学校共建、专家义诊、线上云平台等办法促使中心城市优良医疗教育资源服务于周边城市居民。值得强调的是，此次新冠肺炎疫情的突然袭击，警示城市群建设必须高度重视生物安全和卫生安全。应依此进一步优化城市群空间布局和城市建设格局，完善突发公共卫生疫情联防联控机制，健全跨区域公共卫生应急管理体系，做到反应及时、应对有力，严谨有序、万无一失。

　　第四，建立成本共担、利益共享机制。交通基础设施互联互通、生态环境联保联治、产业发展协同协作、市场要素对接对流等跨区域事务都涉及成本分担和利益分配问题。保障城市群一体化高质量发展应进一步畅通多层次政府间沟通协商机制，按照稳定存量、改善增量的原则，建立成本共担、利益共享的分配机制，以全面调动各城市、各地区的积极性。为切实推进一体化发展进程，可以以政府资金为引导，探索设立城市群共同投资基金，相应建立科学高效的基金投资决策机制和运行监督机制。

　　总体来说，城市群发展是一项宏大而又艰巨的系统工程，要审时度势、统筹兼顾，并谋于高远、工于细末。特别是要基于百年未有之大变局的形势和实现高质量发展、建设现代化的要求来谋划和推进。通过持续努力，让我国城市群真正成为带动国家发展的创新高地和核心增长极。

　　顺应新形势新使命的要求，上海财经大学张学良教授等发起的中国城市群研究联盟运用"互联网＋科研"的新思维，采取"众筹、众包、众研"的项目组织方式，从 2017 年 7 月起，在深入调研的基础上，对我国城市群发展的诸多理论与现实问题进行了全面系统的研究，经过艰苦努力，编写出了"中国城市群研究丛书"。丛书在梳理京津冀城市群、长三角城市群、粤港澳大湾区、成渝城市群、长江中游城市群、中原城市群、关中平原城市群、山东半岛城市群、滇中城市群、环鄱阳湖城市群、呼包鄂城市群的地理环境、历史脉络与发展历程的基础上，对我国城市群空间结构、产业发展、交通网络、经济联系、区域合作、资源环境承载能力等进行了分析论证，揭示了当前城市群发展取得的基本成就和存在的主要问题，提出了未来实现高质量发展的方向性思路与操作性建议。这套通过各团队成员集体参与、充分沟通，可谓集百家之所长、融众人之所思的丛书，将思想性、政策性、学术性、资料性归为一体，特色鲜明、见解独到，不乏真知灼见，是了解、研究和推进我国城市群发展不可多得的工具类书籍，于理论研究者、政策制定者、实践推进者诸都适用。若据而读之，必深受其益。故此竭力推荐，希望引起关注。

范恒山
2020 年 11 月 21 日

代 序

城镇化战略与城市群规划

城镇化战略在中国已经达成了共识。城镇化关系到经济发展、社会发展，关系到人口素质的提高。城镇化和城市建设存在非常密切的关系，城市和城镇是城镇化的载体。城市规模的扩大和城镇数量的增加，使中国涌现出若干城市群。通过城市群规划，促进城市的分工合作与功能互补，实现大中小城市与小城镇协调发展。

一、城镇化与城镇化战略

城镇化作为农村人口从分散的乡村向城市和城镇集中的历史过程，是一种世界性现象。进入 21 世纪，中国开始实施城镇化战略，城镇化速度不断加快。中国"十五"计划（2001～2005 年）纲要提出"要不失时机地实施城镇化战略"。中共十九大报告提出："以城市群为主体构建大中小城市和小城镇协调发展的城镇格局，促进农业转移人口市民化。"

加快农村富余劳动力向城市和城镇转移，提高城镇化水平，是中国全面建成小康社会、实现全面现代化的必然选择。一是城镇化是解决日益严重的农村富余劳动力的根本出路。农业现代化的顺利推进，需要将滞留在农村的大量富余劳动力转移到城市和城镇的二、三产业，摆脱严重失调的人口城乡分布格局对国民经济持续健康发展的制约。根据国家统计局的数据显示，2000 年，中国的城镇化水平为 36.22%，农村人口 8.08 亿人，2017 年，中国的城镇化水平为 58.52%，农村人口仍有 57688 万人，还不包括 2 亿多的农民工。二是城镇化是提高人口素质的重要举措。城镇丰富的教育资源和高效的资源利用有利于人口科学文化素质的提高。三是城镇化有利于减轻生态脆弱地区的压力，从而改善生态环境。随着城镇化进程的不断推进和城镇化水平的不断提高，农村居民的数量不断减少，农民人均收入不断提高，对土地等自然资源的压力也随之降低，为生态退化问题的解决提供了重要条件。

统计数据表明，城镇化水平每提高 1%，就可拉动当年国民生产总值增长 1% ~2%。① 由此可见，城镇化已经成为决定中国经济增长的关键性因素，不加快城镇化进程，就难以实现农业现代化，中国国民经济发展就难以跃上一个新台阶。

城镇化的本质是实现人口由农村向城市和城镇的转移，城镇化的最终目的是要为人的全面发展创造条件，让进城的农民进得来、留得住、过得好。解决农业转移人口（农民工）问题是城镇化战略的重要组成部分，正确的选择是让进城的农民留下来，并且让他们的家属进城居住。解决农民工问题的基本途径就是农业转移人口市民化。

农业转移人口市民化就是让已进城的农民工不管是在大中城市，还是小城市、小城镇都能享受与城市居民同等的福利待遇、同等的社会保障、同等的权利与义务，不再是城市的"边缘人"。农业转移人口市民化可从解决农民工的福利与保障入手，再逐步解决其他问题。

中国改革开放以来，一批批农民脱离农业，离开农村，进入工厂，进入城市，形成了庞大的农民工群体，他们不仅为中国的工业化做出了贡献，也为城镇化做出了贡献，但时至今日，虽然在统计数据上大部分已属于城市常住人口的一部分，但身份问题没有解决，大多数人的家属没有进城，未能享受与城市居民同等的待遇，所以，农民工问题受到社会各界的广泛关注。

首先应该解决的是农民工的社会保障问题。在社会保障制度方面，主要是解决流动人口社会保障的可转移问题。加快农民工输入和输出大省之间进行养老保险关系转移的对接试点工作，在取得经验的基础上推向全国。应尽快研究建立不分城乡区域的社会保障体系。其次是农民工的子女教育问题。儿童教育当然应是输入地政府的责任，不应

---

① 肖金成：《城镇化战略与城市群的发展》，载于《今日国土》2013 年第 9 期，第 15 ~17 页。

该有任何的歧视。实质上这已不是农民工的福利而是农民工子女的权益，应追究城市政府不作为的责任。再次，在住房方面，要城市政府包下来也不现实，应多层面完善农民工的住房问题。参照城市居民住房公积金制度，制定并实行外来务工人员住房公积金制度，对建立公积金账户的外来务工人员允许其以公积金购房和支付房租；建设一批小户型的廉租房，向包括外来人口在内的无力购房的低收入群体出租。在户籍制度方面，应废除城乡分割的户籍制度，建立全国统一的以居民身份证和居住证为基本依据的人口管理体制。超大城市和特大城市可建立有序的准入制，降低门槛，允许具有可靠职业和稳定收入的外来人口在经常居住地落户，引导流动人口融入当地社会。城市应该宽容、主动、创造条件去接纳农民工成为城市居民。鼓励家庭移民，家庭中凡有一人在城市有固定职业者，允许其家庭成员落户。

二、城市群：城镇化的主体形态

进入21世纪，中国区域经济发展的重要特点是城市群的出现。城市群是在工业化、城镇化进程中出现的区域空间形态的高级现象，能够产生巨大的集聚经济效益，是国民经济快速发展、现代化水平不断提高的标志之一。所谓城市群是在特定的区域范围内云集相当数量的不同性质、类型和等级规模的城市，以一个或几个特大城市为核心，依托一定的自然环境和便捷的交通条件，城市之间的内在联系不断加强，共同构成一个相对完整的城市"集合体"。在城市群范围内，原来单个的城市和另外的城市形成了互补关系，大城市的功能不断升级，给小城市和小城镇带来了机遇。小城市和小城镇在城市群范围内，区位劣势在弱化，而成本优势在强化。原来一些小城市之所以发展缓慢，是因为有区位劣势，产业和人口难以集聚，始终保持很小的规模，但在城市群中，由于交通条件的改善，区位劣势被化解。小城市和小城镇要素成本很低，比如零部件产业就可以在小城市和小城镇得到发展。长三角城市群、珠三角城市群之所以有很多小城镇能够集聚那么多产业，和处于城市群之中有非常密切的关系。另外，在城市群里大中小城市和小城镇能够协调发展，而且基础设施能够共享共用。

一个区域是否形成了城市群，需具备三个条件：一是要有一定的城市数量；二是要有大都市，没有大都市，都是中小城市，各自的辐射半径就很小，城市和城市之间难以形成合理分工；三是城市之间的联系要十分密切，交通要十分便捷。

根据我们的研究，中国已经形成了十大城市群，即长三角城市群、粤港澳大湾区城市群、京津冀城市群、长江中游城市群、川渝城市群、中原城市群、辽中南城市群、山东半岛城市群、海峡西岸城市群和关中城市群。这十大城市群的面积约占全国国土面积的 10% 多一点，承载人口占全国 1/3 多，GDP 占全国的比重将近 2/3。①

未来还会形成几大城市群，如湘东城市群、江淮城市群、北部湾城市群、哈长城市群、天山北坡城市群等。原来大家只听说过长株潭城市群，实际上这三个城市离得很近，这三个城市实际上是一个城市的三个组团，它的发展会带动周边城市的发展，如益阳、衡阳、岳阳、娄底和常德，还有江西的萍乡，会形成以长株潭为核心的湘东城市群。像长沙、合肥、长春、哈尔滨、南宁、乌鲁木齐，近年来发展非常快，随着辐射半径的扩大，和周边城市的联系不断加强，城市群就有希望形成。

总之，由于中国人口众多，适宜人类生存发展的国土空间并不大，绝大多数人集中生活在东中部平原地区，所以，中国的城市群不仅数量多，而且规模大。我们预测，中国将形成若干世界级城市群。长三角城市群已经名列世界第六大城市群，珠三角将与香港、澳门融为一体，形成比珠三角范围更大的粤港澳大湾区世界级城市群。未来，京津冀和山东半岛两大城市群将融合为一体，形成京津冀鲁世界级城市群，还有长江中游地区、川渝地区、东北地区，也有可能形成世界级城市群。这些世界级城市群将矗立在世界的东方，和美国、美加、欧洲、英国、日本的世界级城市群遥相辉映。

三、城市群规划：城市分工与功能互补

为什么要做城市群规划？因为在城市群内部，由于区位的变化，竞争比较激烈，如北京与天津、广州与深圳、沈阳与大连、济南与青

---

① 肖金成、申兵：《我国当前国土空间开发格局的现状、问题与政策建议》，载于《经济研究参考》2012 年第 31 期，第 15～26 页。

岛、福州与厦门等，均要发展成为金融中心，出现"虹吸效应"和"寡头效应"，周边城市很难发展起来，而核心城市由于功能过度聚集，出现了比较严重的"大城市病"。因此需要国家出面进行规划，明确各自的分工，消除行政壁垒和恶性竞争，促进城市间的合作。2011 年 3 月 6 日发布的《中华人民共和国国民经济和社会发展第十二个五年规划纲要》指出，要科学规划城市群内各城市功能定位和产业布局，缓解特大城市中心城区压力，强化中小城市产业功能，增强小城镇公共服务和居住功能，推进大中小城市基础设施一体化建设和网络化发展。

城市群如何规划？城市群规划与区域规划和城市规划有很大的区别。区域规划范围一般大于城市群规划，规划对象既要包括城市也要包括农村，内容比较庞杂。城市规划主要对一个城市未来一定时期扩展的部分与需要重建或改造的部分进行设计，包括交通设施、地下基础设施、空间布局、城市风貌等，一般不涉及其他城市，甚至也不涉及农村。而城市群规划的对象是城市群范围内的城市和城镇，确定各城市的功能及相互之间的关系等。

第一，科学界定城市群的范围。城市群包括多个城市，但范围并非越大越好。是否纳入城市群范围，应根据城市的辐射半径、城市之间的联系度和交通条件。城市的辐射半径最远不会超过 200 公里，也就是说大都市的辐射半径远一些，小城市的辐射半径会近一些。一般来说，都市有都市圈，城市有城市圈，都市圈和城市圈相互耦合，也就是各自辐射的范围连在一起，城市群的范围就清楚了。

第二，明确城市群内各城市的功能定位。城市群内的每个城市都要承担一定的功能，根据产业基础、比较优势进行分工。比如京津冀城市群，北京的功能、天津的功能、河北省各城市的功能均要在规划中明确。

第三，确定城市群的空间布局。预测城市群内大都市和其他城市发展的速度和方向，明确同等规模城市之间的关系，确定哪个城市重点发展哪些产业，各城市发展到多大规模，为各城市的规划提供依据。

第四，构建合理的城镇体系。城市群内有特大城市甚至有超大城市，也有大城市、中等城市、小城市，还有小城镇。规划主要明确大中小城市和小城镇之间的关系，构建比较合理的城市体系。我们说京津冀城市群城市体系不太合理，是因为有两个人口在 1000 万以上的超大城市，经济实力很强，吸引力很强，而河北省均是 300 万人以下的城市，存在断崖式落差，所以，在城市群内建立合理的城镇体系非常重要。

第五，产业发展与分工协作。产业选址、产业发展一般由企业决策，但在规划中可明确负面清单，即明确哪些城市不能发展什么产业，如核心城市一般发展现代服务业，限制发展劳动力密集型制造业，禁止发展高排放产业。产业链条应向整个城市群延伸，向中小城市和小城镇延伸，促进产业分工协作。

第六，基础设施互联互通。之所以要对城市群进行统一规划，直接动因就是要解决"断头路"问题。交通一体化和建设交通网络体系是城市群规划的重要内容。

第七，生态环境共建共保。城市群中有的城市在流域的上游，有的城市在下游，流域上下游要一体化规划，规划生态走廊，划定生态红线，共同保护生态环境。

第八，基本公共服务共享。在城市群内一体化的公共服务十分必要。规划中要明确缩小公共服务差距的途径与举措。

此外，要有保障措施，上级政府应加强组织领导，强化督促检查。要推进体制机制创新，如建立市长联席会议制度，建立合作办公室、建立共同发展基金等。

在"中国城市群研究丛书"出版之际，我将在丛书组稿会上的发言作为序言，希望这一丛书得到研究城镇化和城市群的学者的欢迎，希望社会各界的读者了解和认识城镇化和城市群。

肖金成

2020 年 2 月 14 日

总前言

　　城市群的日益崛起是当前我国区域经济发展的一个重要特征。伴随着城镇化的快速推进，城市之间的联系日益密切，企业和要素的跨城市配置日益明显，一个城市的发展愈发受到其他地区和城市影响，传统的行政区逐渐向经济意义上的功能区转变，由地域上相近的不同规模和功能的多个城市聚合而成的城市群逐渐成为我国区域经济发展的主要空间单元，同时，以城市群为主要载体来实现大中小城市和小城镇的协调发展也已成为被普遍认可的城镇化道路。党的十九大报告指出，要以城市群为主体构建大中小城市和小城镇协调发展的城镇格局。《中共中央关于制定国民经济和社会发展第十四个五年规划和二〇三五年远景目标的建议》也进一步提出，要发挥中心城市和城市群的带动作用，建设现代化都市圈。此外，国家还集中出台了多项有关城市群和经济区的专项规划，特别是近年来京津冀协同发展、粤港澳大湾区建设、长三角一体化发展、成渝双城经济圈上升为国家战略，更加凸显了城市群在区域发展中的重要作用。

　　城市群的崛起源于其特定的竞争优势，这种优势内生于城市群的形成和演化过程之中。城市伴随着集聚经济而发展，产生两个好处：地方化经济与城市化经济，二者推动专业化城市和综合性城市的形成。但是，当城市发展到一定规模，经济活动在单个城市的集中会带来集聚不经济问题，此时要素和产业会从中心城市以人流、资本流、信息流和商品流的形式沿着交通轴线和通信渠道向外围低梯度城市地区扩散，甚至在区域其他地方产生新的经济中心，这些新的经济中心与原来的经济中心在发展和空间上相互联系、组合，形成区域的经济中心体系。每个经济中心都会有与其规模相应的大小不一的外围地区，这样，区域中就出现了若干规模不等的"中心—外围"空间结构，大、中、小城市在地理空间上"聚集"在一起，并最终形成一个完善的由不同等级规模城市构成的城市体系，即城市群。

城市群的核心竞争力在于城市群经济效应。城市群是基于交通高度发达、社会分工深化、市场深度扩张、要素高度聚集而演化形成的空间组织形式，从城市向城市群的演进，是经济集中化的产物，体现了生产从企业聚集到产业聚集再到城市聚集的延伸，能够实现要素在更大范围城市体系内的集聚与整合。现有理论强调单一城市的集聚对城市内部市场主体形成的外部性，但城市之间彼此的空间聚集和联动发展也会形成一种互为溢出的外部性，产生"1＋1＞2"的更强的经济效应，提高城市群整体的资源配置效率，获得更大的规模效益和分工收益。城市群经济的发挥就在于集聚空间由城市向城市群的扩展，地理邻近、功能邻近、交流邻近能够带来城市间交易成本的降低和知识信息的溢出，使得网络外部性作用得以充分发挥，实现城市与区域间的经济边界、行政边界、地理边界与社会文化边界的耦合。所以，要真正实现地方化经济和城市化经济向城市群经济的延伸，城市群各个城市之间必须要形成联系密切、结构合理、布局优化的城市体系。只有通过整合发展，构筑合理的城市等级规模结构、产业分工结构和空间布局结构，实现各个城市在市场一体化基础上的密切联系和交流，才能优化要素配置，发挥城市群经济的优势，从而具备更强的竞争力。中国地域广阔，各大城市群的发展必然处在不同的发展阶段，资源环境所承载的人口规模和经济发展水平也均有不同，我们在前期的系列研究中，也将处于不同发展阶段的城市群划分为成熟型城市群、发展型城市群和形成型城市群，以因地制宜、分类指导，更好地寻求其各自发展的侧重点。

由此看来，城市群问题是中国区域经济发展的重大综合性问题，需要综合多学科开展系统性、整体性、协同性的深化研究。为此，一直以来坚持以"组织科研"方式创新、实现"科研组织"形式变革的中国城市与区域实验室（CCRL），于2017年7月，与南开大学城市与区域经济研究所、中国人民大学区域与城市经济研究所、兰州大学经济学院、西南民族大学经济学院、东北财经大学国民经济管理研究所、中山大学城市化研究院、首都经济贸易大学特大城市经济社会发展研究院、哈尔滨工业大学（深圳）经济管理学院、哈尔滨工业大学经济管理学院、湖南师范大学资源与环境科学学院、武汉大学、中国地质大学（武汉）、中国海洋大学法政学院、山东省城乡规划设计研究院、河南工业大学、云南师范大学地理学部、广西大学商学院、江西师范大学江西经济发展研究院、山西财经大学资源型经济转型发展研究院、内蒙古大学经济管理学院、安徽财经大学经济学院、新疆财经大学经济学院、上海财经大学区域经济研究中心等 23 个研究机构共同发起成立了"中国城市群研究联盟"，并举办了系列城市群发展高端论坛。联盟旨在让一群对中国城市群有研究基础、有研究能力、有研究兴趣的学者或团队聚集在一起，运用"互联网＋科研"的新思维，秉持"众包、众筹、众研"的项目组织方式，让学术回归学术，平等参与、平等讨论，充分发挥科研比较优势，分享研究成果，共享知识溢出，构建中国城市群研究的学术生态圈。

"中国城市群研究丛书"就是在联盟成员充分沟通、达成共识的基础上，共同参与、集体创作的综合性研究成果。全书结合中国城市群发展实际，坚持用数据说话，牢固树立问题导向，从理论与实践相结合的高度，对我国城市群发展做出全面考量与客观评价。各研究团队不仅梳理了京津冀城市群、长三角城市群、粤港澳大湾区城市群、山东半岛城市群、哈长城市群、环鄱阳湖城市群、滇中城市群、兰州—西宁城市群、中原城市群、江淮城市群等相应城市群的地理环境、历史脉络与发展历程，研究了不同城市群的空间结构、产业结构、经济结构、区域合作方式与进程，并就不同城市群目前存在的问题与未来的可持续发展方向提出了意见与建议，具有重大的理论价值和现实意义。

展望未来，中国城市群发展的道路、模式、机制等都十分复杂，有中国改革开放空间试验场的独特故事，书中虽对全国各大城市群已经做了比较系统、独特的综合性研究，但在中国进入新发展阶段，以国内大循环为主体、国内国际双循环相互促进的新发展格局中，城市群的理论与实践还在不断发展，关于城市群空间范围科学界定、内部城市间产业分工合理测度、城市联系度量等研究在广度、深度上仍有待深入探索。比如，"大城市—都市圈—城市群"三个空间尺度紧密相连，都市圈作为突破城市行政边界、促进生产要素跨区域优化配置的更小空间尺度，在城市群建设中正发挥着放大城市群核心城市辐射力、突破行政边界束缚、实现区域融合发展的重要作用，是城市群发展不可逾越的阶段。我们会在后续都市圈系列丛书中对此问题进行深入探讨，敬请关注。

最后，丛书是在经济科学出版社领导和编辑同志支持下完成出版的，中国地质大学（武汉）区域经济与投资环境研究中心副主任白永亮教授，内蒙古大学经济管理学院院长杜凤莲教授，新疆财经大学副校长高志刚教授，兰州大学经济学院院长郭爱君教授，山西财经大学资源型经济转型发展研究院院长郭淑芬教授，南开大学城市与区域经济研究所原所长、中国城市经济学会学科建设专业委员会主任江曼琦教授，安徽财经大学经济学院院长李刚教授，广西大学商学院李红教授，中山大学地理科学与规划学院梁育填副教授，哈尔滨工业大学（深圳）经济管理学院林芳莹助理教授，哈尔滨工业大学可持续发展与城市治理研究所所长马涛教授，中国海洋大学法政学院马学广教授，云南师范大学地理学部潘玉君教授，郑州大学副校长屈凌波教授，深圳市原副市长、哈尔滨工业大学（深圳）经济管理学院唐杰教授，东北财经大学公共管理学院王雅莉教授，武汉大学经济与管理学院吴传清教授，首都经济贸易大学城市群可持续发展决策模拟北京市重点实验室常务副主任吴康副教授，西南民族大学经济学院原院长郑长德教授，江西师范大学地理与环境学院执行院长钟业喜教授，湖南师范大学资源与环境科学学院副院长周国华教授，安徽财经大学副校长周加来教授等共同参与了丛书的讨论与编写工作。此外，丛书还得到了国家发改委原副秘书长范恒山教授，中国科学院科技战略咨询研究院副院长樊杰教授，中国科学院地理资源所区域与城市规划设计研究中心主任方创琳教授，中国区域科学协会副会长、南开大学郝寿义教授，中国社科院学部委员、中国区域经济学会会长金碚教授，南开大学经济与社会发展研究院院长刘秉镰教授，中国社科院城市与竞争力研究中心主任倪鹏飞教授，华东师范大学中国现代城市研究中心原主任宁越敏教授，上海对外经贸大学原校长、上海市政府参事孙海鸣教授，中国人民大学区域与城市经济研究所原所长、全国经济地理研究会会长孙久文教授，中国社会科学院农村发展研究所所长魏后凯教授，国家发改委国土开发与地区经济研究所原所长肖金成教授，中国社科院生态经济研究所党委书记、中国区域科学协会会长杨开忠教授，清华大学中国新型城镇化研究院执行副院长尹稚教授，中国科学院赵作权教授等专家学者的关心与支持，特此深表谢意！

张学良

2020 年 11 月于上海

CONTENTS **目录**

呼和浩特、包头和鄂尔多斯三市位于内蒙古自治区中西部、全国"两横三纵"城镇化战略格局包昆纵轴的北端，是国家呼包银榆经济区的重要组成部分、国家能源矿产资源富集区和内蒙古自治区经济发展的核心区，其区位优越、资源丰富、产业和城市基础较好，人口相对密集，并已进入工业化、城镇化加速期。

该区域面积13.2万平方公里，占内蒙古自治区总面积的11.4%。2016年常住人口800.15万人，占内蒙古自治区常住总人口的31.8%；生产总值11459.15亿元，占内蒙古自治区的61.5%[①]。同时，呼包鄂地区集中了全国17%的煤炭、84%的稀土、12%的天然气探明储量，资源优势明显[②]。区域内能源和矿产资源十分丰富，稀土资源得天独厚，水资源保障程度相对较高，可利用土地较多，发展空间和潜力较大。

从地理空间上看，该区域地跨华北与西北，邻近周边市场，并毗邻蒙古国。从交通方面看，京兰铁路横贯东西，京藏、京新、包茂等高速公路贯通呼包鄂三市，是京津冀的重要腹地，是我国向北开放的重要门户，中蒙俄经济走廊的重要支撑区，内蒙古自治区区域协同发展的样板区、创新发展的引领区，同时也是我国北疆安全稳定屏障和生态屏障。呼包鄂地区电力、通信、市政等基础设施保障能力不断增强，城际铁路正在规划建设。

近年来，呼包鄂经济社会快速发展，初步形成协同发展格局。优势特色产业形成规模，大企业、知名品牌集中，部分产业市场竞争力较强，综合实力显著增强，为内蒙古自治区经济从全国后列进入中游做出了重大贡献。该区域城市群初具规模，沿交通干线城镇带已具雏形。呼包鄂的率先发展，培育新动力、形成新优势，在内蒙古自治区率先实现城乡一体化发展，成为内蒙古自治区经济社会发展与城乡融合发展的先行区，可辐射带动内蒙古自治区加快发展。基于尊重呼包鄂城市群规划历史的原则，本书保留研究原貌，大部分沿用2016年数据。

---

① 笔者根据内蒙古自治区统计局：《内蒙古亮丽70年》，中国统计出版社2017年版的相关资料整理所得。

② 参照《呼包鄂协同发展规划纲要（2016—2020）》。

第一章

自 然 地 理

　　呼包鄂地区，地理位置独特，位于内蒙古自治区中西部，凭借特有的区位优势和资源禀赋，已成为内蒙古自治区最具活力的城市经济圈。

　　现今，呼包鄂协同发展已进入全面落实阶段，《呼包鄂协同发展规划纲要（2016—2020 年）》将呼包鄂总体定位为国家资源型地区、可持续发展实验区、边疆民族地区、统筹城乡发展先行区、黄河中上游生态环境保护的示范区、中蒙俄经济走廊的重要支撑区、内蒙古自治区区域协同发展的样板区、内蒙古自治区创新发展的引领区。并明确建立起呼包鄂协同发展的体制机制，初步形成协同发展格局。

　　在这新一历史时期，呼包鄂基本形成协同发展、互利共赢的发展格局，在内蒙古自治区率先实现城乡一体化发展，成为内蒙古自治区统筹城乡发展的先行区、生态环境保护的示范区、内蒙古自治区向北开放中心和国内协作的枢纽。今后，呼包鄂将进入一体化发展新阶段，将成为支撑环渤海地区合作发展的重要引擎和全国区域协调发展的样板。

第一节　地理位置与基础条件*

一、呼和浩特市

　　呼和浩特市位于内蒙古自治区中部，东经 110°46′ ~ 112°10′，北纬 40°51′ ~ 41°8′，地处内蒙古自治区中部大青山南侧，西与包头市、鄂尔多斯市接壤，东邻乌兰察布市，南抵山西省。位于环渤海经济圈、西部大开发、振兴东北老工业基地三大战略交汇处，是连接黄河经济带、亚欧大陆桥、环渤海经济区域的重要桥梁，是中国向蒙古国、俄罗斯开放的重要沿边开放中心城市，也是东部地区连

---

　　* 本节内容笔者根据《呼包鄂协同发展规划纲要（2016—2020）》以及呼包鄂各市级政府网站整理所得。

接西北、华北的桥头堡，同时也是中国北方重要的航空枢纽，除天津、石家庄外距离首都北京最近的省会城市。

全市总面积 1.72 万平方千米，其中，建成区面积 260 平方千米，现辖新城区、回民区、玉泉区、赛罕区市内 4 区，土默特左旗、托克托县、和林格尔县、清水河县、武川县 4 县、1 旗以及 1 个国家级经济技术开发区——呼和浩特经济技术开发区。

二、包头市

包头市地处渤海经济区与黄河上游资源富集区交汇处，北部与蒙古国东戈壁省接壤，南临黄河，东西接土默川平原和河套平原，阴山山脉横贯中部。包头市位于北纬 40°15′~42°43′、东经 109°15′~110°26′，全市总面积为 27768 平方公里。

包头市城市建成区面积 2590 平方公里。市辖 5 个市辖区、1 个县、2 个旗及一个国家级稀土高新技术产业开发区和一个国家级独立矿区，即昆都仑区、青山区、东河区、九原区、石拐区、固阳县、土默特右旗、达尔罕茂明安联合旗和包头稀土高新技术产业开发区（包括滨河新区、白云鄂博矿区）。

三、鄂尔多斯市

鄂尔多斯市位于内蒙古自治区西南部，地处鄂尔多斯高原腹地。东、南、西分别与晋、陕、宁接壤，北及东北与包头市以及呼和浩特市隔河相望，东西长约 400 公里，南北宽约 340 公里，总面积 8.7 万平方公里。

鄂尔多斯辖 2 个市辖区和 7 个旗。市辖区为东胜区、康巴什区，旗包括达拉特旗、准格尔旗、鄂托克前旗、鄂托克旗、杭锦旗、乌审旗、伊金霍洛旗。

第二节　自然资源[*]

一、地形地貌

（一）呼和浩特市

呼和浩特市境内主要分为两大地貌单元，北部大青山和东南部蛮汉山为山地

---

[*] 本节内容笔者根据内蒙古自治区地图制印院编制的《内蒙古自治区地图集》《呼包鄂协同发展规划纲要（2016—2020）》，以及呼包鄂各市级政府网站内容整理所得。

地形，南部及西南部为土默川平原地形，地势由北东向南西逐渐倾斜。海拔最高点在大青山金銮殿顶部，高度为 2280 米，最低点在托克托县中滩乡，高度为 986 米，市区海拔高度为 1040 米。大青山为阴山山脉中段，生成很多纵向的山脉山峰。

（二）包头市

包头市境内有阴山山脉的大青山、乌拉山（以昆都仑河为界），山峰海拔 1800～2000 米，最高峰海拔 2364 米。全市由中部山岳地带、山北高原草地和山南平原三部分组成，呈中间高、南北低、西高东低的地势。黄河流经包头市境内 214 千米。

（三）鄂尔多斯市

鄂尔多斯市自然地理环境的显著特点是起伏不平，西北高东南低，地形复杂，东北西三面被黄河环绕，南与黄土高原相连。地貌类型多样，既有芳草如茵的美丽草原，又有开阔的波状高原、沙地和沙漠。鄂尔多斯市境内五大类型地貌，平原约占总土地面积的 4.33%，丘陵山区约占总土地面积的 18.91%，波状高原约占总土地面积的 28.81%，毛乌素沙地约占总土地面积的 28.78%，库布齐沙漠约占总土地面积的 19.17%。

二、水资源

（一）呼和浩特市

呼和浩特市河流有大黑河、小黑河、什万立米水磨沟、哈拉沁沟，流域面积 1380.9 平方千米，沟长 68.2 千米，年平均径流量 4972 万立方米。红领巾水库，库容 1650 万立方米，灌溉面积 11 万亩。哈拉沁沟，沟长 55.6 千米，流域面积为 708.7 平方千米，年均径流量 2622 万立方米。全市河流总长度 1075.8 千米，河网密度为 0.177 千米/平方千米。

（二）包头市

黄河流经包头市境内 214 千米，水面宽 130～458 米，水深 1.6～9.3 米，平均流速为每秒 1.4 米，最大流量每秒 6400 立方米，年平均径流量为 260 亿立方米，是包头地区工农业生产和人民生活的主要水源。此外，艾不盖河、哈德门沟、昆都仑河、五当沟、水涧沟、美岱沟等河流，水流量可观，也是可以利用的重要水资源。

（三）鄂尔多斯市

鄂尔多斯市除鄂尔多斯高平原水系地区、北部黄河冲积平原区与东部丘陵沟壑区以外，水资源匮乏，中部库布齐、毛乌素沙区与西部坡状高原区较为干旱，降雨稀少，年平均降水量在 200 毫米左右，属典型的半荒漠草原。

三、矿产资源

（一）呼和浩特市

呼和浩特市北部的大青山蕴藏着丰富的矿产资源，现已探明的有 20 多种，矿产地 85 处，其中大型 4 处，中型 3 处，小型 15 处，矿点矿化点 63 处。矿产规模以矿点及矿化点居多，工业矿床较少。除少数矿产地外，大多数矿产地开发利用较低，仅为普查阶段。非金属矿产主要有石墨、大理石、花岗岩、石棉、云母、沸石、珍珠岩、膨润土、水晶、紫砂陶土等，以建筑材料为主，仅有少量冶金辅料和特种金属矿；大理石、花岗岩、石墨及沸石矿为优势矿种；能源矿产主要有煤及泥炭；贵金属、稀有金属和放射性矿产主要有金、绿柱石以及伟晶岩型铀、钍；普通金属矿产主要有铁、铜、铅、锌。

（二）包头市

包头市是世界最大的稀土矿床——白云鄂博铁矿所在地，该市的矿产资源具有种类多、储量大、品质高、分布集中、易于开采等特点，尤以金属矿产得天独厚，其中稀土矿不仅是包头市的优势矿种，也是国家矿产资源的瑰宝。已发现矿物 74 种，矿产类型 14 个。主要金属矿有铁、稀土、铌、钛、锰、金、铜等 30 个矿种，6 个矿产类型；非金属矿有石灰石、白云岩、脉石英、萤石、蛭石、石棉、云母、石墨、石膏、大理石、花岗石、方解石、珍珠岩、磷灰石、钾长石、珠宝石、紫水晶、芙蓉石、铜兰、膨润土、高岭土、增白黏土、砖瓦黏土等 40 个矿种；能源矿有煤、油页岩等。

（三）鄂尔多斯市

鄂尔多斯市境内地下有储量丰厚的能源矿产资源，现已发现具有工业开采价值的重要矿产资源有 12 类 35 种，已探明天然气储量约 1880 亿立方米，占全国的 1/3，已探明稀土高岭土储量占全国 1/2。截至 2012 年，鄂尔多斯市已探明煤炭储量 1496 亿多吨，约占全国总储量的 1/6。

鄂尔多斯市的煤炭资源，如果计算到地下 1500 米处，总储量约近 1 万亿吨。

在鄂尔多斯市 87000 多平方千米土地上，70% 的地表下埋藏着煤。按地域位置分，鄂尔多斯市可划分为东、西、南、北四大煤田，分别为东部的准格尔煤田，西部的桌子山煤田，南部的东胜煤田，北部的乌兰格尔煤田。鄂尔多斯市的煤炭资源不仅储量大，分布面积广，而且煤质品种齐全，有褐煤、长焰煤、不黏结煤、弱黏结煤、气煤、肥煤、焦煤，而且大多埋藏浅，垂直厚度深，易开采。四大煤田中，除乌兰格尔煤田外，其余均在开采之中。

石油与天然气，主要位于鄂尔多斯市中西部。在杭锦旗北部，地质勘探部门已经发现 20 多处油气田，鄂托克旗境内现已探明油气储量 11 亿立方米，在乌审旗南部也发现了油气田。

天然碱主要分布于鄂尔多斯西市部的乌审旗、鄂托克旗、杭锦旗境内的湖泊中。鄂尔多斯市现有天然碱湖 19 处，储量 7000 亿吨，伴生天然碱储量 1300 万吨。

芒硝主要分布于境内的达拉特旗、杭锦旗北部地区，露天湖芒硝含量在 20% ~ 19% 之间。已探明总储量 70 亿吨，大多适宜露天开采。其中，有位于达拉特旗的特大型芒硝矿，储量达 68.7 亿吨，地下埋藏深度平均为 100 米左右。从规模、质量到开采条件，均属国内外罕见的特大型优质芒硝矿。

食盐主要分布于杭锦旗、鄂托克前旗和乌审旗、有矿产地 14 处，已探明总储量 956 万吨。

境内的硫黄主要赋存黄铁矿（也称硫铁矿）中，以天然黄铁矿形式产出。分布地主要在准格尔旗、东胜区、伊金霍洛旗境内。已经探明的储量 232.5 万吨，地质储量 3256.5 万吨。

泥炭在鄂尔多斯市 8 个旗（市）均有发现，已探明 42 处储量 537.6 万吨。

四、农牧业和生态空间

呼包鄂地区的农业经济带，主要分布在土默川等沿黄灌区和阴山沿麓等低山丘陵地区，设施农业和园艺业主要布局在中心城市周围。种植业集中在土默川、黄河南岸灌区等沿黄农业优势区，主要是节水农业、设施农业，优质粮油、菜篮子、番茄、饲草料种植基地。围绕阴山南北麓为优质马铃薯种植区，今后有望成为我国最大的马铃薯基地。

畜牧业分布于北部草原牧区，也是现代化家庭牧场和联户牧场建设区域。在黄灌区、阴山旱作区和鄂尔多斯市东部农区，规模养殖，标准化养殖场发展突出，已形成具有规模的奶牛、肉羊、生猪养殖基地。

生态区域主要分布在草原、山地丘陵、沙地、沙漠等地区，包括生态封禁保护区和生态治理区两大区域。黄河中上游生态环境保护的示范区，是呼包鄂协同发展的重要生态建设组成部分。黄河沿岸生态保护区，在呼包鄂城市群沿黄河丘陵沟壑及黄土高原分布地区，是"三北"防护林、天然林保护、水土保持、京津风沙源治理、退牧还草等生态工程的实施区域。阴山南北麓生态保护区，是全面实施大青山综合治理保护工程和阴山北麓农牧交错带林草植被恢复工程、生态移民等工程的区域。沙漠沙地生态保护区，是呼包鄂地区西部的主要区域。呼包鄂协同开展，实施和优化禁牧、休牧、轮牧政策，在库布齐沙漠边缘和毛乌素沙地腹地推进退牧还草、沙地沙漠锁边、沙柳平茬复壮等工程旨在保护沙漠沙地生态。

此外，呼包鄂沿黄生态走廊建设工程已启动实施，这意味着在区域生态环境、有效降低水土流失、遏制泥沙入黄河、减少洪灾凌灾威胁等方面将得到进一步改善，并有助于沿黄旅游观光经济带建设，实现呼包鄂区域生态保护可持续发展。

第三节　城镇化进程[*]

随着交通网络的建设与完善，呼包鄂区域一体化基本形成，产业联动发展取得积极进展，就业、教育、文化、医疗卫生、社保等公共服务共建共享取得积极成效，协同发展机制有效运转，各方面合作的体制更加成熟、更加定型，基本形成协同发展、互利共赢发展格局。

呼和浩特市到 2016 年末，全市建城区面积达 260 平方千米，是 1949 年的 28 倍多。全市常住人口达到 308.87 万人，其中，城镇人口 210.65 万人，城镇化率达 68.2%，如表 1-1 所示。城区供热和生活燃料已经全部现代化，供排水和供气能力完备，有效保障了城市基础供应。供水管道长度 937 千米，全年供水量达 15506 万平方米。城市集中供热管道长度 2873 公里，供热总量 12008 万吉焦。天然气用气户数 67.8 万户，用气人口达 165.1 万人。全市有公园 34 个，公园绿地面积达 3830.6 公顷，人均公园绿地面积达 19.7 平方米，建成区绿化覆盖率达 38.3%。

表 1-1　　　　　　　　　　呼包鄂城镇人口比率推移　　　　　　　　　单位：%

年份	呼和浩特市城镇人口比率	包头市城镇人口比率	鄂尔多斯市城镇人口比率	呼包鄂城镇人口比率	内蒙古城镇人口比率
1949	23.25	46.91	0.12	22.50	12.37
1957	25.03	64.40	1.92	33.17	18.74

---

* 笔者根据内蒙古自治区统计局：《内蒙古亮丽 70 年》，中国统计出版社 2017 年版的相关资料整理所得。

年份	呼和浩特市 城镇人口比率	包头市城镇 人口比率	鄂尔多斯市城镇 人口比率	呼包鄂城镇 人口比率	内蒙古城镇 人口比率
1965	31.55	67.94	7.44	39.94	20.70
1978	33.31	67.23	10.55	40.86	21.80
1983	34.15	68.08	11.18	41.28	29.13
1991	43.83	72.70	18.71	48.51	36.97
1996	48.99	74.21	25.70	52.91	38.46
2001	57.65	78.02	67.27	67.60	43.54
2006	57.77	73.07	57.10	63.19	48.64
2011	63.77	80.53	70.66	71.52	56.62
2012	65.22	81.36	71.69	72.65	57.74
2013	66.24	82.01	72.37	73.43	58.71
2015	67.49	82.65	73.13	74.35	60.30
2016	68.20	82.97	73.54	74.85	61.19

资料来源：笔者根据内蒙古自治区统计局：《内蒙古亮丽70年》，中国统计出版社2017年版的相关资料整理所得。

包头市到2016年末，全市常住人口达到285.75万人，其中，城镇人口237.09万人，城镇化率达82.97%（见表1-1）。包头市提出构建环保型工业城市、园林型生态城市的基本思路，全市以城建项目为中心，城市承载能力不断提高。2016年末，全市公路里程达9005.4千米，全市集中供热普及率达到96.8%，城市燃气普及率达96.7%，生活污水处理率为90.4%，建成区绿化覆盖率达到44.2%。

鄂尔多斯市截至2016年，全市建成区面积达到869.4平方千米，常住人口205.53万人，城镇化率提高到73.54%（见表1-1）。鄂尔多斯市中心城区面积163平方千米，率先在公共交通、电力保障等方面实现一体化运营。2016年新建改造市政管网186.1千米、城镇道路102.9千米，新增城区绿地575万平方米。各旗府所在地和重点城镇辐射带动能力持续增强，基础设施、公共服务逐步完善。

从表1-1可以看出，2016年呼和浩特市、包头市、鄂尔多斯市的人口城镇化率分别高出内蒙古自治区水平，其中包头市的城镇化率为最高。呼包鄂城镇人口比率推移如图1-1所示。呼和浩特市与包头市的历年城镇化率均高出内蒙古自治区的水平，而鄂尔多斯市的城镇化率则在1996年后有显著提高，之后高出内蒙古自治区的水平。此外，呼包鄂城镇人口比率，也一直高于内蒙古自治区的水平，截至2016年达到74.85%，超出内蒙古自治区13.66百分点，处于内蒙古自治区人口城镇化率较高水平。

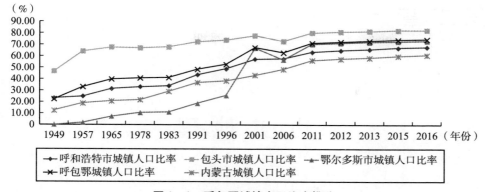

图 1-1 呼包鄂城镇人口比率推移

资料来源：笔者根据内蒙古自治区统计局：《内蒙古亮丽 70 年》，中国统计出版社 2017 年版的相关数据计算所得。

随着经济社会的持续快速发展，呼包鄂城镇化进程持续推进，城市规模、基础设施建设等各方面都得到明显提升，逐步形成以呼包鄂城市群为核心，区域中心城市、小城市、特色城镇形态各异、协调发展的新型城镇化体系，城镇格局基本形成。加快城镇化进程，建设以区域中心城市为重点，县域小城市、小城镇为支撑的现代城镇体系，形成产业为城镇提供发展动力，城镇为产业提供服务的互动发展格局。受呼包鄂中心城市的带动，旗县（市）域中心城镇和小城市的发展显著。托克托县、和林格尔县、土默特左旗、土默特右旗、伊金霍洛旗、达拉特旗、准格尔旗等旗县所在地逐渐形成功能完善、产业和人口集聚水平较高的卫星城市。

今后，在不断强化呼包鄂中心城市地位的同时，加快市县一体化进程，从而提高人口承载能力和服务能力。随着产业和人口集聚水平的提高，产业集聚效应增强，初步形成沿黄河、沿交通干线重点产业带和配套服务体系，城镇化率将不断提升。

第二章

历 史 地 理

呼包鄂地区历史悠久，文化底蕴深厚，自古以来呼和浩特、包头、鄂尔多斯三地之间，有着非常密切的经贸和社会联系。该区域的漠南黄河河套地区和阴山一带的优良自然条件，造就了地区历史文化与社会发展史上绚丽多彩的一幕。历史上该区域成为林胡、匈奴、鲜卑、契丹等北方民族发展游牧经济的重要区域，之后在不同历史时期，蒙古族、汉族、回族、满族等民族相互交流，人口与社会经济得到显著发展。

从行政区划沿革和人口变迁，甚至是从社会经济发展的角度来看，均可发现呼包鄂地区共同的发展规律，在漫长的经济社会发展史中占据着一席之地。这也奠定了呼包鄂地区协调发展的历史性基础。

通过长期以来各族人民的共同努力，呼包鄂地区各项社会事业均取得长足的进步，综合经济实力显著增强，各方面发生了历史性的变迁与突破，经济规模从小到大，经济实力从弱到强，实现了历史性跨越，已成为内蒙古自治区经济社会发展史上最为重要的核心区域。

第一节　行政区划沿革*

一、清代之前的行政区划

（一）呼和浩特

呼和浩特地区的人类文明史始于旧石器时代。保合少乡"大窑文化"遗址证

---

　　* 笔者根据周清澍主编制的《内蒙古历史地理》、呼和浩特市地方志编纂委员会编纂制的《呼和浩特市志》、包头市地方志编纂委员会编制的《包头市志》、伊克昭盟地方志编纂委员会编制的《伊克昭盟志》内容整理所得。

明，早在旧石器时代，这里已有人类生存。春秋战国时期，就有戎狄、林胡等北方民族在此游牧。周赧王延十五年（公元前300年），赵国的武灵王赵雍北破林胡、楼烦，在呼和浩特地区设"云中郡"，并在阴山修筑长城，在今托克托县境内兴建了"云中城"。秦汉时期呼和浩特地区一直称"云中郡"，并出现了汉族和匈奴等少数民族杂居的局面。东晋时期，鲜卑族拓跋氏在呼和浩特地区建立了北魏政权，将依附的敕勒族安置在此，"云中"亦称"敕勒川"。唐贞观年间，在呼和浩特地区先后设置"云中都护府""单于都护府""云州都护府"。10世纪初，契丹建立辽国后，呼和浩特地区改称"丰州"。在金、元时期，一直称"丰州"。公元16世纪初，达延汗统一蒙古，其孙阿勒坦汗于16世纪中叶率土默特部驻牧丰州滩，故又得名"土默川"。明万历三年（1575年），阿勒坦汗兴建"库库和屯"（即呼和浩特），明廷称为"归化城"（俗称旧城）。

（二）包头

今包头地区有文字记载的历史可追溯至战国时代，已发掘的现存古长城、古城堡、古墓、古庙宇及出土的大量文物，成为包头历史的有力鉴证。

包头地区最早地方行政建置可追溯到战国时代。与上述呼和浩特地区历史有所关联，也是在周赧王延十五年（公元前300年），赵武灵王北破林胡、楼烦之后，将九原（今包头市郊区麻池乡麻池古城）作为其重要军事据点，实施一定规模的建设，并傍阴山修筑了抵御匈奴的长城。战国末年，赵国衰微，匈奴越过阴山和赵长城，占领了河南地（今鄂尔多斯市北部及巴彦淖尔盟南部地区），包头地区成为匈奴驻牧的地方。

秦王政二十六年（公元前221年），秦统一六国，分天下为36个郡，秦置九原郡，治所九原（即今包头市麻池乡麻池古城），辖境北至阴山，南至今榆林、神木北，西至黄河，东至五当河一线。秦始皇三十四年（公元前213年），今包头市属固阳县境，已在秦控制之下。西汉元狩二年（公元前121年），武帝将九原郡改为五原郡，治所仍为九原县（今麻池古城），下辖16个县。

隋代在今包头市境没有设置过郡、州、县，只是在东设榆林郡（云州、胜州），在西设五原郡，开皇五年（585年）改制丰州。元朝在中央设中书省，总理全国行政事务。全国设十行中书省，下设路、府、州、县4级，今包头地区在云内州、丰州、净州路、德宁路境内。北元时期，今包头地区阴山之北地域为北元蒙古族驻牧地。明洪武六年（1373年），元朝所设云内州、丰州均废，今包头地区无建制。明正德五年（1510年），达延汗统一东西蒙古各部，分左、右翼6万户，今包头地区为右翼土默特万户驻牧地。

（三）鄂尔多斯

公元前8世纪至公元前6世纪，周朝曾在今鄂尔多斯市北部筑朔方城，在今鄂尔多斯市东北部置榆中。公元前 5 世纪末，今准格尔旗一带为魏国行政辖区，叫上郡。公元前 306 年，赵国打败林胡、楼烦，在鄂尔多斯市东北部一带设置云中郡、九原郡。战国后期，鄂尔多斯市东部地区为秦国所有。

公元前 221 年，秦始皇统一中国后，在今鄂尔多斯市设郡、县。鄂托克旗、鄂托克前旗一带属北地郡，准格尔旗、伊金霍洛旗东部一带属云中郡，达拉特旗、准格尔旗北部一带属九原郡，乌审旗、鄂托克前旗、伊金霍洛旗南部一带属北地郡，四郡之下辖 34 个县，此时的鄂尔多斯地区有两个历史称谓，即"新秦中"和"河南地"。

隋开皇九年（589 年），在今准格尔旗、达拉特旗、东胜区一带设榆林郡，在乌审旗及鄂托克旗相邻地区设朔方郡，在达拉特旗、杭锦旗的北部边沿设五原郡（585 年曾在这里设丰州），在鄂托克旗、鄂托克前旗沿黄河的地区设灵武郡，在鄂托克旗、鄂托克前旗一带设盐川郡。672 年，唐商宗将今鄂尔多斯市地区划入关内道领属，在准格尔旗、东胜市东部设胜州，在伊金霍洛旗南部及乌审旗一带设夏州，在鄂托克旗、鄂托克前旗设宥州。

916 年，辽在准格尔旗、达拉特旗、东胜区、伊金霍洛旗东部地区设振武军，废弃胜州。920 年，辽在达拉特旗、准格尔旗北部置西南面招讨司（治天德军），下辖富民县，振武县，在达拉特旗西南部、东胜区东部置河清军，在准格尔旗南部及东胜区东侧一带设金肃州，在达拉特旗、准格尔旗东部设东胜州，下辖榆林县、河滨县，在达拉特旗、准格尔旗北部设云内州，下辖柔服县、宁人县。960 年，北宋在今鄂尔多斯市东部地区设麟州新秦郡，下辖新秦县，在南部设夏州、宥州，在西南部设盐州。

1271 年，元朝在准格尔旗、达拉特旗东部、东胜区一带置中书省河东山西道宣慰司大同路云内州、东胜州，将乌审旗、鄂托克前旗南部划归陕西行省；鄂托克旗、鄂托克前旗西部划归甘肃行省，在乌审旗、鄂托克旗西部、杭锦旗南部、伊金霍洛旗南部、东胜区一带设察罕脑（为皇室封地）。1371 年，明朝在今鄂尔多斯市南部设察罕脑儿卫，在东胜北部设东胜卫。

二、清代至近代的行政区划

（一）呼和浩特

清朝时期，雍正元年（1723 年），清政府在归化城设置了理事同知及五路协理通判，其职责为管理土默特地区的汉族、回族等民族，直接隶属于山西省朔平府管辖。雍正十三年（1735 年），清政府开始在归化城东北约五里处修筑一座新城，于乾隆四年（1739 年）完工。后调朔平府建威将军率原驻右玉的八旗官兵驻防，改称绥远将军，新城名为"绥远城"。乾隆六年（1741 年），清政府又在归化城设归绥兵备道，为山西省派出机构，管辖归化、绥远两同知和归化、萨拉齐、托克托、和林格尔、清水河、善岱、昆独仑七协理通判厅。另外，绥远城将军设置以后，把土默特部左右两翼的都统衙门取消，由绥远城将军兼土默特部合并为一旗的都统，派副都统在归化城设立一个衙门，管理土默特十二参领。不久裁撤善岱与昆独仑二协理厅，接着又裁归化通判，保留归、萨、托、和、清五厅，同治年间改萨拉齐通判为同知，归、萨、托、和、清五厅都在土默特左右两翼境内。光绪十年（1884 年）又将山西大同府所属的丰镇厅、朔平府所属宁远厅（今凉城县）理事通判改隶归绥道，合称口外七厅。到光绪二十九年（1903 年），由于绥境垦地日广，人口不断增殖，将丰镇东郊划出设兴和厅，将宁远北部划出设陶林厅，将归化所管的山后地方设武川厅，萨拉齐以西后套设五原厅。不久又将今鄂尔多斯市中部一带设置东胜厅。最终形成清朝末年所说的塞北归绥道管辖的口外十二厅。

中华民国建立后，北洋政府对呼和浩特地区的政权建置沿袭了清代厅旗并存制度，对各族人民进行分而治之。1912 年，将原有的归绥道改为归绥观察使，把道辖的 12 个厅改做了县，各厅的同知，通判一律称作知事。1913 年，设置绥远特别行政区，将原来的绥远将军改称都统，为绥远特别行政区的最高行政长官，同时与山西分治，并将归化、绥远两城合并为归绥县，直属行政区管辖。改管理土默特旗的副都统为总管，改管理汉、满、回三族的观察使为道尹。1928 年 7 月，绥远道尹公署也改为绥远民政厅，从此结束了道的建置。1929 年国民政府实行民族同化政策，将绥远特别行政区建立行省，称为绥远省，定归绥为绥远省的省会，改都统为主席。

1937 年，抗日战争全面爆发，同年 10 月归绥沦陷，日本侵略军在归绥拼凑伪蒙古联盟自治政府，将归绥市改称厚和豪特市，作为巴彦塔拉盟的下属机构，市以下设 6 个镇。

1945 年 8 月日本投降，傅作义部占领呼和浩特，将敌伪时期的厚和豪特市复名归绥市，仍为绥远省的省会，市内辖有 6 个区，除旧城划分一区、二区、三区、四区外，将新城划为五区，火车站划为六区。市区外则为归绥县与土默特旗所管，托克托县仍然是县的建置。1949 年 9 月，绥远省和平解放。

（二）包头

清雍正元年（1723 年），设归化城理事同知，隶山西省朔平府。乾隆二年（1737 年），包头村形成。乾隆四年（1739 年），置萨拉齐和善岱二协理通判，包头村属萨拉齐协理通判管辖。乾隆六年（1741 年），置归绥道，萨拉齐厅隶属归绥道。乾隆二十五年（1760 年），萨拉齐协理通判改为理事通判，后又次第改为理事同知厅、抚民同知厅,辖东、西、南、北 4 个乡,202 个村。乾隆二十八年(1763 年),绥远城将军兼司土默特蒙古事务,裁归化城土默特都统。由此,清朝实行旗、厅并存、蒙汉分治制度。包头境内土默特右旗分管蒙古族事务,萨拉齐厅分管汉、回等民族事务。

嘉庆十四年(1809 年),裁善岱巡检移设包头,包头村改置包头镇,设置巡检。其辖境西至西脑包,东至东脑包,南临黄河,北至大青山,称"西包头""西包镇"。同治十二年(1873 年),包头城垣建成,包头地名始有确定的地理方位。光绪二十九年(1903 年),设五原厅,包头城外西脑包以西从萨拉齐厅析出归五原厅。光绪三十二年(1906 年),设东胜厅,黄河南("河西")从萨拉齐厅析出,归东胜厅。

1912 年,萨拉齐厅改县,包头镇隶属萨拉齐县。包头镇、五原厅、东胜厅一度合并,置包东州,不久,州废。1913 年,中华民国政府裁归化城副都统,改绥远城将军为行政长官,与山西省分治。绥远城将军兼管土默特旗政务。1914 年,绥远特别行政区设立,归化城土默特旗为总管制。1919 年,固阳设治局设立。萨拉齐县管辖的乌拉特东公旗、茂明安旗划归固阳设治局管辖。1923 年,固阳设治局改为县制,同年 5 月,包头镇改置为包头设治局。设置局下辖 4 个区,第一区辖城区内 6 镇(今东河区旧城区)12 乡,第二区辖 1 镇(今郊区一带)12 乡,第三区辖 22 个乡(今中滩三湖河一带),第四区辖 8 个乡(黄河南岸沿河一带)。乌拉特东公旗、乌拉特西公旗、土默特旗和达拉特旗毗连地划归包头设治局管辖。东至镫口、黑豆壕与萨拉齐县为界,南至塔城、合贵庙、厂汉窑沟与东胜县为界,西至西山嘴、奎树营子、什拉召、茶窑子沟、苦计沟与五原县、杭锦旗为界,北至昆都仑沟、后口子、蔡家渠与五原县、固阳县为界。1926 年,将后口子、蔡家渠划归大余太设治局,以乌拉山为界。1926 年,包头设治局改置为包头县公署。东至镫口与萨拉齐县为界,南至合贵庙、厂汉窑沟与东胜为界,西至奎树营子与杭锦旗为界,北至沙坝子、二相公窑与安北县、固阳县为界。除县城外,共分 4 个区 54 个乡。1928 年,绥远特别行政区改为绥远省,包头县归绥远省管辖。原包头设治局所辖 4 个区,第二、第三、第四区依旧,将第一区管辖的县城划为 7 镇,即天方镇、召安镇、新治镇、官泉镇、兴旺镇、太平镇和圃丰镇。

1937 年 12 月,日本侵略军将包头县改置为包头特别市。1938 年 1 月,包头特别市改置为包头市,辖区范围东至石拐与萨拉齐县为界,西至昆都仑河谷,南至黄河,北至脑包坝、白彦沟与固阳县为界,分 7 个乡。

1946 年,成立包头市政府与包头县政府。包头市城区废镇下辖 5 个行政区,区下实行保甲制,设保公所。包头县下辖 5 个区,445 个村。其范围南至达拉特旗二锁圪梁、大树湾、天义长等地,东至沙尔沁、鄂尔格逊等地,西至乌拉特前旗，北至固阳县。1949 年 2 月，调整包头市区级机构，将原一、原二区合并为第一区，三区、四区合并为第二区，第五区改为第三区。

（三）鄂尔多斯

清顺治六年（1649 年），清政府将蒙古族鄂尔多斯地区各部落分为 6 旗。鄂尔多斯左翼中旗（郡王旗）、鄂尔多斯左翼前旗（准格尔旗）、鄂尔多斯左翼后旗（达拉特旗）、鄂尔多斯右翼中旗（鄂托克旗）、鄂尔多斯右翼前旗（乌审旗）、鄂尔多斯右翼后旗（杭锦旗），后增设鄂尔多斯右翼前末旗（扎萨克旗）。光绪三十三年（1907 年），在鄂尔多斯左翼中旗东部被开垦的地区设东胜厅。

民国年间，鄂尔多斯地区仍保留清代 7 旗一厅建置。1912 年，将东胜厅（原在今罕台庙乡）迁至今羊场壕乡，改置东胜县。郡王旗，下设 4 个参领区，分为 17 个佐领。鄂托克旗下设 15 个参领区，分为 83 个佐领。乌审旗下设 10 个参领区，分为 42 个佐领。杭锦旗下设 8 个参领区，分为 38 个佐领。达拉特旗下设 8 个参领区，分为 40 个佐领。准格尔旗下设 8 个参领区，分为 42 个佐领。扎萨克旗下设 3 个参领区，分为 13 个佐领。东胜厅下设忠恕、孝友、仁乐、和睦、义勇、平治 6 个乡，共 30 个保，289 个甲。

1931 年在扎萨克旗、郡王旗纳林希里一带设陕西省神木县通格朗区，下有 7 个乡，28 个保，141 个甲。1936 年 2 月，在乌审旗西部思家洼成立乌审县苏维埃政府。3 月，撤销乌审旗苏维埃政府，后设中共乌审旗工委。1938 年在鄂托克旗、杭锦旗交界的木肯淖、召稍一带设桃力民办事处，为县级行政机构，辖有 3 个区的区域。1939 年在达拉特旗南部的耳字壕设抗日民众组织训练处，为县级行政机构，辖有耳字壕周围的地区。

1940 年冬，中共伊盟工委在达拉特旗青达门区成立区委。1946 年 3 月成立乌审旗蒙汉自治联合会、三段地蒙汉自治联合会、城川蒙汉自治联合会。1947 年 2 月，伊盟工委分为伊东工委和伊西工委。1949 年 5 月，伊东、伊西两个工委合并，成立中共伊克昭盟委员会。5 月成立伊盟自治政务委员会。7 月成立扎萨克旗工委。7 月 25 日，中共伊盟盟委主持组建乌审旗旗委、鄂托克旗旗委、达拉特旗旗委、准格尔旗旗委、东郡工委、杭锦旗旗委、桃力民工委、通格朗直属区工委。12 月，伊盟人民自治政务委员会改称绥远省伊盟人民自治政府，在郡王旗霍洛成立达尔扈特区人民政府。

三、新中国成立以后的行政区划

（一）呼和浩特

1949 年 9 月 19 日，绥远省和平解放。12 月 9 日，绥远省军政委员会归绥市工作团进入归绥。从 1954 年 4 月 25 日起，将"归绥市"改称为"呼和浩特市"。1960 年前，呼和浩特市辖新城区、回民区、玉泉区和赛罕区。1960 年，原属乌兰察布盟的土默特旗划归呼和浩特市管辖。1971 年，原属乌兰察布盟的托克托县划归呼和浩特市管辖。1995 年 11 月 21 日，经国务院批准，乌兰察布盟的和林格尔县、清水河县划归呼和浩特市管辖。1996 年 5 月 18 日，经国务院批准，乌兰察布盟武川县划归呼和浩特市管辖。呼和浩特市现行政区划共辖 9 个旗县区。全市土地总面积 1.72 万平方公里，其中，市区面积 2065 平方公里，旗县区面积 15121 平方公里，辖新城区、回民区、玉泉区、赛罕区市内四区及土默特左旗、托克托县、和林格尔县、清水河县、武川县五个旗县。①

（二）包头

包头市解放后为绥远省人民政府直辖市，辖区大体相当于现在的东河区。1953 年 10 月，撤销包头县建置，成立包头市郊区。1954 年 3 月，绥远省建置撤销后，成立内蒙古自治区直辖市，12 月设立包头市回民自治区。随着包头钢铁公司的兴建，于 1956 年 8 月设昆都仑区、青山区、东河区，11 月将石拐沟矿区划归包头市，并正式定名为石拐矿区。1958 年 7 月，撤销乌兰察布盟的固阳县和白云鄂博办事处，设立包头市固阳区和白云矿区（县级）。1960 年 4 月，撤销包头市郊区建置，所辖区域划归昆都仑、青山区、东河区和石拐管辖，7 月，将乌拉特前旗由巴彦淖尔盟划归包头市。1961 年 7 月，撤销固阳区，设固阳县。1963 年恢复包头市郊区建置，将乌拉特前旗和固阳县分别划归巴彦淖尔盟和乌兰察布盟。1970 年 10 月，固阳县和土默特右旗划归包头市。到 1987 年底为止，包头市辖六区一旗一县。至 1990 年，全市共有城镇街道办事处 37 个，居民委员会 768 个，农村乡 48 个，镇 6 个，村民委员会 634 个。1996 年 5 月，国务院批准将乌兰察布盟达尔罕茂明安联合旗划归包头市管辖。

（三）鄂尔多斯

鄂尔多斯市，1950 年成立伊克昭盟自治区人民政府，下辖 7 旗 1 县，即达拉特旗、准格尔旗、杭锦旗、郡王旗、扎萨克旗、鄂托克旗、乌审旗、东胜县，隶绥远省。驻地原在扎萨克旗新街镇，1950 年下半年迁到东胜县域。1954 年 3 月，撤销伊克昭盟自治区，设伊克昭盟，隶内蒙古自治区。1958 年 11 月，撤销扎萨克、郡王二旗，合并设立伊金霍洛旗。1961 年 7 月，在鄂托克旗西部桌子山矿区设海勃湾市（县级）。1975 年 8 月，撤销海勃湾市，所辖区域由伊克昭盟划归乌海市。1980 年 8 月，鄂托克旗南部设鄂托克前旗。1983 年 10 月，撤销东胜县，

① 《青城概况——行政区划》，呼和浩特市人民政府网，2021 年 3 月 16 日，http://www.huhhot. gov.cn/mlqc/qcgk/xzqh/。

设立东胜市。到 1987 年底为止，伊克昭盟辖 1 市 7 旗，即东胜市、达拉特旗、杭锦旗、准格尔旗、伊金霍洛旗、乌审旗、鄂托克旗、鄂托克前旗。

2001 年 4 月，伊克昭盟经国务院批准正式改名为鄂尔多斯市。2016 年 6 月，国务院正式批准鄂尔多斯市在东胜区南部地设立康巴什区。

第二节 人 口 变 迁*

一、古代人口

包括呼和浩特、包头、鄂尔多斯在内的内蒙古自治区中西部地区，自古以来就是各民族人口频繁进出，共同生产生活的场所，然而又是华夏中原王朝和北方游牧民族长期争战的地区，汉族人口在这一地区呈现时增时减的态势。北方民族政权崛起强大的时候，汉族农民大部分返回内地，当中原王朝势力强盛的年代，汉族农民又大量进入河套和阴山南北。

呼和浩特地区，早在公元前 306 年，赵武灵王将其势力扩展到呼和浩特地区，在呼和浩特地区设置了云中郡。华夏族和当时被征服的林胡、楼烦人开始在此定居，随之城郭出现。秦始皇统一六国后，在此地设置云中郡，这一带成为秦徙民、屯驻军队、转运粮草的重要地区，但这一时期此地多为流动人口，人口数字不详。

据《汉书·地理志》载，汉平帝元始二年（公元 2 年），云中郡共有"户三万八千三百三，口十七万三千二百七"。东汉初期，由于连年战争和自然灾害，造成人口锐减。公元 2 世纪末至 3 世纪初，拓跋鲜卑控制了呼和浩特地区，公元 258 年，鲜卑国神元皇帝拓跋力微在盛乐（今和林格尔土城子）建都，长期驻牧或活动于作为京畿之地的呼和浩特地区，人口应在 50000 人以上。

《元史·地理志》载，大同路领司 1、县 5、州 8，共有 5945 户，128498 人。从这一地区位于通往漠北的要道，宜牧、宜农的自然环境和丰州等商业城的日益繁荣诸因素分析，在籍从事农业、手工业、商业的汉族和常年居住和游牧于丰州、东胜州、云内州的蒙古族（大同路有 70000 人），应在 100000 人以上。

万历三年（1575 年），库库和屯初步建城，即归化城。万历八年（1580 年）兴建了"弘慈寺"（今大召），随着土默特喇嘛教的发展，内地各式各样的工匠

---

* 笔者根据周清澍主编制的《内蒙古历史地理》、呼和浩特市地方志编纂委员会编纂制的《呼和浩特市志》、包头市地方志编纂委员会编纂制的《包头市志》、伊克昭盟地方志编纂委员会编制的《伊克昭盟志》、内蒙古自治区统计局编制的《内蒙古亮丽 70 年》、呼包鄂各市级政府网站内容整理所得。

入住，多数是春出秋归的客民，尽管明朝政府关口把守严密，仍有大批农户逃到塞外。据《明实录·神宗卷141》载，到16世纪末，在土默川居住的汉人已达10万左右。

清天聪二年（1628年），土默特蒙古部归附清廷。崇德元年（1636年），被改制为左、右二翼，每翼下设6甲，30佐领，蒙古族男子，除出家当喇嘛、庙丁、随丁外，年龄在18岁以上60岁以下者，都要编入丁册。每150人为一佐，共有蒙丁千名，若以每个蒙丁为1户5口计算，则清初土默川地区有蒙古族人口约45000人，现属呼和浩特管辖的土默特左旗则有蒙古族人口22500余人。

乾隆四年（1739年），绥远城建城完工，并从右玉调来八旗军队驻防于此。据乾隆八年（1743年）的调查，土默特蒙古族典租于汉人的耕地已有26666多公顷。乾隆十四年（1749年）理藩院奏称："内地人持货赴边，日积月累，迄今归化城、多伦诺尔等处，所集之人已至数十万"，为了便于管理流入的大量汉民，乾隆二十五年（1760年）始置归化、清水河、萨拉齐、和林格尔、托克托城通判五员，并属归绥道。与绥远城合为六厅，六厅共有汉族人口120776人。

包头地区，是一个较为典型的移民地区，从古至今经历了数次大规模人口迁徙。除了世居的蒙古族以外，其他民族主要来自华北和东北及周边地区，因是流动人口，所以人口数字不详。赵武灵王二十六年（公元前300年），赵武灵王在拓展疆土的基础上修筑了长城，在包头地区修筑九原城，实行移民实边，开垦土地发展农业。九原是包头地区行政区设置之始，也是汉族先民对该地区经营的开端。西汉为了加强北部边疆的防御能力，对河套地区大力经营，进行屯垦和移民实边，使今包头地区的人口有较大增长。西汉元始二年（公元2年），今包头地区有1.93万户，人口约10万余人。这些编户人口，属定居人口，因而绝大多数为汉族人口。东汉时，鲜卑进入今内蒙古中部地区，使汉族不得不放弃多年经营的土地而南返。

元世祖至元七年（1270年），元朝建立前后，蒙古族人口进住到今包头地区。公元16世纪中叶，以阿拉坦汗为首的蒙古部，控制了今鄂尔多斯市、巴彦淖尔市、锡林郭勒盟、乌兰察布市、阿拉善盟、呼和浩特市和包头市一带。美岱召成为阿拉坦汗最早的根据地，曾是该部的政治军事中心，因而包头地区的蒙古族人口相对多一些。清乾隆八年（1743年），归化城土默特2旗蒙古人共4.36万口，分左、右翼12甲、60个佐。其中今包头东河区与土默特右旗属于右翼第五、第六甲，共10个佐。每佐150个丁，两甲共1500个丁。以丁为户，平均每户5口人计算，全甲为7500人。今包头市青山区、昆都仑区原属于乌拉特东公旗，今固阳县的东北部原是茂明安旗的牧地，固阳县西南部是乌拉特东公旗的牧地，共有蒙古族2000人左右。

现在的鄂尔多斯地区历史上屡遭战火，人口有时骤增，有时锐减。清朝以前活动在伊盟地区的人口有北方少数民族、内地移民、驻扎军队 3 种。清初设立伊盟后，境内主要居民为蒙古族人，约 20 万人。17 世纪，鄂尔多斯地区有人口 17.5 万人。

二、近代人口

纵观清朝统治时期，呼包鄂地区人口发展趋势，是以机械增长（汉族流入和八旗驻军的移驻）为主，机械增长促进了人口自然增长。清末，实行"移民实边"的政策，鼓励汉族人民迁至边远地区，于是内蒙古中部地区汉族人口增长速度加快。

人口增长中，汉族为绝大多数。尤其是清末实行"移民实边"政策，到民国 1912 年，光是归绥县人口已达 242906 人，移民多来自山西、河北、山东等地区。光绪三十三年（1907 年），包头地区约有汉族 17.3 万人。光绪二十九年（1903 年）贻谷放垦后，陕、晋汉民大量涌入，现鄂尔多斯地区人口逐年增长。驻防官兵及家眷人数增多，使得从山西拉运粮草给养相当困难，因此，采取移民垦荒的办法，大招内地汉族人来塞外务农，以便供给绥远城各级官署员役及军队、眷属用，形成一个内地汉民流入的高峰期。

日本侵占归绥市前夕，绥远省政府机关要员、公职人员、学校师生及其他民众纷纷西逃，市区人口锐减。1940 年，厚和市（北界武川县、南界和林格尔县、东界凉城县、西界萨拉齐县）人口分布，全市共有人口 331941 人。1941 年时人口为 254224 人，1945 年 8 月日本投降，厚和市改称归绥市，恢复归绥县。随着绥远省政府从巴盟迁回归绥，归绥市的商业、手工业及其他行业都出现了暂时的繁荣，人口逐年增加。据绥远省政府 1947 年统计的归绥市区人口为 104123 人。

包头地区，尤其是 1923 年平绥铁路通车到包头后，包头成为商业重镇，人口增长速度也进一步加快。据 1933 年人口调查，包头、萨拉齐和固阳 3 地合计，共有汉族和回族人口约 30 万余人。

1939 年，鄂尔多斯地区有蒙汉族 25.32 万人，其中蒙古族 91100 人，汉族 15 万余人。自清初至 1939 年鄂尔多斯地区，蒙古族人减少 11 万人，汉族增加 15 万人。1947 年，鄂尔多斯地区约有 38 万多人。

三、新中国成立后的人口

新中国成立后，呼包鄂地区的各项事业蓬勃发展，人民生活安定，生活水平不断提高，医疗卫生条件日益改善，人口得到迅速发展。新中国成立以来至 20 世纪 80 年代，呼包鄂人口发展经历了三次人口增长的高峰。第一次高峰是

1953～1955 年，由于社会安定，医疗卫生条件改善，健康水平的提高，死亡率下降，结婚生育较多，人口自然增长率随之上升；第二次生育高峰出现在 1962～1964 年，属于三年困难时期过后的补偿性出生率回升；第三次生育高峰为"文化大革命"时期，人口自然增长率开始回升。1972 年后，国家强调计划生育，人口自然增长率逐步下降，尤其是市区人口自然增长率下降显著并呈稳定状态。1983 年以后，市区干部、职工普遍实现了一对夫妻只生一个孩子，已初步形成低出生、低死亡、低增长的人口增长模式。

图 2－1 与表 2－1 分别表示呼和浩特、包头、鄂尔多斯三市人口推移与呼包鄂整体人口与内蒙古自治区人口推移。从图 2－1 与表 2－1 分别可以看出，分 5年段人口增长时，1996～2001 年的人口增长较为平稳，2001～2006 年的人口有明显增长，2006～2011 年的人口增长较为显著。而且，该期间呼包鄂整体的增长超出内蒙古自治区整体的增长率。

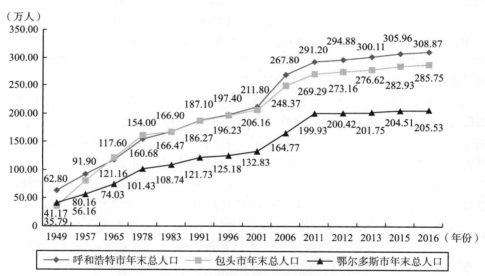

图 2－1　呼和浩特市、包头市、鄂尔多斯市人口推移

资料来源：笔者根据《内蒙古亮丽 70 年》数据整理所得。

表 2－1　　　　　　　　　　呼包鄂与内蒙古人口推移　　　　　　　　　单位：万人

年份	呼包鄂年末总人口	内蒙古年末总人口
1949	139.76	608.1
1957	228.22	936.0
1965	312.79	1296.4

续表

年份	呼包鄂年末总人口	内蒙古年末总人口
1978	416.11	1823.4
1983	442.11	1969.8
1991	495.10	2183.9
1996	518.81	2306.6
2001	550.79	2381.4
2006	680.94	2415.1
2011	760.42	2481.7
2012	768.46	2489.9
2013	778.48	2497.6
2015	793.40	2511.0
2016	800.15	2520.1

资料来源：笔者根据《内蒙古亮丽70年》数据整理所得。

　　该现象与这期间的呼包鄂地区的经济高速发展，人口城镇化的加速，周边人口涌入城市有着密切关系。也正是这个时期，呼包鄂地区人口占内蒙古自治区整体人口比率明显上升，自1996年的22.5%增加至2011年的30.6%（见图2-2）。

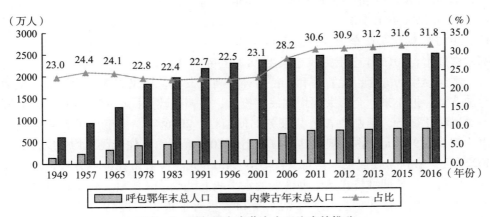

图2-2　呼包鄂占内蒙古人口比率的推移

资料来源：笔者根据《内蒙古亮丽70年》数据整理所得。

　　从2010年第六次全国人口普查数据可以看出，呼包鄂地区的人口主要分布于城区，其次分布于各旗县政府所在地周边。并且，从2010年的人口数据可以发现，在当时已经初步形成了以呼包鄂城区为中心的人口区块型连接的趋势。

第三节　社会经济 *

　　新中国成立前，呼包鄂地区的工商业虽有一定基础，但发展迟滞，只是停留在一般商贸与轻工手工业的发展。如呼和浩特地区的造纸、酿酒、糕点、酿造等传统手工业，包头地区的皮毛业，鄂尔多斯地区的烧瓷、采盐、采碱等。其中，呼和浩特地区的毛织与皮革业，历史较为悠久，在民国时期得到相应发展，但规模较小，生产形式包括工厂手工业、作坊手工业、连家铺手工业及挑担流动手工业等。

　　商贸方面，呼包鄂地区一直是连接内地与草原的重要商贸活动区域。呼和浩特与包头主要是以城区为中心的商贸活动较为频繁，鄂尔多斯地区则主要是集中在与宁夏、陕西交界处开设的集市商贸。这些地区的商贸活动，逐渐成为物资集散中心，促进了内地商品与新疆、青海、甘肃、宁夏及大库伦（今蒙古国乌兰巴托）等地间的流通。尤其是平绥铁路的开通，修至包头之后，更加提高了该地区的商贸集散作用，较大程度促进了商贸的发展，同时又增进人口的增加。

　　新中国成立后，尤其是改革开放之后，呼包鄂地区的社会经济发展显著，各项社会发展指标增长明显，社会事业加快发展，教育、卫生、文化事业不断进步。到 2016 年，呼和浩特市地区生产总值达到 3173.6 亿元，按可比价格计算，比 1978 年增长近 125 倍。人均地区生产总值达 103235 元，比 1978 年增长近 72 倍。2016 年到包头市全市生产总值已达 3867.6 亿元，人均生产总值 13.6 万元。鄂尔多斯市，2016 年全市完成地区生产总值 4417.9 亿元。

　　在居民生活方面，随着呼和浩特市经济高速发展，居民收入持续增加、生活愈加富裕。近年来，全市大幅增加民生投入，强调执政为民、简政放权和公共服务的透明化运行，不断改善公共服务的便捷性。2016 年，全市用于各项民生支出达到 293.9 亿元，占一般公共预算支出的 70%。城镇常住居民人均可支配收入 40220 元，农村常住居民人均可支配收入 14517 元。包头市在改革开放以前，城乡居民的生活长期维持在温饱型消费的水平线上。改革开放后，包头市城乡居民家庭生活发生了巨大的变化，生活水平和质量有了很大的提高。2016 年，全市城镇常住居民人均可支配收入已突破 4 万元，农村牧区常住居民人均可支配收入达 14692 元。2016 年，全市城镇居民人均消费性支出 28632 元，农民人均生活消

---

　　* 笔者根据呼和浩特市地方志编纂委员会编纂制的《呼和浩特市志》、包头市地方志编纂委员会编制的《包头市志》、伊克昭盟地方志编纂委员会编制的《伊克昭盟志》、内蒙古自治区统计局编制的《内蒙古亮丽 70 年》内容整理所得。

费支出 11014 元。鄂尔多斯市居民生活发生新变化，改革开放以后，随着经济的快速发展，居民生活水平有了很大的改善，城乡居民收入也大幅提高，到 2016 年，城乡常住居民人均可支配收入分别达到 40221 元和 15480 元，分别是 1978 年的 144.2 倍和 79.8 倍。

在社会事业方面，呼和浩特市教育事业发展迅速，形成了较为完备、协调发展的教育体系。全市已经普及了九年义务教育，适龄儿童入学率达到 100%。到 2016 年末，全市有普通高校 24 所，普通中学 108 所，小学 208 所，特殊教育学校 6 所。中等职业教育发展迅速，现有中等职业教育学校 59 所。文化体育事业方面，到 2016 年末全市有公共图书馆 10 个，博物馆 42 个，艺术表演团体 6 个，广播电视台 6 座，电视和广播综合人口覆盖率均达 99.2%，有体育场 25 座，体育馆 8 个。卫生事业方面，截至 2016 年全市共有卫生机构 2017 个，其中，医院 105 个。全市医院病床数达 17596 张，卫生技术人员 24563 人。每万人拥有医院病床数 57 张，医疗机构完备，技术力量与设备先进程度明显提高，已经成为北方重要的医疗服务中心和医学教育中心。

包头市截至 2016 年拥有普通高等学校（包括高职院校）5 所，普通中专和职业高中（含成人中专）20 所，普通高中 37 所，普通初中 57 所，普通小学 136 所，幼儿园 312 所。改革开放以来，包头市的文化、广播电视及体育事业获得了巨大发展。2016 年末，全市共有专业艺术表演团体 5 个，群艺馆、文化馆 12 个，公共图书馆 10 个，博物馆 3 个，美术馆 1 个。广播综合人口覆盖率达 99.5%，电视综合人口覆盖率达 99.5%。2016 年，全市共有卫生机构 1742 个，其中医院 69 个，基层医疗卫生机构 1604 个，专业公共卫生机构 50 个，其他卫生机构 19 个，卫生机构实有床位 17334 张，拥有卫生技术人员 22668 人。

鄂尔多斯市社会事业与教育事业蓬勃发展，2016 年全市拥有各类学校 527 所。2016 年全市地方财政用于医疗卫生支出达 29 亿元，拥有卫生机构 1773 所、卫生技术人员 13308 人、床位数 11022 张。

科技事业方面，呼包鄂地区科教实力雄厚，拥有 31 所高等院校，占内蒙古自治区的 81.6%，拥有内蒙古自治区 90% 的科技资源，科教综合实力较强。呼和浩特市科技事业发展显著，截至 2016 年全市拥有各类国家级科技园区 5 个、国家级科技企业孵化器 2 个、拥有内蒙古自治区级高新技术产业开发区 2 个、内蒙古自治区级科技企业孵化器 8 个、拥有内蒙古自治区级农业科技园区和特色产业化基地 7 个、市级农业科技示范园 47 个、全市高新技术企业达到 131 家，居自治区首位，全市建成各级各类企业研发机构共计 267 个，2016 年专利申请总量为 3203 件，专利授权量为 1814 件，有效发明专利 1655 件。专利申请量、授权量、有效发明专利量稳居内蒙古自治区首位。

包头市截至 2016 年末，全市拥有国家重点实验室 2 家，国家级企业技术

（工程）中心 6 家，国家地方联合工程研究中心 3 家，并获批成为国家第二批促进科技和金融结合试点城市。

鄂尔多斯市截至 2016 年末，全市共取得各类科技成果 40 项，全年提交专利申请 1529 件，其中，授权专利 913 件。年内新认定国家级高新技术企业 13 家，内蒙古自治区级企业研究开发中心 4 家，内蒙古自治区级工程技术研究中心 1 家，内蒙古自治区院士专家工作站 2 家。被国家确定为全国技术创新示范城市、全国科技进步先进城市和国家可持续发展实验区。

呼包鄂地区工业基础良好，优势特色产业形成一定规模，大企业、知名品牌较为集中，部分产业市场竞争力较强。呼和浩特市形成特色鲜明的乳业、电力、电子信息、生物制药、冶金化工、机械制造等六大产业，经济效益大幅提高，并培育形成了绿色农畜产品加工、清洁能源、光伏材料、生物制药等一批在全国具有明显优势的特色产业集群。包头市，随着包钢、包铝、东方稀铝、一机、北重等大型骨干企业的发展，培育形成了钢铁、铝业、装备制造、稀土、电力、煤化工等支柱产业，有力地带动了全市经济社会的又好又快发展。鄂尔多斯市逐步形成了以煤炭、天然气、电力、化工、炼焦、冶金、纺织、装备制造、食品加工、建材等为主十大支柱产业。

基于 2013 年高德地图数据，经 ESRI 中国信息技术有限公司整理的企业数据中可以看出内蒙古自治区主要企业，冶金化工、矿产企业、机械电子、主要公司企业的分布，明显集中于呼包鄂城市群内，初步形成沿黄河、沿交通干线重点产业带和配套服务体系为中心的产业集聚，并显现规模集聚效应。

今后，呼包鄂地区以此为基础，将成为国家重要的新型能源和新能源基地、新型化工基地、有色工业基地、稀土新材料光伏制造产业基地和绿色农畜产品加工基地，我国北方地区重要的冶金和装备制造业基地，内蒙古自治区现代服务业、现代农牧业重要基地，也将成为我国向北开放的重要门户，中蒙俄经济走廊的重要支撑区。

第三章

城市群规划

第一节　呼包鄂城市群规划形成

呼包鄂城市群由内蒙古自治区的呼和浩特市、包头市、鄂尔多斯市三个城市构成。呼和浩特是内蒙古自治区首府，是内蒙古自治区的经济中心、政治中心、文化中心、商业中心；包头是内蒙古最大的城市，是自治区的制造业中心；鄂尔多斯作为发展最快的新兴城市，是自治区能源资源最富集的地区。三个城市凭借自身国家能源矿产资源富集区和自治区经济发展核心区的发展优势，已经发展成为我国中西部地区最具有活力的城市群之一。

一、规划的形成

正式提出"呼包鄂"经济一体化发展战略是在 2000 年。2000 年国家为了缩小东西部地区发展差距，提出西部大开发战略。内蒙古自治区作为 12 个中国西部省区之一，被纳入国家西部大开发战略中。自治区党委和政府根据内蒙古各盟市所处空间区位特征，把全区划分为东、中、西三大经济区域，其中将呼和浩特市、包头市、鄂尔多斯市三个城市，确立为西部特色经济圈建设发展战略。

2004 年 2 月 9 日第一次召开了呼包鄂经济工作协调推进会，随后在 6 年的时间里自治区党委和政府连续每年召开一次呼包鄂经济工作协调推进会，不断地分析"呼包鄂"经济圈发展的现状，存在的问题，并积极寻找差距，总结经验，确定经济圈新的发展目标。首次推进"呼包鄂"经济圈工作会在鄂尔多斯市召开。会议中强调呼包鄂要认真贯彻落实党的十六大精神，切实做到发展要有新思路，改革要有新突破，开放要有新局面，各种工作要有新举措。

2005 年在包头市召开的第二次"呼包鄂"经济工作座谈会要求，呼包鄂要找准发展的着力点。呼和浩特市要进一步强化自治区政治、经济、文化、科技、教育和金融中心的功能，努力建设现代化首府城市；包头市要充分发挥工业基础较好的优势，努力建设我国中西部地区经济强市；鄂尔多斯市要依托资源优势，加快要素聚集，努力建设我国重要的能源和重化工基地。

2006 年第三次"呼包鄂"经济工作座谈会在呼和浩特市召开，此次会议强调呼包鄂要把加快发展与科学发展有机统一起来，把握发展来势，提高发展质量，创新发展模式，增强发展后劲，在全区率先落实科学发展观，率先完善社会主义市场经济体制，率先实现全面建设小康社会目标。同年为实现呼包鄂区域人才资源开发的资源共享，呼包鄂三市政府人事部签订了《呼包鄂人才资源开发区域合作框架协议》，为呼包鄂区域发展过程中的人才人事问题提供了保障与合作的基础。与此同时，2006 年度"中国特色魅力城市 200 强"排行榜出台。呼包鄂与北京、上海等 195 个城市同台上榜，呼包鄂进入全国生活质量前百名。

2007 年第四次"呼包鄂"经济工作座谈会在鄂尔多斯市召开，会议要求，呼包鄂要全面贯彻落实科学发展观，着力提高协调发展和可持续发展水平，进一步提高综合实力、进一步提高市场竞争力、进一步提高创新能力。

2008 年在第五次呼包鄂经济工作座谈会上区域经济一体化的概念成为重要议题。强调呼包鄂要增强忧患意识、机遇意识和创新意识，提高产业发展层次，提高城市品质功能，提高文化软实力，提高创业环境质量，促进社会和谐[①]。同年，中科院倪鹏飞博士牵头发布的《中国城市竞争力蓝皮书（2007 年）》让呼包鄂地区以城市群的形式出现在公众视野。《中国城市竞争力蓝皮书》中显示城市综合竞争力：呼和浩特市排名 43、包头市排名 54。

2009 年的会议突出"加强地区间协作，促进和谐发展"，强调区域间优势互补，实现商流、物流、打造组团发展的"城市圈"和一体化的战略[②]。

2010 年，自治区《政府工作报告》中提出制定呼包鄂经济一体化规划，旨在区域范围内交通通信、信息资源、金融服务等一体化发展上取得新突破，培育自治区新的增长极[③]。《呼包鄂城市群规划（2010—2020 年）》于 2012 年，获自治区政府批准实施。此规划中涉及面积 52.3 万平方公里，范围包括呼和浩特市、包头市、鄂尔多斯市、乌兰察布市、巴彦淖尔市、乌海市和阿拉善盟 7 个盟市的48 个旗县市区，占自治区总面积的 44.4%[④]。

2011 年 4 月，《以呼包鄂为核心沿黄河沿交通干线经济带重点产业发展规划（2010—2020 年）》获国家发改委批准实施，该规划将呼包鄂地区定位为优势特色产业集聚区、统筹区域城乡发展的先行区、创新发展先行区、国家循环经济示

---

① 参照刘海铭的《珠三角危机对金三角起到警示作用》相关内容。
② 参照贾怡媛，王连英. 科学决策的典范——呼包鄂"金三角"系列报道之一［N］. 内蒙古日报，2009 – 04 – 22。
③ 参照 2010 年内蒙古自治区政府工作报告。
④ 参照《呼包鄂城市群规划（2010—2020）》。

范区、西部地区崛起的重要增长极。

2016 年 11 月，自治区政府批准实施《呼包鄂协同发展规划纲要（2016—2020 年）》，该规划纲要对呼包鄂地区的发展定位：一是国家资源型地区可持续发展实验区；二是边疆民族地区统筹城乡发展先行区；三是黄河中上游生态环境保护的示范区；四是中蒙俄经济走廊的重要支撑区；五是自治区区域协同发展的样板区；六是自治区创新发展的引领区。

2018 年 2 月，由内蒙古自治区、陕西省人民政府、国家发展改革委制定的《呼包鄂榆城市群发展规划》获国务院正式批复。批复中要求该规划实施要全面贯彻党的十九大精神，以习近平新时代中国特色社会主义思想为指导，统筹推进"五位一体"总体布局和协调推进"四个全面"战略布局，坚持以人民为中心的发展思想，牢固树立和贯彻落实新发展理念，坚持质量第一、效益优先，以供给侧结构性改革为主线，推动经济发展质量变革、效率变革、动力变革，着力推进生态环境共建共保，着力构建开放合作新格局，着力创新协同发展体制机制，着力引导产业协同发展，着力加快基础设施互联互通，努力提升人口和经济集聚水平，将呼包鄂榆城市群培育发展成为中西部地区具有重要影响力的城市群①。呼包鄂榆城市群发展规划的战略定位是：全国高端能源化工基地、向北向西开放战略支点、西北地区生态文明合作共建区、民族地区城乡融合发展先行区。

呼包鄂城市群规划大事记，如图 3 - 1 所示。

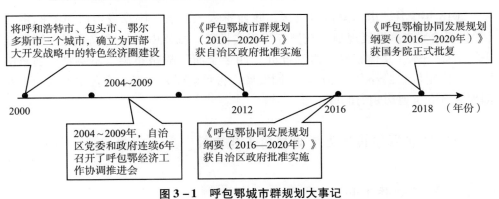

图 3 - 1　呼包鄂城市群规划大事记

二、城市群规划的作用和意义

（一）周边经济带动作用

区域经济一体化是世界经济发展的必然趋势，"呼包鄂城市圈"在形成和发

---

① 笔者根据央广网，http://www.cnr.cn 相关内容整理所得。

展过程中，对于推进西部大开发、推动我国"一带一路"倡议以及带动内蒙古经济发展的作用非常明显。"呼包鄂城市圈"资源丰富，环境容量较大，发展潜力较大，济发展水平和发展潜力对周边地区和国家都意味着重大的商机。"呼包鄂城市圈"与西北经济圈以及京津冀经济圈几乎接临，也是我国"一带一路"倡议的重要区域，有京藏、京新高速等交通大动脉，区位优势明显，战略地位突出。

（二）承接城镇化人口转移

同时呼包鄂城市圈的另外一个重要作用就是承接周边草原牧区的城镇化人口转移。包头和鄂尔多斯两市共有 7 个牧业旗。两市地处内蒙古西部，地理地貌属于荒漠化草原，草原生态环境相对较为恶劣，大部分牧区不再适合放牧。国家实施禁牧的草畜平衡制度补贴让牧民进城镇居住生活，但是牧民城镇化面临最大的困境是难以就业，生活无法保证。呼包鄂城市圈的协同发展将大大促进三个城市及周边城镇的经济发展，也将带来新的就业机会。

第二节　呼包鄂城市群协同发展

2018 年 2 月，由内蒙古自治区、陕西省人民政府，国家发展改革委制定的《呼包鄂榆城市群发展规划》获国务院正式批复。批复中不仅要求该规划统筹推进"五位一体"总体布局和协调推进"四个全面"战略布局，还要着力创新协同发展体制机制，着力引导产业协同发展，将呼包鄂榆城市群培育发展成为中西部地区具有重要影响力的城市群。

一、呼包鄂榆协同发展规划的主要内容

（一）规划作用和意义①

《呼包鄂榆城市群发展规划》从空间布局、引导产业协同发展、加快基础设施互联互通、推进生态环境共建共保、构建开放合作新格局、创新协同发展体制机制等方面提出具体部署。到 2035 年，城市群协同发展达到较高水平，整体竞争力和影响力显著增强。产业分工协作更加合理，迈向中高端水平；基础设施网络全面建成，能源、通信、水利设施保障能力明显提升，互联互通的交通运输网

---

① 参照《呼包鄂榆城市群发展规划》。

络基本建成；基本公共服务均等化基本实现，社会文明程度达到新的高度；生态环境质量总体改善，共建共保取得明显成效；对外对内开放水平全面提升，向北向西开放战略支点基本形成；以城市群为主体的大中小城市和小城镇协调发展的城镇格局基本形成，常住人口城镇化率稳步提升，协同发展体制机制基本建立，基本实现社会主义现代化。

呼包鄂榆城市群位于全国"两横三纵"城市化战略格局包昆通道纵轴的北端，在推进形成西部大开发新格局、推进新型城镇化和完善沿边开发开放布局中具有重要地位。呼包鄂榆地区沿黄河呈条带状分布，地势平缓，地貌类型为河流谷地。该地区资源优势明显，区域内能源（包括风、光）和矿产资源十分丰富，稀土资源得天独厚，水资源保障程度相对较高，可利用土地较多，发展的空间和潜力较大。培育发展呼包鄂榆城市群，有利于探索资源型地区和农牧结合区新型城镇化道路，强化举措推进西部大开发形成新格局；有利于加强产业分工协作和提升整体竞争力，培育新增长点、形成新动能，支撑引领区域经济发展；有利于扩大对内对外开放特别是向北向西开放，推动形成全面开放新格局；有利于保护黄河流域生态环境，促进人与自然和谐发展；有利于巩固民族团结、边疆安宁的大好局面，建设祖国北疆亮丽风景线。

（二）产业布局

构建城市群发展空间格局。依托京包、包茂交通运输大通道，突出呼和浩特区域中心城市作用，强化包头、鄂尔多斯、榆林区域重要节点城市地位，形成呼包鄂榆发展轴；严格保护黄河生态环境，大力传承优秀传统文化，科学有序利用沿岸平原、湿地、沙漠和历史、文化等各类资源，建成沿黄生态文化经济带。落实主体功能定位，严格保护绿色生态空间，恢复和改善自然生态功能，构建生态综合治理体系。

优化城市群城镇体系。强化科技创新、金融服务、文化教育、开放合作等，充分发挥区域中心城市作用和功能；加强城市间协作联动，实现集约、互补发展，壮大重要节点城市；培育一批中小城市。强化城市空间连接、功能传导作用，加强与区域中心城市和重要节点城市的统筹规划、功能配套，发展特色县域经济，有序推进特色小镇建设；实施乡村振兴战略，协调推动新型城镇化，推进城乡融合发展。

推动人口向城镇集聚。优化城市人居环境，提升综合功能，有序引导非边境地区人口向大中城市和小城镇集聚；建立健全农牧业人口转移激励机制，探索建立农业转移人口市民化成本分担机制。推进基本公共服务均等化，引导农牧业人员有序向城镇转移，推动重点生态功能区人口有序退出。

（三）引导产业协同发展

强化产业分工协作。依托各类现有国家级、省级园区，构建区域产业分工协作平台和载体，着力构建产业协作平台；探索在装备制造、新材料、电子信息、循环经济等领域打造区域分工协作产业链条，打造区域分工协作产业链条；加大经济建设项目贯彻国防要求的工作力度，发挥区域军民融合产业基础和传统优势，构建军民产业融合发展平台。

联手打造优势产业集群。合理配置资源，优化产业布局，加快推进以清洁能源、煤基精细化工为核心的能源化工产业集群高端化发展；大力发展工程机械、矿山机械、煤炭机械、化工装备、新能源设备等特色装备制造，积极发展载重汽车、乘用车、新能源汽车、智能机械、轨道交通装备，支持发展模具、零部件等配套产业，建成金属加工和装备制造产业集群；深入实施"互联网＋"发展战略，加快大数据综合试验区和光伏基地建设，建成重要的云计算数据中心、备份中心和开发应用中心，形成战略性新兴产业集群；立足独特的农牧资源优势，重点打造乳、肉、绒、薯、林果、蔬菜、杂粮等特色农产品优势区，推进农业"产—加—销"一体化发展，打造绿色农畜产品生产加工产业集群。

共同促进现代服务业发展。树立绿色发展和全域旅游理念，整合优质旅游资源，完善旅游服务设施，促进文化旅游业发展；推进物流基础设施互联互通，大力培育第三方物流、连锁配送企业，统筹推进大宗商品、建材、快递等专业物流交易中心和综合型物流园区建设，促进商贸业发展；有序发展金融租赁和融资租赁，提升金融业对外服务能力，强化金融风险监测和金融安全防护，推动金融业发展；大力发展云计算、物联网、电子商务和地理信息等产业，以信息服务业培育新业态新模式。

合力提升创新能力。建立协同创新体系，完善公共科技资源共建共享机制。深化科技管理体制机制改革，构建普惠型创新支持体系，创新科技服务模式，共建产业科技创新平台，构建协同创新发展新格局；建立以企业为主体、市场为导向、产学研深度融合的技术创新体系，引导优势企业与高等院校、科研院所等共建产业技术创新战略联盟，推进科技成果产业化；通过倡导创新文化，加强创新资源共享和创业培育服务，激发全社会创新创业活力，推动全社会创新创业。

二、呼包鄂城市圈协同发展的构建

（一）呼包鄂城市圈构成

呼包鄂城市群是《呼包鄂榆城市群发展规划》的重要组成部分。由内蒙古自治区的呼和浩特市、包头市、鄂尔多斯市三个城市构成。

呼和浩特是自治区政治、经济、文化、科技、教育和金融中心，是内蒙古自治区政府所在地，经济发展水平名列全区前列，内蒙古高校有一半都在呼和浩特，具有较好的科技科研基础。经济发展以乳业、电子信息、电力、医药发酵、冶金化工、机电装备六大主导产业为主。有全国乳品行业龙头企业的伊利和蒙牛，是自治区最大的奶源基地，生物制药方面有全国最大的生物发酵基地，生物制药产业也具有较高的竞争力。2016 年 10 月 8 日，国家正式批复内蒙古为国家大数据综合试验区，依托盛乐和鸿盛两个云计算园区，投资近 500 亿元，建成全国最大的数据中心。同时以如意总部基地为首，呼和浩特的高端服务行业也是全区最发达。

包头位于呼和浩特和鄂尔多斯之间，是自治区乃至中国最重要的工业城市之一；冶金工业、稀土高新技术产业、军工和机械装备制造业成为包头市工业经济的主导力量。有全国知名企业包钢和包头铝业，其中包头铝业（集团）公司是中国第一个稀土铝材国家重点生产企业，内蒙古包钢稀土高科技股份有限公司是国内首家稀土上市公司。内蒙古第一机械制造（集团）有限公司等都是特大型企业。同时包头也是内蒙古最重要的铁路枢纽和发达程度最高的城市。

鄂尔多斯位于三市的最西边，依靠国家西部大开发战略，凭借自身丰富的煤炭、石油、天然气等资源优势综合实力持续提升。目前拥有鄂尔多斯羊绒集团、内蒙古伊泰集团有限公司、内蒙古亿利化学工业有限公司等多个大型企业。曾经被称为"鬼城"的康巴什已经成功打造成国家 4A 级旅游区，是我国第一个以城市景观为载体申报被批准的国家 4A 级旅游区。

（二）呼包鄂城市圈协同发展

区域协同发展，是强调两个或者多个以上的不同地区，公平竞争、产业互补、相互协作，实现地区共同发展的目标。

"增长极理论"阐述城市作为一个区域的经济增长和社会发展的中心，汇聚了区域内的优势资源，通过支配效应、乘数效应、极化和扩散效应推动区域的整体发展。增长极理论已成为培育和发展城市的理论依据，各国都积极倡导培育中心城市以带动区域整体发展。无论是发展中国家还是发达国家都可以把城市作为培育经济增长的增长极，特别是发展中国家更应该把城市作为整个经济发展的推动力量。呼包鄂城市圈协同发展的机制最终也将通过这种过程带动周边地区发展的同时，提升城市圈整体发展水平和能力。呼包鄂城市圈协同发展框架如图 3 - 2 所示。

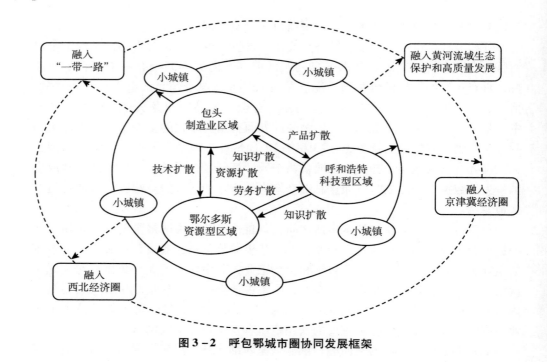

图 3 – 2　呼包鄂城市圈协同发展框架

第三节　基于博弈视角的呼包鄂城市群发展

呼包鄂城市群内部各市由于地理空间上具有高度的邻近性，经济发展阶段上具有很强的相似性，区域内各市在政治、经济、社会、文化等各个方面存在着密切的联系。但是，呼包鄂三市地方政府基于"政治经纪人"的出发点，以实现辖区利益最大化为主要目标，形成"三雄"割据的"诸侯经济"发展局面，它们彼此之间存在着广泛和激烈的博弈关系。如何化解呼包鄂城市群内部博弈冲突的矛盾、实现博弈主体的协调合作机制良性建设与可持续发展，是呼包鄂城市群当前亟须解决的重大问题。本节在借鉴相关研究的基础上，根据对城市群区域协同发展理念的理解，运用博弈理论和方法，探究呼包鄂城市群发展的典型化事实和博弈竞争机理。

一、呼包鄂城市群博弈资源比较

呼包鄂三市经济发展水平相近且产业转型升级任务艰巨，地方政府所具备的各种权利以及尚处于起步阶段的城市间协同发展体制机制建设显著地影响着地方政府之间的竞争与合作。按照博弈论分析的有关结论并结合呼包鄂地区实际，目前，呼包鄂城市群的内部博弈主要围绕政治领域、要素禀赋和产业发展展开。

（一）政治领域的博弈

政治领域的博弈主要是政府层面的竞争，主要表现在外在政绩考核对官员晋升竞争压力，上级政府政策扶持力度，以及地方政府软实力的强弱等方面。具体而言，现阶段我国地方政府官员主要是上级任命，任期内每年都面对着巨大的绩效考核压力，并且地方政府官员晋升与本地相对于其他地区的经济发展水平相挂钩，这就使得处于同一城市群内部的政府官员之间的晋升博弈异常激烈。地方政府如果能够向上级政府特别是中央政府争取到建设特殊类型经济区域（如经济开发区、综合保税区、自贸试验区等）的支持，或者争取到制度创新的试点机会，中央政府或上级政府就会有一系列与特殊区域、试点相配套的扶持政策和资金支持，从而吸引各类生产要素的流入和聚集，提高地方经济的竞争力，在区域发展中抢占先机。此外，一个地方的经济发展，既需要有优质的公共产品和基础设施服务的"硬实力"，也必须有高效的政府行政效率和良好的营商环境的"软实力"，这就要求地方政府积极转变政府职能，建设服务型政府，以良好的生产环境和理想的投资环境在地区间的生产要素争夺竞争中占据有利地位。在行政区域刚性限制和要素资源总量有限的双重约束条件下，地方政府在博弈竞争中倾向于采取行政控制和区域分割的方式干预城市群内要素资源配置，阻碍经济资源的跨城市流动和基于合作共赢的产业链网络的发展，使得城市群内部陷入集体非理性的"囚徒困境"，不利于呼包鄂城市群协调发展。

（二）要素禀赋的博弈

呼包鄂城市群资源条件丰富，高等院校研究机构云集，为区域经济社会发展提供了强大的资源、科技和人才优势。三市都或多或少地依赖于资源开发"起家"，对自然资源的经营和利用较早，所以，该城市群内部已经由争夺浅层次的传统资源要素逐步发展到深层次新型资源要素的博弈，由最初的有形资源要素到无形资源要素的博弈。人才要素方面，呼包鄂城市群劳动力素质虽然整体较高，但是内部分化较为严重：2017 年，呼和浩特共拥有 24 所普通高等学校、高校毕业生 64117 人，远远高于包头的 5 所、20742 人和鄂尔多斯的 4 所、1092 人，由此可见，呼和浩特对呼包鄂城市群劳动力素质的贡献度最大，在城市群内部处于绝对的领先地位，而包头和鄂尔多斯人才基础较为薄弱，人才缺口较大；此外，无论是人才优势明显的呼和浩特还是"求贤若渴"的包头和鄂尔多斯，在人才引进方面都出台了众多的政策方案，提供了优厚的待遇条件，三市对人才资源的竞争博弈空前激烈。资本要素方面，目前，呼包鄂城市群面临外部"前有堵截、后有追兵"的激烈引资竞争局面，资金总量受到限制，这一瓶颈必然会加剧地方政府在经济发展过程中对外部资金的争夺，大大降低了三市之间通过协调合作达到"双赢"的可能性，为了能够引进更多外部投资，城市群内部并不是采取积极的合作方式，而是采取一系列举措展开非合作博弈。例如，地方政府利用税费征管的便利和土地优惠政策等手段满足投资商需求，积极进行招商引资，抢占外资资源。

（三）产业发展的博弈

经过 40 多年的艰苦努力，三市已形成门类比较齐全、三次产业均衡发展的现代经济体系。目前，各市为使经济发展迈向更高水平，助力"一带一路"和中蒙俄经济走廊建设，以深化改革为统领，编制了各类发展战略规划。这些规划强化了呼包鄂三地的主体功能，提出了相应的发展目标，明确了各自的产业定位。但是，呼包鄂三市设有众多经济技术开发区、高新技术产业开发区、综合保税区、保税物流园区和出口加工区等国家级、省级园区，这在招商引资和项目投资方面很容易导致盲目竞争和重复建设，产业优先目标一致性和区域产业格局同构性的现象较为严重。目前，各地都在全力抢占未来产业的制高点，未来区域产业中心成为地方政府博弈与竞争的焦点，一批现代服务业项目与战略性新兴产业等项目纷纷上马，导致呼包鄂城市群目前还处于停滞对抗型的僵局，区域发展没有形成合力，产业布局不尽合理，城市群内部各城市策略协调失败。然而，由于呼包鄂三市的经济发展政策仍然主要基于行政区利益而非彼此间的差异性和互补性，各地围绕着谁是呼包鄂城市群的"龙头"一直有竞争，三市各打价格战，加大投资力度，进行大规模的产业扩张，追求"大而全"的产业规模与结构，竞争日趋白热化。这一过度竞争的结果是，呼和浩特、包头和鄂尔多斯各有所长，实力大体相当，在近期内博弈竞争难分胜负，无论是哪个城市，都难以在短期内奠定其龙头地位。呼包鄂产业发展的激烈博弈竞争，有可能会导致对外推进混乱、招商引资竞争无序、资源开采混乱，最终降低整个区域的竞争力和发展潜力。

二、呼包鄂城市群内部博弈及模型分析

针对呼包鄂城市群内部博弈的政治领域、要素禀赋和产业发展这三个具体方面，本书选取其中具有代表性的政治晋升、人才竞争与产业发展等问题进行博弈分析，重点分析呼包鄂城市群内部之间的内在关联效应即协同发展机制以及博弈竞争所带来的边际效应演化轨迹，对于寻求呼包鄂城市群发展的新动能、实现城市群内部良性互动具有重要意义。

（一）官员晋升博弈模型分析

在现行政治体制下，地方政府官员的晋升，取决于上级政府对下级地区政府

经济绩效的考核，绩效较高者获得提拔，这样的晋升博弈将导致"地方官员之间的合作空间非常狭小，而竞争空间巨大"。由于政治晋升博弈是一个零和博弈，个人与竞争者的相对位次在晋升博弈中十分重要，所以地方政府官员必须通过经济竞争来谋取政治晋升的资本，通常会根据对自己任期的预期来制定经济发展政策、选择经济活动手段，追求任期内的经济效益最大化。因此，为了尽可能提高自己在晋升博弈中的相对位次，城市群内部各地方政府官员倾向于将自身行为的"溢出效应"内在化，却对彼此合作缺乏诚意与热情。下面我们以呼包鄂城市群内部任意两个地方政府为例，建立一个晋升博弈模型，以揭示政府官员"双赢"合作激励不足的深层原因。

假设上级政府对两个地方政府首脑 A 和 B 进行绩效考核，考核的依据为包括地区生产总值及增长率、财政收入、全社会固定资产投资总额等指标的该地区的绩效评估指数 y，考核结果较优者获得晋升。地方政府首脑 A 和 B 的绩效函数为：

$$y_A = a_A + \lambda_B a_B + e_A \tag{3.1}$$

$$y_B = a_B + \lambda_A a_A + e_B \tag{3.2}$$

其中，a_A 代表地方政府首脑 A 的努力程度，a_B 代表地方政府首脑 B 的努力程度；λ_A 代表地方政府首脑 A 的决策和努力程度对城市 B 综合绩效直接产生的边际影响，λ_B 代表地方政府首脑 B 的决策和努力程度对城市 A 综合绩效直接产生的边际影响，为了简化问题，我们假设 $|\lambda_A| < 1$、$|\lambda_B| < 1$，即不论"溢出效应"是正是负，任何一个官员的努力程度对自身绩效的影响要超过对别人绩效的影响；e_A 和 e_B 是随机扰动项且相互独立，假定（$e_A - e_B$）服从一个期望值为 0、独立和相同的对称分布 $F(x)$。

如果 $y_A > y_B$，那么地方政府首脑 A 将获得提拔，得到 V 的效用，此时地方政府首脑 B 不能被提拔，获得的效用为 v，其中 $V > v$。基于地方政府官员"政治经纪人"的假设，并结合我国地方官员考核和晋升的实际情况，地方政府首脑 A 获得提拔的概率为：

$$P_A(y_A > y_B) = P_A[a_A + \lambda_B a_B + e_A - (a_B + \lambda_A a_A + e_B) > 0]$$
$$= P_A[e_B - e_A < (1 - \lambda_A)a_A - (1 - \lambda_B)a_B]$$
$$= F[(1 - \lambda_A)a_A - (1 - \lambda_B)a_B] \tag{3.3}$$

对式（3.2）求导，可以得到：$(1 - \lambda_A)F'(x) > 0$，$-(1 - \lambda_B)F'(x) < 0$，这说明地方政府首脑 A 的努力会使自己晋升的概率增大，而竞争对手地方政府首脑 B 的努力会降低 A 晋升的概率。地方政府首脑 A 和 B 的效用函数为：

$$U_A(a_A, a_B) = F[(1 - \lambda_A)a_A - (1 - \lambda_B)a_B]V + \{1 - F[(1 - \lambda_A)a_A - (1 - \lambda_B)a_B]\}v - C(a_A) \tag{3.4}$$
$$U_B(a_A, a_B) = \{1 - F[(1 - \lambda_A)a_A - (1 - \lambda_B)a_B]\}V + F[(1 - \lambda_A)a_A$$

$$-(1-\lambda_B)a_B]v - C(a_B) \tag{3.5}$$

对效用函数求导，得到地方政府首脑 A 和 B 实现效用最大化的一阶条件：

$$(1-\lambda_A)(V-v)F'[(1-\lambda_A)a_A-(1-\lambda_B)a_B] = C'(a_A) \tag{3.6}$$

$$(1-\lambda_B)(V-v)F'[(1-\lambda_A)a_A-(1-\lambda_B)a_B] = C'(a_B) \tag{3.7}$$

对效用函数再次求导，得到地方政府首脑 A 和 B 实现效用最大化的二阶条件：

$$\partial^2(U_A)/\partial a_A^2 = (1-\lambda_A)^2(V-v)F''(x) - C''(a_A) < 0 \tag{3.8}$$

$$\partial^2(U_B)/\partial a_B^2 = (1-\lambda_B)^2(V-v)F''(x) - C''(a_B) < 0 \tag{3.9}$$

在社会最优的安排下，地方政府首脑 A 和 B 分别选择努力程度 a_A 和 a_B，使社会剩余期望效用最大化：

$$\max_{a_A, a_B}\{[a_A + \lambda_B a_B - C(a_A)] + [a_B + \lambda_A a_A - C(a_B)]\} \tag{3.10}$$

其一阶条件为：$(1+\lambda_A) = C'(a_A)$，$(1+\lambda_B) = C'(a_B)$。

比较这两个一阶条件可以看出，在社会最优的情况下，地方政府首脑的努力程度应与其外部效应正相关，即 λ 越大意味着地方官员激励应该越大，但是，城市群内部政府官员在晋升博弈中，λ 越大意味着地方官员激励越小。地方政府官员不仅有充分的激励促进辖区发展，而且有同样的激励去做不利于竞争对手辖区的事情，但对那些可以"双赢"却不能改变相对位次的事情缺乏热情。同样，每个官员都希望自身行为"溢出效应"内部化，而放任负外部效应的发生。因此，城市群内部地方政府之间很难进行实质性合作，合作"双赢"或"多赢"动力不足，非合作竞争倾向已成常态。

（二）人才竞争博弈模型分析

目前，呼包鄂城市群正处于由工业大区变为工业强区，产业结构不断升级优化的重要阶段，地区企业有技术突破的动力和压力，对人才开发、引进和利用的需求巨大。由于高等院校的引进和设置程序复杂、难度较大，各地政府主要将博弈的重心放在了人才引进工作上。地方政府纷纷制定人才引进政策、提供优厚待遇条件、营造良好的发展环境，创造"人才高地"、抢占人才资源。由于人才资源的集聚和流失呈"马太效应"，博弈各方都会不遗余力加大对人才争夺的投入，"抢人"大战愈演愈烈。城市群内部各市均选择对自己而言最优的策略，但对整体而言却是最差的选择，各方走向了恶性竞争的"囚徒困境"。

建立一个城市群内部人才竞争的"囚徒困境"博弈模型，并且以呼包鄂城市群内部任意两个地方政府为例。假定一定时期内共有 a 个单位的人才数量，如果两地的人才引进力度不够，那么两地对人才不具有吸引力，假定两地各获得 a/2 个单位的人才数量，则地方政府可以各自得到 a/2 个单位的收益；如果两地都高度重视人才引进工作，加大对人才争夺的投入，由于人才总量未变，我们仍然假定两地各获得 a/2 个单位的人才数量，此时假定人才引进成本为 b 个单位（假设

b < a/2)，则两地均可获得（a/2 - b）个单位的收益；如果一地重视人才引进工作且提供的人才政策富有吸引力，而另一地对人才引进工作投入不够或没有出台相关政策，则前者将获得全部 a 个单位的人才数量，扣除人才引进成本后，获得（a - b）个单位的收益，此时后者的收益为 0。城市群内部人才竞争博弈矩阵，如表 3 - 1 所示。

表 3 - 1   城市群内部人才竞争博弈矩阵

项目		城市 B	
	策略（A，B）	人才引进工作进度缓慢	积极开展人才引进工作
城市 A	人才引进工作进度缓慢	a/2，a/2	0，a - b
	积极开展人才引进工作	a - b，0	a/2 - b，a/2 - b

在这个博弈中，两个地方政府同时选择在人才市场加大投入的政策策略是风险占优策略，但是无论是对两个地方政府总体还是个体来说，收益未达到最大，同时也没用实现博弈的帕累托最优。各个城市政府基于自己的理性思考，为了追求自己收益的最大化，在博弈选择中，城市群内部各地方政府都会加大人才引进力度，但整体的利益确实最差的，最终无法避免地陷入类似"囚徒困境"的死胡同。

考虑到城市群内部各方会根据竞争对手人才政策的调整不断寻求自身的最优策略选择，形成重复博弈的动态选择，基于演化博弈理论，采用"最优反映动态"机制中的库诺特模型，以呼包鄂城市群内部任意两个地方政府为例，分析城市群内部各地方政府人才竞争的动态博弈情形。

由索洛增长模型可知，人才所能创造的经济社会效益取决于地方的人力资本水平与物质生活条件，根据柯布 - 道格拉斯生产函数：

$$r = \alpha H^s MI^t \qquad\qquad (3.11)$$

其中，α 为常数，H 和 MI 分别代表地方的人力资本水平与物质生活条件，s 和 t 分别反映了人才对当地的人才政策吸引力和物质生活条件的偏好程度。在短期内，物质生活条件变化幅度较小，在博弈分析中暂不考虑，因此上式可简化为 $r = H^s$。所以在短期内，人才所能创造的经济社会效益随着当地政府的人才引进政策的变化而变化。

在库诺特模型中，假设地方政府 A 和 B 计划通过引进 Q 单位人才以获取 R 单位的经济社会效益，得逆需求函数 Q = a - bR，其中 $R = r_A + r_B$，故 $Q = a - b(r_A + r_B)$。我们将各地政府在人才引进过程中需要支付的成本记为 $C(r_i)$，因为该函数是连续的，故将其设为 $C(r_i) = d_i r_i^2$。那么地方政府 A 和 B 通过引进人才所创造的经济社会效益分别为：

$$E_A = [a - b(r_A + r_B)]r_A - d_A r_A^2 \qquad (3.12)$$

$$E_B = [a - b(r_A + r_B)]r_B - d_B r_B^2 \qquad (3.13)$$

为简化运算，令 $b = 1$，$d_A = 1$，$d_B = 1$，故上式简化为：

$$E_A = [a - (r_A + r_B)]r_A - r_A^2 \qquad (3.14)$$

$$E_B = [a - (r_A + r_B)]r_B - r_B^2 \qquad (3.15)$$

最优化一阶条件分别为：

$$\partial E_A / \partial r_A = a - (r_A + r_B) - r_A - 2r_A = 0 \qquad (3.16)$$

$$\partial E_B / \partial r_B = a - (r_A + r_B) - r_B - 2r_B = 0 \qquad (3.17)$$

将以上两式移项得地方政府 A 和 B 的反应函数：

$$r_A = \frac{a - r_B}{4} \qquad (3.18)$$

$$r_B = \frac{a - r_A}{4} \qquad (3.19)$$

联立两式得库诺特模型为：$r_A^* = r_B^* = a/5$。

城市群内部各地方政府会根据自身的反应函数，并观察其他城市的人才政策所带来的经济社会效益，不断完善和调整所制定的人才引进方案，在动态博弈中最终趋于均衡。

（三）产业发展博弈模型分析

呼包鄂城市群产业分工协作不强，尚未树立"一盘棋"思想，制约协同发展的体制机制障碍仍然存在，存在同构性、同质化发展趋势。根据三市地方政府经济人行为的有限理性假设和产业发展工作的长期性与复杂性，呼包鄂城市群各地方政府只能明确本地生产成本效益函数，而对竞争对手的博弈选择不能做出完全的判断，相互之间博弈信息存在着不完全性。因此，在一定的时间段内，其产业发展博弈方式可以认定为不完全信息的静态博弈。

在此博弈框架中，其博弈主体是呼包鄂三市地方政府，假设它们各自策略空间为 $p_i(i = 1, 2, 3)$ 的策略范围，当各地产业发展规模为 p_1，p_2，p_3 时，呼包鄂城市群产业发展规模为 $P = p_1 + p_2 + p_3$，区域产业产出水平为其产业发展规模 P 的减函数，为方便分析，我们进一步假设其产业发展的成本对于各地方政府的成本都是不变的常数 C，产业产出水平 $V = V(P) = V(p_1 + p_2 + p_3) = N - P = N - (p_1 + p_2 + p_3)$，则地方政府产业发展的效益函数为：

$$E_i = p_i V(P) - p_i C = p_i V(p_1 + p_2 + p_3) - p_i C \qquad (3.20)$$

各市地方政府博弈的效益函数为：

$$E_1 = p_1 [N - (p_1 + p_2 + p_3)] - p_1 C \qquad (3.21)$$

$$E_2 = p_2 [N - (p_1 + p_2 + p_3)] - p_2 C \qquad (3.22)$$

$$E_3 = p_3 [N - (p_1 + p_2 + p_3)] - p_3 C \qquad (3.23)$$

为了简化对以上模型的分析,我们将上述效益函数视为连续函数,并取 $N = 90$,$C = 5$,分别对其求反函数:

$$p_1 = 42.5 - \frac{1}{2} p_2 - \frac{1}{2} p_3 \qquad (3.24)$$

$$p_2 = 42.5 - \frac{1}{2} p_1 - \frac{1}{2} p_3 \qquad (3.25)$$

$$p_3 = 42.5 - \frac{1}{2} p_1 - \frac{1}{2} p_2 \qquad (3.26)$$

我们对以上三个方程进行反函数处理,得到三个反函数的交点 (p_1^*,p_2^*,p_3^*) 即为博弈模型的纳什均衡点。将 p_1^*,p_2^*,p_3^* 代入反函数方程,联立求解得到三市独自进行博弈时的产业发展规模 $p_1^* = p_2^* = p_3^* = 21.25$。

此时地方政府进行产业发展博弈时的效益为 451,呼包鄂城市群产业发展的总效益 $E = 1353$。我们可以进一步分析其产业发展的最佳效益,则呼包鄂城市群的总效益函数为:

$$E = P (N - P) - CP = P (90 - P) - 5P = 85P - P^2 \qquad (3.27)$$

对其求一阶导,得最佳产业发展规模 $P^* = 42.5$,将其代入总效益函数得 $E^* = 2231$。由于 $E^* > E$,则说明在地方政府产业发展的不完全信息博弈中,地方政府采取不合作态度,产业发展博弈竞争激烈,各市独立进行产业发展的效果低于此最佳效益点,造成资源的浪费。通过对上述数量的比较,在合作框架下,其最佳产业发展规模小于各自独立进行产业发展时的规模,反而其产业发展的效益高于其各自独立进行产业发展时的效益值。

在此博弈模型中的纳什均衡点是低效率的,城市群内部各地方政府之间具有不同的价值追求和目标指向,对产业协同发展的理解存在差异,围绕价值目标、资金、资源、行动中的权利与责任、发展效果评估等方面,产生多层次多方面的利益博弈,影响到决策本身的价值指向及由此产生的社会发展效果,造成呼包鄂城市群整体效率的损失,即产业发展所达到的博弈均衡中的纳什均衡是低效率的。在依靠资源控制和绩效考核评价的约束激励机制下,地方政府常以争取更多项目、资源、资金和优惠政策为主要工作目标,以产业发展水平成为考核地方政府社会发展的硬指标。因此,各地方政府应该探索建立法定约束、预算约束和市场约束机制,构建主体合作共赢的约束激励机制。本博弈模型旨在论证呼包鄂城市群地方政府产业发展竞争,各地方政府基于政治经纪人的假设追求辖区利益最大化,由个人的理性选择导致集体的非理性竞争,各地方政府处于独立运作的非合作的博弈框架下,这是呼包鄂地方政府博弈困境产生的根本原因。

三、呼包鄂城市群内部博弈现状研究

上文从政治领域、要素禀赋和产业发展等方面对呼包鄂城市群的博弈资源进行了分析和比较，发现呼包鄂城市群区域发展较为平衡，但博弈竞争激烈，再加上各地方政府往往从地方本位主义出发，加剧了各地方政府之间的冲突，区域合作难度较大。因此，本部分将具体分析呼包鄂城市群内部博弈竞争的发展轨迹与现状。

（一）官员晋升与政府博弈

市长是一个城市行政机关的首脑，主管地区经济社会发展，而地区发展水平的高低直接影响着其个人政治生涯的前途，因此，各市市长既有发展辖区经济的动力，又要面对与其他地市市长的晋升博弈。

以呼包鄂三市市长为研究对象，统计了各市历任政府首脑离职后的去向，发现：自2000年正式提出"呼包鄂"经济一体化发展战略以来，五任呼和浩特市市长中有两人被擢升为副部级官员，一人担任自治区人民政府直属部门负责人，一人担任自治区人大常委会秘书长，一人到点退休；七任包头市市长中有两人被提拔为副部级官员，两人担任自治区人民政府直属部门负责人，三人担任其他盟市党委书记；七任鄂尔多斯市市长中，四人就地接任市委书记，两人担任自治区人民政府直属部门负责人，一人担任自治区直属国有企业正职。通过分析官员离任后去向可以得知，上级政府对呼包鄂三市发展的总体情况较为满意，各市市长离任后大都获得重用，或直接被提拔为副部级官员，或成为各盟市、自治区直属部门"一把手"。

值得注意的是，2000年以来离任后被提拔为副部级官员的四位市长中，两位包头市市长的任期均在2011年之前，而两位呼和浩特市市长的任期在2011年之后，这说明头十年包头经济社会发展状况较好，上级政府对其认可度较高，而呼和浩特近些年总体发展水平良好，在与其他两市尤其是包头市的博弈竞争中占得主动。但迄今为止，近些年发展迅猛的鄂尔多斯还没有市长离任后直接被擢升为副部级官员，这也说明呼包鄂城市群内部官员竞争博弈激烈，晋升难度较大。由于中国官员体系呈"金字塔"形状，级别越高，晋升难度越大，相互竞争越激烈，所以政府官员与竞争对手的相对位次在竞争博弈中显得十分重要。

（二）资源开发与环境治理矛盾

自然资源是经济发展的基础，经济的发展需要依赖于自然资源的不断供应，而且这种依赖性随着人口的增长及人民生活水平的提高日益加强。呼包鄂城市群

资源优势明显，区域内能源（包括风、光）和矿产资源十分丰富，稀土资源得天独厚，可利用土地较多。但是，三个城市都对资源有着巨大的需求并持有谨慎的开发态度，三市走资源协调开发利用的道路仍然很艰难。

呼和浩特作为自治区首府，人口分布集中且正致力于打造新型工业化示范地区，资源需求巨大但自身开发利用程度较低。作为传统工业强市的包头，目前面临着从传统工业向现代工业转型的问题，必将进一步严格资源开发保护，推进资源产业发展绿色转型。鄂尔多斯虽然资源丰富，但是如果一味地开发资源，对相对丰富的资源过分依赖，也将面临资源枯竭的问题，导致"资源诅咒"现象。但一段时间以来，在"GDP崇拜"的影响下，经济发展"粗放增长"且不注重环境治理，造成区域生态系统比较脆弱，环境容量较为有限，生态修复和环境治理任务艰巨。

呼包鄂城市群以占内蒙古自治区11.13%的土地却集中了全区近1/3的人口和大规模的经济活动，环境污染和生态破坏问题十分严重。呼和浩特环保基础设施历史欠账较多，产业结构性污染较为突出，全市散、小企业分布广泛，数量较多，设施简陋，管理粗放，资源浪费和污染排放情况较为突出；包头工业布局不合理、大气环境质量改善压力大、河道生态净化能力不足、生态环境保护压力增大、区域发展的可持续性挑战明显；鄂尔多斯计划建成要素聚集、生态宜居的现代化城市和生态文明先行示范区，但长期以来，由于忽视技术和管理，依靠大量低效率地消耗各种资源来实现经济增长，造成了对自然支持系统的巨大压力，导致资源与生态环境状况的恶化。环境资源属于典型的公共物品，并且环境污染常常具有跨区域性的特点，较高的治理成本和关停企业所带来的经济损失，使得城市群内部各方难免会发生利益冲突，难以协调合作、共同治理，这些环境污染问题涉及城市群内部各个主体，仅靠单个城市的力量是解决不了的。

（三）公共政策博弈与恶性竞争

城市群内部各地方政府为引进人才和招商引资，出台大量地方性文件，提供各种优厚待遇或优惠条件。由于各种原因，一些地方花费巨大成本引进的人才或企业没有释放出应有的经济效益。人才引进方面，地方政府"成本—效益"意识不强，为了和竞争对手争夺人才资源，人才引进工作贪多求全、不计成本，使地方财政背上沉重的经济负担，而且一旦物质激励取消，人才也会再度流失。

呼和浩特出台了《呼和浩特市大数据人才引进暂行办法》《呼和浩特市培养引进使用高层次人才规定》《呼和浩特市推进人才优先发展战略的若干措施（试行）》等"人才新政"，提供人性化服务，加大了培养、引进和使用高层次人才的力度。包头创新工作举措，先后印发了《包头市推进"人才强市工程"的实施意见》《关于实施"包头大学生集聚计划"的若干意见》《包头市高层次创新创业和紧缺急需人才服务保障办法》《关于鼓励科技人才创新创业的若干意见》等一系列人才政策，加快推进人才优先发展战略，建设区域人才高地。鄂尔多斯出台"人才政策30条"首批5个配套实施细则——《鄂尔多斯市事业单位引进高层次人才和紧缺专业人才实施办法》《鄂尔多斯市鼓励企业通过人才中介机构招才引智实施办法》《鄂尔多斯市高层次人才认定评定办法》《鄂尔多斯市产业创新创业人才团队评审和资助办法》《鄂尔多斯市首席专家选拔管理办法》，着力促进人才发展体制机制改革，打造更加完善的人才政策体系，充分激发人才创新创业创造活力。

招商引资方面，城市群内部各地方政府为了争夺外来投资项目，想方设法营造区位优势以吸引要素流入，甚至滥用各项优惠政策。例如，财政扶持上，政府直接出资用于企业进行基础设施建设、节能减排、科技研发、技术改造等方面；土地政策上，政府进一步降低土地价格，不惜亏本出让，并允许企业采取分期缴纳、租让结合等方式使用土地；税收政策上，政府尽可能减免税收，使一些不符合税收优惠政策的项目税负极低，价格反映资源的稀缺程度方面出现失真。政府职能"错位"现象严重，过度的优惠会误导要素禀赋的流向，影响社会公正，加剧了各地之间的竞争成本。

（四）产业发展与战略定位的冲突

国家、自治区和地方本级为实现经济社会快速发展，推进"西部大开发"战略实施，编制了各类战略规划，这些规划强化了呼包鄂三地的主体功能，提出了各自的战略目标，明确了相应的发展定位。

从各市定位上看，呼和浩特致力于建设区域性现代服务业集聚区、新型工业化示范地区、转型升级与创新创业引领地区，打造国家级乳业生产加工基地和大数据产业基地。包头定位于稀土新材料基地、新型冶金基地、清洁能源输出基地、现代装备制造基地、新型煤化工基地、绿色农畜产品精深加工基地，打造城市群创新型企业孵化基地和具有全球影响的"稀土＋"产业中心。鄂尔多斯将打造面向全国的生态休闲、健康养生和旅游度假基地，建设资源精深加工中心和一流的能源化工产业示范基地。

呼包鄂三市虽然发展规划清晰，发展目标明确，产业门类齐全，但是各地以工业为主的产业同构现象较为严重，在装备制造业、电气机械及器材制造业、电子通信设备制造和金属材料制品等制造行业产业结构调整的策略选择显现出较强的趋同性。呼和浩特以各类专项规划为支撑，不断完善顶层设计，一大批新兴产业项目和现代服务业项目纷纷上马，举全市之力，朝着经济发展先行区迈进，然而包头和鄂尔多斯在非合作倾向如此明显的情形下，三市之间的产业竞争已然不可避免，二市共同被确定为国家首批12个产业转型升级示范区之一，包头主动融入国家、自治区发展战略，将老工业基地转型升级，积极投资新兴产业项目和现代服务业项目，推动新材料、生物医药、电子信息、节能环保等新兴产业发展壮大，加快形成新的经济增长点。鄂尔多斯主动出击，努力形成多点产业支撑、多元优势互补、多极市场承载的现代产业体系，同时多措并举推动服务业发展驶入"快车道"，现代服务业高效发展如火如荼。三市产业发展在一定程度上背离了规划的初衷，存在盲目攀比、追求速度的行为特征，导致市场缺乏统一秩序，产业布局不尽合理，资源配置效率较低。

第四章

城市群经济社会发展

呼包鄂地区已成为内蒙古自治区重要的经济增长极，21世纪以来，呼包鄂城市群对内蒙古自治区经济发展的贡献率持续增长，从GDP总量来看，三市的经济总量从2001年占自治区经济总量的比重超过40%到2016年达到62.07%，15年的时间增长了22.07%，并且这62.07%的经济总量占比是由呼包鄂地区占比11.13%的土地和31.60%的人口创造的。

第一节　经济发展情况

呼包鄂三市2000～2016年地区生产总值如表4-1所示，三市的地区生产总值均呈现上升趋势，并且增加迅速，其中鄂尔多斯市增长最快。呼和浩特市地区生产总值由2000年的179.14亿元增加至2016年的3173.59亿元；包头市由2000年的228.37亿元增加至2016年的3867.63亿元；鄂尔多斯市由2000年的150.09亿元增加至2016年的4417.93亿元，增长率高达2843.53%。可见，呼包鄂城市群经济发展势头旺盛。

表4-1　　　　　　　2000～2016年呼包鄂三市地区生产总值　　　　单位：亿元

城市	2000年	2004年	2006年	2010年	2012年	2014年	2016年
呼和浩特	179.14	512.08	900.08	1865.71	2458.74	2894.05	3173.59
包头	228.37	570.42	1010.12	2460.80	3209.14	3601.23	3867.63
鄂尔多斯	150.09	341.11	800.01	2643.23	3656.80	4055.49	4417.93

资料来源：笔者根据《内蒙古统计年鉴（2001—2017）》数据整理所得。

具体来看，2016年城市群内部旗县区地区生产总值如表4-2所示。呼和浩特市新城区地区生产总值最高，达 777.77 亿元，赛罕区 657.21 亿元，清水河县和武川县最低，分别为 71.88 亿元和 85.55 亿元；包头市昆都仑区最高 1135.80 亿元，白云矿区最低 41.13 亿元，二者差距巨大；鄂尔多斯市准格尔旗最高 1143.20 亿元，杭锦旗最低 100.23 亿元。城市群内国内生产总值最高的旗县分布于包头市和鄂尔多斯市，最低的旗县大多分布于呼和浩特市内。

表 4 - 2　　　　　　　　**2016 年呼包鄂城市群旗县区地区生产总值**　　　　单位：亿元

地区	2016 年	地区	2016 年	地区	2016 年
新城区	777.77	东河区	535.00	东胜区	942.72
回民区	424.55	昆都仑区	1135.80	达拉特旗	490.80
玉泉区	327.96	青山区	918.69	准格尔旗	1143.20
赛罕区	657.21	九原区	350.64	鄂托克前旗	136.42
土默特左旗	243.32	石拐区	103.63	鄂托克旗	453.46
托克托县	249.55	白云矿区	41.13	杭锦旗	100.23
和林格尔县	157.54	土默特右旗	353.93	乌审旗	412.46
清水河县	71.88	固阳县	119.94	伊金霍洛旗	681.42
武川县	85.55	达尔罕茂明安联合旗	212.83		

资料来源：笔者根据《内蒙古统计年鉴（2001—2017）》数据整理所得。

表 4 - 3 为城市群人均 GDP 情况。城市群人均 GDP 呈现递增趋势，呼和浩特市、包头市和鄂尔多斯市的人均 GDP 分别由 2000 年的 8480 元、11186 元和 11505 元增长到 2016 年的 103235 元、136021 元和 215488 元，增长迅速，其中鄂尔多斯市上升最快。

表 4 - 3　　　　　　　　**2000 ~ 2016 年呼包鄂三市人均 GDP**　　　　单位：元

城市	2000 年	2004 年	2006 年	2010 年	2012 年	2014 年	2016 年
呼和浩特	8480	20321	34710	65518	83906	95961	103235
包头	11186	23817	41334	93441	118320	129415	136021
鄂尔多斯	11505	23500	53166	138109	182680	200152	215488

资料来源：笔者根据《内蒙古统计年鉴（2001—2017）》数据整理所得。

2016 年城市群旗县区人均 GDP 如表 4 - 4 所示。呼和浩特市玉泉区、土默特左旗清水河县、武川县，包头市固阳县人均 GDP 偏低，约为 7 万 ~ 8 万元，而鄂尔多斯市准格尔旗、伊金霍洛旗、乌审旗人均 GDP 达 30 万余元，各旗县区之间人均 GDP 非常不平衡，相对而言呼和浩特市内旗县区人均 GDP 低于包头市和鄂尔多斯市。

表 4－4　　　　　　　　　**2016 年呼包鄂城市群旗县区人均 GDP**　　　　单位：万元

地区	2016 年	地区	2016 年	地区	2016 年
新城区	12.54	东河区	9.79	东胜区	18.59
回民区	9.76	昆都仑区	14.54	达拉特旗	14.78
玉泉区	7.87	青山区	17.83	准格尔旗	30.70
赛罕区	9.44	九原区	15.72	鄂托克前旗	19.19
土默特左旗	7.58	石拐区	27.09	鄂托克旗	28.21
托克托县	11.91	白云矿区	14.88	杭锦旗	8.86
和林格尔县	8.89	土默特右旗	11.97	乌审旗	31.00
清水河县	7.81	固阳县	7.06	伊金霍洛旗	32.90
武川县	8.08	达尔罕茂明安联合旗	21.92		

资料来源：笔者根据《内蒙古统计年鉴（2001—2017）》数据整理所得。

表 4－5 为城市群三次产业 GDP。总体来看，三次产业 GDP 在考察期间均呈现增长趋势，截至 2016 年，呼和浩特市第一产业国内生产总值达 113.49 亿元，包头市第一产业 GDP 达 95.04 亿元，鄂尔多斯市第一产业 GDP 达 107.6 亿元；呼和浩特市第二产业 GDP 达 884.43 亿元，包头市第二产业 GDP 达 1822.15 亿元，鄂尔多斯市第二产业 GDP 达 2461.38 亿元；呼和浩特市第三产业 GDP 达 2175.67 亿元，包头市第三产业 GDP 达 1950.44 亿元，鄂尔多斯市第三产业 GDP 达 1848.95 亿元；其中，第二产业 GDP 最高为鄂尔多斯市 2461.38 亿元，约占城市群总量的一半，最低为呼和浩特市 884.43 亿元；第三产业 GDP 最高为呼和浩特市 2175.67 亿元，最低为鄂尔多斯市 1848.95 亿元；第一产业 GDP 最高也是呼和浩特市 113.49 亿元，最低为包头市 95.04 亿元。

表 4－5　　　　　　**2000～2016 年呼包鄂三市三次产业 GDP**　　　　单位：亿元

年份	第一产业 GDP			第二产业 GDP			第三产业 GDP		
	呼和浩特	包头	鄂尔多斯	呼和浩特	包头	鄂尔多斯	呼和浩特	包头	鄂尔多斯
2000	25.11	19.14	24.53	78.45	136.96	89.51	75.57	72.26	36.05
2002	35.54	22.47	28.11	129.97	180.36	119.34	151.19	130.19	57.31
2004	42.19	29.22	36.35	221.61	324.68	193.65	248.28	216.52	111.11

年份	第一产业 GDP			第二产业 GDP			第三产业 GDP		
	呼和浩特	包头	鄂尔多斯	呼和浩特	包头	鄂尔多斯	呼和浩特	包头	鄂尔多斯
2006	52.16	35.11	43.08	350.24	547.53	439.64	497.69	427.48	317.28
2008	75.16	52.08	57.65	501.89	1003.93	931.43	739.32	703.99	613.92
2010	91.33	66.48	70.81	678.95	1331.45	1551.43	1095.43	1062.87	1020.98
2012	120.52	89.75	90.14	802.31	1685.08	2213.13	1535.92	1434.31	1353.53
2014	125.46	100.65	99.59	848.19	1792.29	2356.26	1920.40	1708.29	1599.64
2016	113.49	95.04	107.6	884.43	1822.15	2461.38	2175.67	1950.44	1848.95

资料来源：笔者根据《内蒙古统计年鉴（2001—2017）》数据整理所得。

如表 4-6 所示为 2016 年旗县区三次产业 GDP。新城区、回民区、玉泉区、东河区、昆都仑区、东胜区等 10 个旗县区第三产业 GDP 最高，其次是第二产业，最低是第一产业；其余旗县区都是第二产业最高，第三产业次之。

表 4-6　　　　　　2016 年呼包鄂城市群旗县区三次产业 GDP　　　　单位：亿元

地区	第一产业 GDP	第二产业 GDP	第三产业 GDP
新城区	1.97	78.50	697.30
回民区	0.47	43.61	380.47
玉泉区	3.02	85.23	239.71
赛罕区	18.59	171.89	466.72
土默特左旗	34.46	82.19	126.66
托克托县	19.22	172.91	57.42
和林格尔县	20.20	72.47	64.87
清水河县	6.57	29.64	35.66
武川县	8.99	44.74	31.82
东河区	6.73	170.35	357.92
昆都仑区	3.00	441.66	691.14
青山区	3.12	371.70	543.88
九原区	12.28	189.23	149.13
石拐区	0.81	86.58	16.24
白云矿区	0.05	30.98	10.10

续表

地区	第一产业 GDP	第二产业 GDP	第三产业 GDP
土默特右旗	38.01	203.03	112.89
固阳县	13.33	82.31	24.30
达尔罕茂明安联合旗	14.48	128.61	69.75
东胜区	1.29	346.27	595.15
达拉特旗	33.30	271.57	185.94
准格尔旗	10.07	675.32	457.82
鄂托克前旗	12.21	81.99	42.22
准格尔旗	10.07	675.32	457.82
鄂托克前旗	12.21	81.99	42.22
鄂托克旗	8.20	342.06	103.21
杭锦旗	19.21	40.78	40.24

资料来源：笔者根据《内蒙古统计年鉴（2001—2017）》数据整理所得。

如表 4-7 社会消费品零售总额情况看，呼包鄂三市的社会消费品零售总额均呈现增长趋势，其中鄂尔多斯市增长最快，呼和浩特市次之。城市群整体社会消费总额由 2000 年的 184.28 亿元增加到 2016 年的 3608.49 亿元。

表 4-7　　　　　　　2000～2016 年呼包鄂三市社会消费品零售总额　　　　单位：亿元

城市	2000 年	2004 年	2006 年	2010 年	2012 年	2014 年	2016 年
呼和浩特	69.13	156.46	360.99	758.50	1022.30	1256.10	1481.46
包头	87.65	177.47	349.42	730.80	975.10	1184.70	1400.22
鄂尔多斯	27.50	58.27	182.70	379.30	507.20	609.50	726.81

资料来源：笔者根据《内蒙古统计年鉴（2001—2017）》数据整理所得。

2016 年各旗县区社会消费品零售总额如表 4-8 所示，呼和浩特市新城区、回民区，包头市昆都仑区、青山区最高，达 400 亿元左右；同时呼和浩特市清水河县、包头市石拐区、白云矿区最低，只有 6 亿～8 亿元，由此可见各旗县区社会消费品总额之间差距明显。鄂尔多斯市只有东胜区、准格尔旗相对而言较高，其余旗县区偏低，但差距不大。

表 4 - 8		2016 年旗县区社会消费品零售总额			单位: 亿元
地区	2016 年	地区	2016 年	地区	2016 年
新城区	438.99	东河区	284.39	东胜区	244.05
回民区	455.97	昆都仑区	464.71	达拉特旗	64.69
玉泉区	233.50	青山区	384.02	准格尔旗	109.52
赛罕区	204.85	九原区	69.31	鄂托克前旗	22.82
土默特左旗	40.60	石拐区	6.34	鄂托克旗	43.54
托克托县	31.73	白云矿区	7.91	杭锦旗	39.18
和林格尔县	28.53	土默特右旗	47.46	乌审旗	41.98
清水河县	8.45	固阳县	21.27	伊金霍洛旗	53.17
武川县	12.61	达尔罕茂明安联合旗	23.18		

资料来源: 笔者根据《内蒙古统计年鉴 (2001—2017)》数据整理所得。

就社会固定资产投资额来看, 2000 ~ 2016 年呼包鄂三市的固定资产投资额均呈现增长的趋势, 并且增加迅速 (见表 4 - 9)。呼包鄂三市的固定资产投资额分别由 2000 年的 68.79 亿元、53.95 亿元、49.92 亿元增加到 2016 年的 1800.17 亿元、2955.82 亿元和 3058.58 亿元, 其中鄂尔多斯市增长最快, 包头市次之, 呼和浩特市最低。

表 4 - 9		2000 ~ 2016 年呼包鄂三市全社会固定资产投资额					单位: 亿元
城市	2000 年	2004 年	2006 年	2010 年	2012 年	2014 年	2016 年
呼和浩特	68.79	315.00	490.43	881.24	1301.43	1397.76	1800.17
包头	53.95	406.00	600.17	1800.50	2534.24	2239.80	2955.82
鄂尔多斯	49.92	262.74	595.90	1892.40	2570.60	2390.43	3058.58

资料来源: 笔者根据《内蒙古统计年鉴 (2001—2017)》数据整理所得。

具体看 2016 年城市群内各旗县区情况 (见表 4 - 10), 鄂尔多斯市各旗县区整体偏高, 准格尔旗达 574.30 亿元; 包头市和呼和浩特市各旗县区不均衡, 包头市昆都仑区最高达 523.67 亿元, 最低白云矿区 41.11 亿元, 呼和浩特市赛罕区最高 397.76 元, 清水河县最低 42.62 亿元。

表 4 – 10　　　　　　　　2016 年旗县区全社会固定资产投资额　　　　单位：亿元

地区	2016 年	地区	2016 年	地区	2016 年
新城区	265.83	东河区	397.68	东胜区	505.69
回民区	147.28	昆都仑区	523.67	达拉特旗	240.80
玉泉区	166.00	青山区	490.63	准格尔旗	574.30
赛罕区	397.76	九原区	224.91	鄂托克前旗	267.25
土默特左旗	93.36	石拐区	74.35	鄂托克旗	340.69
托克托县	110.20	白云矿区	41.11	杭锦旗	175.00
和林格尔县	134.61	土默特右旗	288.19	乌审旗	430.05
清水河县	42.62	固阳县	135.17	伊金霍洛旗	437.72
武川县	58.04	达尔罕茂明安联合旗	222.89		

资料来源：笔者根据《内蒙古统计年鉴（2001—2017）》数据整理所得。

如表 4 – 11 所示，2000 ~ 2016 年呼包鄂三市公共财政预算收入表现为增长趋势，鄂尔多斯市增长最快，包头市增长最慢，但是增长率仍然很高达 1636.30%，增加飞速。

表 4 – 11　　　　　　2000 ~ 2016 年呼包鄂三市公共财政预算收入　　　　单位：亿元

城市	2000 年	2004 年	2006 年	2010 年	2012 年	2014 年	2016 年
呼和浩特	12.35	28.56	45.52	126.76	178.64	211.54	269.65
包头	15.62	41.62	67.53	139.18	185.76	234.32	271.21
鄂尔多斯	9.82	23.02	54.04	239.08	375.51	430.08	451.03

资料来源：笔者根据《内蒙古统计年鉴（2001—2017）》数据整理所得。

2016 年各旗县区公共财政预算收入之间差距明显（见表 4 – 12），鄂尔多斯市东胜区 93.46 亿元，呼和浩特市清水河县和武川县分别仅只有 2.12 亿元和 2.15 亿元，大部分旗县区在 40 亿元左右。

表 4 – 12　　　　　　　　2016 年旗县区公共财政预算收入　　　　单位：亿元

地区	2016 年	地区	2016 年	地区	2016 年
新城区	45.44	东河区	16.42	东胜区	93.46
回民区	16.22	昆都仑区	46.64	达拉特旗	22.28
玉泉区	18.75	青山区	43.91	准格尔旗	81.83

续表

地区	2016 年	地区	2016 年	地区	2016 年
赛罕区	47.77	九原区	20.31	鄂托克前旗	18.10
土默特左旗	19.08	石拐区	3.96	鄂托克旗	37.98
托克托县	13.76	白云矿区	3.51	杭锦旗	12.30
和林格尔县	12.08	土默特右旗	22.26	乌审旗	33.69
清水河县	2.12	固阳县	3.29	伊金霍洛旗	79.51
武川县	2.15	达尔罕茂明安联合旗	16.59		

资料来源：笔者根据《内蒙古统计年鉴（2001—2017）》数据整理所得。

　　2000~2016 年呼包鄂三市的公共预算财政支出如图 4-13 所示，预算支出呈现增长趋势，2016 年呼包鄂三市的公共财政预算支出分别达到 419.97 亿元、414.36 亿元和 561.64 亿元，均大于公共财政预算收入，其中鄂尔多斯市增加最快，呼和浩特市其次，相对较慢的是包头市。鄂尔多斯市各旗县区财政支出较高，东胜区最高达 100.54 亿元，最低为杭锦旗也有 26.19 亿元；呼和浩特市和包头市各旗县区低于鄂尔多斯市，包头市白云矿区和石拐区公共预算支出为城市群旗县区最低，分别只有 6.18 亿元和 7.62 亿元。2016 年旗县区公共财政预算支出，如表 4-14 所示。

表 4-13　　　　2000~2016 年呼包鄂三市公共财政预算支出　　　单位：亿元

城市	2000 年	2004 年	2006 年	2010 年	2012 年	2014 年	2016 年
呼和浩特	19.64	52.82	75.16	177.28	275.32	310.91	419.97
包头	21.36	60.92	97.97	204.96	291.10	354.61	414.36
鄂尔多斯	15.80	47.04	79.24	318.79	483.25	541.43	561.64

资料来源：笔者根据《内蒙古统计年鉴（2001—2017）》数据整理所得。

表 4-14　　　　　2016 年旗县区公共财政预算支出　　　单位：亿元

地区	2016 年	地区	2016 年	地区	2016 年
新城区	43.06	东河区	22.27	东胜区	100.54
回民区	16.36	昆都仑区	48.91	达拉特旗	40.93
玉泉区	14.60	青山区	40.81	准格尔旗	96.79
赛罕区	38.65	九原区	23.75	鄂托克前旗	29.91
土默特左旗	37.08	石拐区	7.62	鄂托克旗	53.23
托克托县	25.88	白云矿区	6.18	杭锦旗	26.19

续表

地区	2016 年	地区	2016 年	地区	2016 年
和林格尔县	22.77	土默特右旗	32.53	乌审旗	41.03
清水河县	13.51	固阳县	15.35	伊金霍洛旗	85.83
武川县	17.16	达尔罕茂明安联合旗	27.13		

资料来源：笔者根据《内蒙古统计年鉴（2001—2017）》数据整理所得。

如表 4 – 15 所示为 2008～2016 年呼包鄂三市各种公共财政支出情况，总体呈现上升趋势，但仍存在波动。相比较而言，各种支出情况中呼和浩特市最低，包头市第二，鄂尔多斯市最高。从一般公共服务支出情况看，三市 2014 年以前有稍许波动，2014～2016 年表现为逐年递增；从科学技术支出情况看，呼和浩特市和包头市 2008～2014 年平稳上升，2014～2016 年先降后升，鄂尔多斯市 2012 年以前波动频繁，之后平稳上升；从医疗卫生支出、社会保障和就业支出、教育支出情况看，呼包鄂三市均呈现稳定上升的态势；从节能环保支出情况看，包头市和鄂尔多斯市在 2011～2013 年出现先升后降，之后平稳增加，呼和浩特市在 2012 年以前缓慢上升，之后出现缓慢下降趋势；从农林水事务支出情况看，呼包鄂三市 2008～2012 年稳步上升 2012～2016 年波动明显。

表 4 – 15　　　　2008～2016 年呼包鄂三市各种公共财政支出情况　　　单位：万元

类别	城市	2008 年	2009 年	2010 年	2011 年	2012 年	2013 年	2014 年	2015 年	2016 年
公共财政预算一般公共服务支出	呼和浩特	19.98	24.93	22.99	28.60	26.76	25.75	21.80	24.54	27.60
	包头	22.17	25.14	24.21	28.12	32.65	29.81	26.39	26.30	29.59
	鄂尔多斯	30.63	48.26	33.67	45.09	48.19	41.78	34.52	36.55	39.42
公共财政预算科学技术支出	呼和浩特	1.48	1.76	1.93	2.23	2.31	3.13	3.60	2.55	4.28
	包头	2.09	2.72	2.92	3.66	3.82	4.49	5.27	5.40	5.84
	鄂尔多斯	1.64	3.26	2.86	7.09	4.79	3.99	2.43	3.76	2.06
公共财政预算医疗卫生支出	呼和浩特	5.25	8.05	9.83	13.22	15.76	16.97	17.77	20.79	24.18
	包头	5.57	7.59	7.90	10.39	12.02	14.93	16.56	20.42	23.71
	鄂尔多斯	6.45	10.38	16.46	25.50	21.28	26.05	25.85	28.29	28.93
公共财政预算社会保障和就业支出	呼和浩特	14.01	18.19	19.96	28.79	31.04	38.82	35.82	38.50	39.78
	包头	26.54	35.74	30.64	33.73	38.90	45.39	58.40	72.31	73.27
	鄂尔多斯	19.36	21.55	29.53	39.19	43.57	40.33	43.82	46.11	50.60

续表

类别	城市	2008 年	2009 年	2010 年	2011 年	2012 年	2013 年	2014 年	2015 年	2016 年
公共财政预算节能环保支出	呼和浩特	4.57	5.66	6.49	9.98	11.36	9.28	10.15	7.77	8.39
	包头	5.35	5.06	7.61	6.33	11.18	7.83	11.35	16.83	18.61
	鄂尔多斯	9.23	10.61	11.79	9.10	13.01	10.11	11.58	12.31	15.87
公共财政预算教育支出	呼和浩特	18.19	22.19	27.47	31.69	34.26	37.50	38.56	49.27	52.80
	包头	18.42	23.99	28.16	36.53	40.38	43.16	42.57	50.06	53.42
	鄂尔多斯	19.90	26.86	43.85	48.96	59.23	58.50	56.50	54.43	56.70
公共财政预算农林水事务支出	呼和浩特	19.60	17.60	20.26	22.26	33.73	34.66	46.18	44.31	37.26
	包头	9.95	12.92	15.32	21.42	30.22	30.04	32.17	29.44	29.60
	鄂尔多斯	19.32	30.42	39.22	59.11	58.63	52.34	54.22	65.26	54.48

资料来源：笔者根据《内蒙古统计年鉴（2001—2017）》数据整理所得。

第二节 人口就业情况

如表 4-16 所示为 2000～2016 年末呼包鄂三市的常住人口情况，2000～2016 年三市常住人口呈上升趋势，其中鄂尔多斯市增长最快，增长率达 47.29%，呼和浩特市增长率为 26.7%，包头市为 24.38%。从人口基数看，呼和浩特市常住人口最多，包头市次之，鄂尔多斯市最少。

表 4-16　　　　　　2000～2016 年末呼包鄂三市常住人口情况　　　　单位：万人

城市	2000 年	2004 年	2006 年	2010 年	2012 年	2014 年	2016 年
呼和浩特	243.79	254.43	260.63	287.36	294.88	303.06	308.87
包头	229.74	240.78	245.76	265.61	273.16	279.92	285.75
鄂尔多斯	139.54	146.66	151.45	194.95	200.42	203.49	205.53

资料来源：笔者根据《内蒙古统计年鉴（2001—2017）》数据整理所得。

从 2016 年末各旗县区总人口情况看（见表 4-17），呼和浩特市赛罕区、新城区和土默特左旗，包头市昆都仑区、东河区、青山区、土默特右旗，鄂尔多斯市达拉特旗为常住人口聚居地，尤其是包头市昆都仑区常住人口最多 51.51 万人；包头市白云矿区常住人口最少仅有 1.71 万人。

表 4 - 17　　　　　　　　　 **2016 年末城市群旗县区总人口情况**　　　　　单位：万人

地区	2016 年	地区	2016 年	地区	2016 年
新城区	39.80	东河区	41.74	东胜区	26.29
回民区	23.62	昆都仑区	51.51	达拉特旗	36.93
玉泉区	20.26	青山区	38.96	准格尔旗	32.65
赛罕区	48.48	九原区	16.78	鄂托克前旗	7.96
土默特左旗	36.59	石拐区	5.21	鄂托克旗	9.79
托克托县	20.39	白云矿区	1.71	杭锦旗	14.35
和林格尔县	20.22	土默特右旗	36.56	乌审旗	11.34
清水河县	14.25	固阳县	20.04	伊金霍洛旗	17.49
武川县	17.36	达尔罕茂明安联合旗	11.18		

资料来源：笔者根据《内蒙古统计年鉴（2001—2017）》数据整理所得。

2000~2016 年末呼包鄂三市就业人数逐渐递增（见表 4 - 18），其中呼和浩特市增加最快，增长率 70.76%，鄂尔多斯市第二 51.24%，包头市最低 44.37%。

表 4 - 18　　　　　　　　 **2000~2016 年末呼包鄂三市就业人员**　　　　单位：万人

城市	2000 年	2004 年	2006 年	2010 年	2012 年	2014 年	2016 年
呼和浩特	104.71	140.92	149.60	165.50	171.10	176.90	178.80
包头	110.50	114.24	121.70	141.70	150.63	155.78	159.53
鄂尔多斯	72.37	77.93	84.80	98.01	102.40	108.17	109.45

资料来源：笔者根据《内蒙古统计年鉴（2001—2017）》数据整理所得。

2016 年呼和浩特市新城区、包头市昆都仑区、鄂尔多斯市东胜区就业人数相对而言较多，清水河县、白云矿区、达茂旗、额多克前旗等就业人数较少，就业压力大（见表 4 - 19）。

表 4 - 19　　　　　　　　　 **2016 年旗县区全社会就业人员**　　　　　单位：万人

地区	2016 年	地区	2016 年	地区	2016 年
新城区	33.17	东河区	27.76	东胜区	29.32
回民区	20.28	昆都仑区	46.81	达拉特旗	24.39
玉泉区	9.99	青山区	27.89	准格尔旗	19.54
赛罕区	18.22	九原区	13.96	鄂托克前旗	5.57

续表

地区	2016 年	地区	2016 年	地区	2016 年
土默特左旗	18.63	石拐区	2.66	鄂托克旗	8.84
托克托县	10.61	白云矿区	1.20	杭锦旗	8.63
和林格尔县	12.20	土默特右旗	24.35	乌审旗	9.21
清水河县	5.18	固阳县	11.59	伊金霍洛旗	15.56
武川县	9.24	达尔罕茂明安联合旗	6.01		

资料来源：笔者根据《内蒙古统计年鉴（2001—2017）》数据整理所得。

　　如表 4 - 20 和表 4 - 21 为呼包鄂三市三次产业就业人数和占比情况。总体来看，呼包鄂三市第一产业就业人数呈下降趋势，第二、第三产业就业人数逐渐上升。具体来看，呼和浩特市第一产业就业人数占比从 2000 年的 42.18% 下降到 2016 年的 20.25%，而第二、第三产业就业人数占比分别由 2000 年的 17.28%、40.54% 上升到 2016 年的 30.37%、49.38%；包头市第一产业就业人数占比从 2000 年的 23.16% 下降到 2016 年的 13.45%，而第三产业就业人数占比由 2000 年的 45.47% 上升到 2016 年的 60.25%；鄂尔多斯市第一产业就业人数占比从 2000 年的 60% 下降到 2016 年的 26.24%，而第二、第三产业就业人数占比分别由 2000 年的 17.3%、22.7% 上升到 2016 年的 27.88%、45.88%。

表 4 - 20　　　　　　　　　2000 ~ 2016 年呼包鄂三市三次产业就业人数　　　　　　单位：万人

年份	第一产业就业人数			第二产业就业人数			第三产业就业人数		
	呼和浩特	包头	鄂尔多斯	呼和浩特	包头	鄂尔多斯	呼和浩特	包头	鄂尔多斯
2000	44.16	25.59	43.42	18.09	34.66	12.52	42.46	50.25	16.43
2002	45.06	32.41	45.10	19.50	32.90	11.47	42.98	45.76	17.34
2004	44.60	30.62	33.49	41.19	32.55	14.93	55.13	51.07	29.50
2006	42.80	27.20	30.60	45.30	39.20	22.20	61.50	55.30	32.00
2008	43.90	22.40	30.09	46.50	40.20	24.34	65.50	70.60	36.84
2010	41.80	20.00	27.19	50.80	42.30	28.26	72.90	79.30	42.56
2012	39.90	21.20	26.42	53.20	43.27	31.03	78.00	86.16	44.95
2014	36.50	22.04	27.30	53.80	41.21	30.91	86.60	92.53	49.96
2016	36.20	21.46	28.72	54.30	41.95	30.51	88.30	96.12	50.22

资料来源：笔者根据《内蒙古统计年鉴（2001—2017）》数据整理所得。

表 4 – 21 　　　　　　2000～2016 年呼包鄂三市三次产业就业人数 　　　　单位：%

年份	第一产业就业人数占比			第二产业就业人数占比			第三产业就业人数占比		
	呼和浩特	包头	鄂尔多斯	呼和浩特	包头	鄂尔多斯	呼和浩特	包头	鄂尔多斯
2000	42.18	23.16	60.00	17.28	31.37	17.30	40.54	45.47	22.70
2002	41.90	29.18	61.02	18.13	29.62	15.52	39.97	41.20	23.46
2004	31.60	26.80	43.00	29.20	28.50	19.20	39.10	44.70	37.90
2006	28.60	22.40	36.10	30.30	32.20	26.20	41.10	45.40	37.70
2008	28.20	16.80	33.00	29.80	30.20	26.70	42.00	53.00	40.40
2010	25.30	14.10	27.70	30.70	29.90	28.80	44.00	56.00	43.40
2012	23.30	14.10	25.80	31.10	28.70	30.30	45.60	57.20	43.90
2014	20.63	14.15	25.24	30.41	26.45	28.58	48.95	59.40	46.19
2016	20.25	13.45	26.24	30.37	26.30	27.88	49.38	60.25	45.88

资料来源：笔者根据《内蒙古统计年鉴（2001—2017）》数据整理所得。

如表 4 – 22 所示为 2000～2016 年呼包鄂三市的城镇登记失业率。呼和浩特市和包头市 2000～2004 年失业率增加，分别从 2000 年的 3.01%、3.44% 增加到 2004 年的 4.79%、4.67%，之后开始下降，2016 年分别为 3.66% 和 3.89%，相对于 2000 年失业率分别增加 21.59% 和 13.08%；鄂尔多斯市失业率 2000～2008 年均为波动上升趋势，从 2000 年的 2.07% 上升到 2006 年的 3.98%，之后出现下降，到 2016 年为 2.89%，相对于 2000 年失业率仍然增加 39.61%。

表 4 – 22 　　　　　　2000～2016 年呼包鄂三市城镇登记失业率 　　　　单位：%

城市	2000 年	2004 年	2006 年	2010 年	2012 年	2014 年	2016 年
呼和浩特	3.01	4.79	4.11	3.90	3.63	3.54	3.66
包头	3.44	4.67	3.92	3.83	3.87	3.87	3.89
鄂尔多斯	2.07	4.47	3.98	2.21	2.55	2.61	2.89

资料来源：笔者根据《内蒙古统计年鉴（2001—2017）》数据整理所得。

2000～2016 年呼包鄂三市的平均货币工资情况如表 4 – 23 所示，三市平均货币工资均呈现上升的趋势。其中，鄂尔多斯市平均货币工资水平最高且增长最快，2016 年平均货币工资为 74496 元；包头市增长次之，2000～2006 年呼和浩特平均货币工资高于包头市，2008～2016 年呼和浩特市低于包头市，包头市增长率达 751.23%。

表 4 - 23 　　　　　2000～2016 年呼包鄂三市平均货币工资　　　　单位：元

城市	2000 年	2004 年	2006 年	2010 年	2012 年	2014 年	2016 年
呼和浩特	7548	16663	22948	37685	44402	50467	56213
包头	7517	16173	22815	41403	51167	56246	63987
鄂尔多斯	7951	16965	27074	53015	66892	69955	74496

资料来源：笔者根据《内蒙古统计年鉴（2001—2017）》数据整理所得。

从各旗县区 2016 年的在岗职工平均工资看（见表 4 - 24），呼和浩特市各旗县区平均工资水平略低于包头市和鄂尔多斯市，平均工资水平约为 5 万元，包头市各旗县区稳定在 6 万～7 万元左右，鄂尔多斯平均工资水平为 6 万～8 万元。

表 4 - 24 　　　　　　2016 年旗县区在岗职工平均工资　　　　单位：万元

地区	2016 年	地区	2016 年	地区	2016 年
新城区	5.26	东河区	6.16	东胜区	7.20
回民区	5.09	昆都仑区	6.22	达拉特旗	6.44
玉泉区	5.79	青山区	6.74	准格尔旗	8.58
赛罕区	6.22	九原区	6.99	鄂托克前旗	7.20
土默特左旗	5.39	石拐区	7.92	鄂托克旗	5.74
托克托县	5.89	白云矿区	7.18	杭锦旗	7.38
和林格尔县	5.40	土默特右旗	6.19	乌审旗	6.70
清水河县	5.30	固阳县	4.99	伊金霍洛旗	8.03
武川县	4.74	达尔罕茂明安联合旗	6.76		

资料来源：笔者根据《内蒙古统计年鉴（2001—2017）》数据整理所得。

第三节　基础设施建设情况

如表 4 - 25 所示为呼包鄂三市的市区人口密度。总体来看，呼包鄂三市的市区人口密度呈逐渐增长趋势，尤其是 2008～2010 年人口密度增长迅速，呼和浩特市从 2008 年的 663 人/平方公里增加到 2010 年的 5936 人/平方公里；包头市从 2008 年的 656 人/平方公里增加到 2010 年的 1977 人/平方公里，鄂尔多斯市从 2006 年的 552 人/平方公里增加到 2010 年的 3671 人/平方公里，其中呼和浩特市增长速率最快。2012 年以来增长变缓，鄂尔多斯市还出现了下降的趋势，由 2012 年的 3487 人/平方公里下降到 2016 年的 2712 人/平方公里。

表 4 - 25　　　　　　　　2000～2016 年呼包鄂三市市区人口密度　　　单位：人/平方公里

城市	2000 年	2004 年	2006 年	2010 年	2012 年	2014 年	2016 年
呼和浩特	516	534	630	5936	7131	7115	7339
包头	529	553	630	1977	1989	2079	2140
鄂尔多斯	\	481	552	3671	3487	2473	2712

资料来源：笔者根据《内蒙古统计年鉴（2001—2017）》数据整理所得。

　　如表 4 - 26 所示为 2000～2016 年呼包鄂三市的建成区面积，均呈现上升趋势，其中包头市增加最慢，2000 年包头市建成区面积已经为 149.4 平方公里，2016 年为 201.35 平方公里；鄂尔多斯市增加最快，由 2000 年 16 平方公里增加到 2016 年 116.42 平方公里；呼和浩特市第二，由 2000 年的 83 平方公里增加到 2016 年 260 平方公里。

表 4 - 26　　　　　　　　2000～2016 年呼包鄂三市城市建成区面积　　　单位：平方公里

城市	2000 年	2004 年	2006 年	2010 年	2012 年	2014 年	2016 年
呼和浩特	83.00	135.00	150.00	166.20	209.63	230.00	260.00
包头	149.40	150.00	178.12	183.49	186.00	190.46	201.35
鄂尔多斯	16.00	23.00	66.75	112.58	112.58	113.23	116.42

资料来源：笔者根据《内蒙古统计年鉴（2001—2017）》数据整理所得。

　　如表 4 - 27 所示为呼包鄂三市 2010～2016 年人均城市道路面积和人均公园绿地面积情况。从人均城市道路面积看，呼包鄂三市人均道路面积呈上升趋势，其中鄂尔多斯市人均道路面积最多且上升最快，2016 年人均道路面积 55.18 平方米，增长率达 78.75%，呼和浩特市次之，最低为包头市，2016 年呼和浩特市人均道路面积 14.04 平方米，包头市 15.42 平方米。从人均公园绿地面积看，呼包鄂三市人均公园绿地面积也呈上升趋势，鄂尔多斯市人均公园绿地面积仍然最多，上升最快，其次为呼和浩特市，包头市上升最慢，2016 年呼包鄂三市的人均公园绿地面积分别为 19.69 平方米、13.77 平方米和 33.84 平方米。

表 4 - 27　　　　　　　2010～2016 年呼包鄂三市人均城市道路
面积和人均公园绿地面积　　　单位：平方米

年份	人均城市道路面积			人均公园绿地面积		
	呼和浩特	包头	鄂尔多斯	呼和浩特	包头	鄂尔多斯
2010	10.23	12.83	30.87	15.39	12.00	14.26
2011	10.24	13.32	33.26	16.40	12.34	22.26

续表

年份	人均城市道路面积			人均公园绿地面积		
	呼和浩特	包头	鄂尔多斯	呼和浩特	包头	鄂尔多斯
2012	10. 31	13. 76	42. 58	15. 09	12. 62	26. 39
2013	11. 41	14. 15	48. 01	15. 01	12. 74	29. 87
2014	11. 91	14. 51	60. 07	17. 32	13. 04	37. 45
2015	13. 32	15. 13	56. 34	17. 32	13. 23	34. 97
2016	14. 04	15. 42	55. 18	19. 69	13. 77	33. 84

资料来源：笔者根据《内蒙古统计年鉴（2001—2017）》数据整理所得。

　　如表 4 - 28 所示为 2000 ~ 2016 年城市人口用水普及率和城市燃气/用气普及率情况，总体看来，呼包鄂三市城市人口用水普及率和城市燃气/用气普及率表现为上升趋势。

表 4 - 28　　　　　　**2000 ~ 2016 年呼包鄂三市城市人口用水普及率**

和城市燃气/用气普及率情况　　　　　　单位：%

年份	城市人口用水普及率			城市燃气/用气普及率		
	呼和浩特	包头	鄂尔多斯	呼和浩特	包头	鄂尔多斯
2000	96. 96	91. 90	—	69. 94	64. 13	—
2002	84. 05	84. 90	95. 21	58. 68	58. 87	50. 22
2004	94. 74	89. 51	99. 91	83. 00	66. 79	85. 54
2006	94. 99	80. 84	92. 67	87. 80	83. 00	89. 78
2008	95. 34	78. 00	93. 03	91. 10	87. 91	67. 95
2010	95. 50	90. 86	97. 21	92. 40	94. 66	70. 33
2012	98. 63	99. 43	99. 37	94. 01	95. 74	81. 69
2014	99. 69	99. 45	99. 75	98. 60	96. 14	93. 45
2016	99. 96	99. 55	99. 82	98. 86	96. 72	95. 34

资料来源：笔者根据《内蒙古统计年鉴（2001—2017）》数据整理所得。

　　就城市人口用水普及率而言，包头市增长最快，从 2000 年的 91.90% 增加到 2016 年的 99.55%，增加率 8.32%，呼和浩特市和鄂尔多斯市人口用水普及率分别增加 3.09% 和 4.84%；就城市燃气/用气普及率而言，鄂尔多斯市增加最快，增长率达 89.84%，呼和浩特市和包头市增加率分别为 41.35% 和 50.82%，2016 年呼包鄂三市的城市燃气/用气普及率分别为 98.86%、96.72% 和 95.34%。

第五章

城市群空间结构

研究呼包鄂城市群空间结构，需要在一定方法的基础上找出其空间结构演化过程和影响因素。为此，本章系统论证了呼包鄂城市群空间结构演化的主要分析方法和具体指标，在此基础上论证呼包鄂城市群空间结构演化的回波—扩散效应，聚焦呼包鄂经济的城市群效应和人口的城市群效应，并实证研究其影响因素；最后，从自然环境、国家政策、城市规划和社会经济文化以及资本因素分析城市空间结构的影响。

第一节 空间结构演化过程

一、分析方法与指标选取

城市群的形成和发展依赖于城市化发展过程中形成的发达的交通通信网络。城市群的形成有利于有条件的相邻城市之间相互协作共同发展，技术资源共享，有助于城市化过程中形成规模效应的同时维持这种状态不断发展。

城市群这一概念最早由 19 世纪末英国城市学家霍华德提出，他围绕小城市和大城市之间的关系提出了"社会城市"的概念，在霍华德之后法国地理学家简·戈特曼设立一系列识别标准并且在世界范围内标出 6 大符合其标准的区块，这些区块称之为"大都市带"。随着有关于城市与城市之间的相互联系及其发展的研究越来越广泛，城市群这一概念在不同学者的研究下，在不同的地域根据不同的标准被划分为几种不同的类别，其中最具影响力的有 19 世纪 10 ~ 90 年代的美国的"大都市区"以及 19 世纪 20 ~ 50 年代日本的"都市圈"，我国最早系统的出现城市群的定义是在姚世谋的《中国城市群》，姚世谋认为"城市群是由不同规模、类型、性质的城市构成的具有相当规模核心城市，且城市间存在联系的城市集合体。"城市群"的概念是最符合我国当前地域分布特点，以及城市发展进程的研究。

城市的空间结构承载了人类发展过程中人们聚集的特点，文化价值的体现以及生态耦合，是在特定的地域内各城镇体系的规模结构、经济的规模结构、产业结构以及其他社会经济客体相互作用的结果。城市群的界定和识别涉及的要素广泛过程复杂标准不一，目前也没有完全被各界认可的统一标准。当前界定城市群的方法主要有实证法和模型法，实证法是通过传统的选择一系列指标收集数据来确定城市群的方法，模型法则是构建模型运用几何图以及数学算法来划分城市群。实证法对具体的特征研究较为深入，但是在数据的获取及其准确性都有极大的局限性。模型法相对容易操作，但模型建立的标准及理论的应用上仍存在很大争议，尤其在我国目前用以分析城市群水平建立模型所需要的理论支持还不够成熟，相关研究大多停留在定性描述的层面上。本章采用实证法对呼包鄂城市群的空间结构进行分析。

在研究呼包鄂城市群的空间结构时由于指标的选择以及数据获取的局限性，同时为了客观、准确、全面地描述呼和浩特、包头、鄂尔多斯城市群的城市化水平，本章在前人研究的基础上根据主成分分析法以及呼包鄂地区的情况，在人口、经济、社会基础设施、对外开放程度四个方面选取 10 个指标来构建呼包鄂城市群测度的指标体系。指标的选择如表 5 – 1 所示。

表 5 –1　　　　　　　　　呼包鄂城市群城市化水平测度指标

类型	指标
人口	年末总人口
经济发展	GDP；地方财政收入；社会消费品零销售总额；工业总产值
基础设施建设	全社会固定资产投资；公路里程数；邮电业务总额
对外开放程度	人均出口额；人均进口额

主要步骤：

①建立 n 个区域 p 个指标的原始数据矩阵：$X = \begin{bmatrix} X_{11} & X_{12} & \cdots & X_{1p} \\ X_{21} & X_{22} & \cdots & X_{2p} \\ \cdots & \cdots & \cdots & \cdots \\ X_{n1} & X_{n2} & \cdots & X_{np} \end{bmatrix}$

②将原始变量做标准化处理：由于指标的选取具有相关性，并且各个指标之间量纲不同，所以将所选取的指标做标准化处理，公式如下：

$$Z_i = \frac{X_i - \bar{X}}{S} \tag{5.1}$$

式（5.1）中 X_i 表示单项指标的原始值，Z_i 为单项指标标准化后的值，$\bar{X}$ 为该组指标的平均值，S 为该组指标的均方差。

③利用标准化后的数据计算各个指标之间的相关系数，形成相关系数矩阵；采取雅克比方法计算特征值与特征向量，从而得出贡献率与累积贡献率，选取累积贡献率超过 80% 的特征值进行主成分载荷量计算；最后依据特征向量和主成分载荷得出各变量的主成分得分，计算公式如下：

$$W_j = \frac{\lambda_j}{\sum_{j=1}^{n} \lambda_j}(j = 1, 2, \cdots, n) \tag{5.2}$$

$$Y_i = \sum_{j=1}^{n} W_j F_{ij}(i = 1, 2, \cdots, m; j = 1, 2, \cdots, n) \tag{5.3}$$

遥感估算一般是通过遥感影像直接提取居民区信息如居民区类型，居住密度，夜间灯光信息和居民区内住户数目。遥感指标法克服了统计数据指标法的主观性、滞性、成本高等局限。卓莉等应用夜间灯光数据（DMSP/OLS）技术来估算中国人口密度，城市用地类型等。美国国防气象卫星计划（DMSP）最初为气象监测而设计，后来被广泛用于城镇扩张、经济活动与评价、人口密度估算等。由美国空军航天与导弹系统中心运作，卫星运行的线性扫描系统（OLS）传感器比普通传感器更加敏感，在夜间对近红外光进行观测。DMSP/OLS 非辐射定标夜间平均灯光强度遥感数据是针对亚洲地区开发的，这一技术的发展和成熟使城市化的评估测算变得更加精确易操作。本章借助卓莉等应用 DMSP/OLS 技术估算中国人口密度的方法，以县级行政单位的矢量数据为基础对呼包鄂地区的人口密度进行估算。以此评估城市化水平。

数据处理：以县级行政边界为单位对数据进行整合划分，根据卓莉等 DMSP/OLS 的方法处理数据：总的土地面积（CA），总人口（TPOP），为了城市化评估的需要将总人口分为农业人口（RPOP）和非农业人口（NPOP），灯光总强度（TDN），灯光斑块面积（LA），可居住面积（HA），灯光斑块面积占可居住面积的百分比（RA），人口配分类型（AT）。

主要步骤：

①根据归一化植被指数（NDVI）值确定各县适应居住区与不适应居住区（NDVI，制备监测指数，当 NDVI 小于 0.1 时该区域属于荒漠冰川地区，植被覆盖率低于人类居住水平，NDVI 大于 0.9 的区域属于植被覆盖率较高的森林，两者都确定为不适合人类居住的区域，将 NDVI 值介于 0.1 ~ 0.9 的区域确定为适应居住区）。

②计算县适应居住区的面积（HA），将县界图与适应居住—不适应居住区图叠纸分析可以求得各县适应居住面积。

③计算灯光斑块面积占可居住面积的百分比（RA）。

$$RA = LA/HA \qquad (5.4)$$

当 $RA \geq 70\%$ 灯光强度与县总人口的相关系数大于灯光强度与县非农人口的相关关系，当 $RA \leq 70\%$ 灯光强度与县总人口的相关系数小于灯光强度与县非农人口的相关关系，将 $RA \geq 70\%$ 的县归属为类型 I，将 $RA \leq 70\%$ 的县归属为类型 II，将灯光灰度值为零的县归属为类型 III。

灯光指数计算：灯光指数 L_M，即某区域内灯光斑块的平均相对灯光强度与灯光斑块面积占区域总面积比的乘积。如果用 I 表示研究区内平均灯光强度，S 表示灯光斑块面积与区域面积之比，则，

$$L_M = I \times S \qquad (5.5)$$

区域平均灯光强度指标 I 定义为：

$$I = \frac{1}{N_L \times DN_M} \times \sum_{i=p}^{DN_M} (DN_i \times n_i) \qquad (5.6)$$

式（5.6）中，DN_i 表示区域内第 i 级像元灰度值，n_i 为区域内该灰度级像元总数，N_L 为区域内满足条件 $DN_M \geq DN \geq P$ 的像元总数，DN_M 为最大可能灰度值（该数据产品的最大灰度值为 63），P 为依据建成区面积计算得到的城市地区灯光阈值。I 表征了相对于最大可能灯光强度的比例关系。

区域灯光面积指标定义为：

S 定义为：区域内所有灯光像元的总面积（$DN_M \geq DN \geq P$ 像元之面积）占整个区域面积（$DN_M \geq DN \geq 0$ 像元之面积）的比例，反映了灯光的空间延展特性。

$$S = \frac{Area_N}{Area} \qquad (5.7)$$

式（5.7）中，$Area_N$ 为区域内所有灯光像元的总面积，Area 为整个区域面积。

对式（5.3）至式（5.5）进一步推导：

$$
\begin{aligned}
L_M = I \times S = I &= \frac{1}{N_L \times DN_M} \times \sum_{i=p}^{DN_M} (DN_i \times n_i) \times \frac{Area_N}{Area} \\
&= \frac{\sum_{i=p}^{DN_M} (DN_i \times n_i) \times \sum_{i=p}^{DN_M} \times n_i}{N_L \times DN_M \times N} \\
&= \frac{\sum_{i=p}^{DN_M} DN_i \times n_i}{DN_M \times N} \qquad (5.8)
\end{aligned}
$$

由式（5.8）可知，区域灯光指数，实际上就是指该区域内灯光像元总灰度值与最大可能总灰度值（对本章来说就是区域内所有像元灰度值都等于 63 的情况）之比，反映了区域内灯光强度达到的水平。

L_M 具体计算步骤如下：首先将夜间平均灯光强度数据产品投影变换为兰勃

特等面积方位投影；然后将相同投影方式的行政边界图（县级尺度）与夜间平均灯光强度数据进行叠置分析；以此为基础在各行政统计单元上按式（5.6）和式（5.7）计算灯光相对强度指标 I 和区域灯光相对面积指标 S，再按式（5.8）计算区域灯光指数 L_M。

二、演化过程分析

城市群是一种新的组织单元参与功能分工，交流活动，是人口和产业的重要载体，能更有效地实现资源配置。国家"十一五"规划纲要中明确提出将城市群作为推动城镇化发展的新动力，确定了城市群发展的战略地位。在国家相关政策引导下，很多地方政府提高了对城市群建设的重视，以此吸引投资加大地方竞争力度，掀起了我国城市群的建设热潮。城市群以其集聚效率高，辐射作用大，功能互补性强的特点成为未来经济发展的重要方向，在新常态下引领我国经济平稳有序的发展。

呼包鄂城市群位于内蒙古地区中部，包括呼和浩特、包头、鄂尔多斯 3 个地级市，到 2016 年底共有 3 个地级市（含 9 个市辖区）、2 个矿区、15 个旗县、81 个建制镇、223 个乡镇苏木，如表 5－2 所示。

表 5－2　　　　　　　　呼包鄂城市群行政区划现状（2017 年）

行政划分		名称		
级别	个数			
地级市	3	呼和浩特	包头	鄂尔多斯
市区	9	新城区/回民区/玉泉区/赛罕区	东河区/昆都仑区/青山区/九原区/石拐区	东胜区/康巴什新区
旗县	15	土默特左旗/托克托县/和林格尔县/清水河县/武川县	土默特右旗/固阳县/白云鄂博市（拟由达尔罕茂明安联合旗，白云鄂博矿区合并而成）/包头稀土高新技术产业开发区（包括滨河新区）	达拉特旗/准格尔旗/鄂托克前旗/鄂托克旗/杭锦旗/乌审旗/伊金霍洛旗
建制镇	81	24	28	29
苏木乡镇	223	77	33	113

1949～1978 年呼包鄂城市群的空间结构的特点是点状封闭结构，点状封闭结构是我国改革开放前城市发展的一个缩影。改革开放前我国一直倡导计划经济，

各地区根据政府事先制订的计划调节经济运行的方向。这段时期我国城市发展社会生产力低，资源分配低效，交通闭塞，道路建设水平低。这段时间城市的发展主要依赖于物质性资源；自然环境；政府的计划调控以及受历史因素的影响。1949～1978 年间是我国工业化起步阶段，物质性资源决定了这一时期区域发展的产业结构和空间结构。同时受地质条件，气候条件，河网分布，政府的投资，空间管制以及行政手段的制约，历史因素也在很大程度上影响着这一阶段城市的空间结构发展。这一阶段鄂尔多斯经济发展还极其落后，以呼和浩特和包头为重心的城市群城市化水平较低，国民生产总值增长缓慢。

1978～1997 年呼包鄂城市群的空间结构特点是级核发展阶段。1978 年 12 月十一届三中全会中国开始实行改革开放政策，多方面促进区域经济发展，这期间呼和浩特发展机械，轻纺，服务业。包头的手工业，矿业开始高速发展。经过这一阶段的发展呼包两市为重心的区域城市化水平上升，国民生产总值显著增加。

1997～2017 年呼包鄂城市群逐渐以点—轴渐进扩散结构发展。1997～2017 年呼包鄂城市群总的发展趋势为呼包鄂 3 个中心城市之间的核心地区内高等级路网密集，城镇以点轴开发模式为主，远离市中心的外围地区城镇以散点状扩散发展为主。这种点轴开发模式是增长极理论的扩散。"增长极"的概念是由法国经济学家佩鲁提出的，他认为，一个区域中经济增长是不平衡的，总是向着一定数目的中心或者"级"发展，并产生类似"磁铁"作用的离心力和向心力，每一个中心的离心力和向心力相互交织，产生具有一定范围的场，在这些"场"的中心确定增长极。增长极对周围的经济单元有支配作用。我国地理学者陆大道首次提出"点—轴"开发理论。"点—轴"开发理论的关键是发展点和重点轴的定位。城市的发展一般都是以发展最优的地位为中心，路网以点为中心，呈发射状向四周扩散。

呼包鄂 3 个中心城区由中心向外的分布是：1997 年填充型→2002 年扩展型→2006 年扩展型。这三个中心城市用地发展的特点是总体上外延型扩展的速度较快，但是以填充型扩展为主。外延性扩展来看后期的扩展速度快于前期，处于加速状态。呼包鄂 3 个城区分开来看，包头以填充型扩展为主，外延型扩展以 2006 年扩展为主。呼和浩特的两种扩展型所占比例相当，外延型扩展以 2006 年扩展为主，呈加速趋势。鄂尔多斯以 2006 年扩展为主，且加速趋势大于呼包二市。其中呼和浩特两个时期的扩展主要集中在东部、南部和西北部，尤其向南扩展格外明显。包头两个时期新增加的城市用地主要分布在青昆两区东南部和东河区的西北部。鄂尔多斯 1997～2002 年城市用地扩展很少，而 2002～2006 年城市用地大范围扩展，尤其向南部远离中心市区的地方扩展了一部分。

根据 DMSP/OLS 数据提取的呼包鄂 3 个城市的灯光灰度来分析 3 个城市的空间结构：3 个中心城区各时期外延型扩展平均灯光灰度明显比填充型低，说明新开发的城市用地还基本上处于低密度开发的状态。填充型扩展类型中，鄂尔多斯三期数据中 1995 年的平均灯光灰度比较低，呼和浩特和包头三期平均灯光灰度都比较高，而且有逐年增高的趋势，2006 年两城市的灯光灰度分别达到了 62.5 和 60.9，这种类型主要分布在城市的中心，进一步发展的余地不是很大。由灯光指数可知，1995～2006 年间各旗县区的城市化水平基本上均呈上升趋势，并且大部分 2002～2006 年城市化发展速度明显高于 1995～2002 年，尤其呼和浩特、东胜区和土默特左旗在 2002～2006 年发展最为迅速。城市化发展水平空间上具有不平衡性，呈现明显的圈层分异特征，主要表现为呼包鄂中部地区，尤其是 210 国道、109 国道、110 国道围合而成的内圈层（包括包头、呼和浩特、东胜区及其邻近的土默特右旗、土默特左旗、托克托县、和林格尔县、伊金霍洛旗、达拉特旗、准格尔旗），是呼包鄂城市群城市化水平比较高的地区，而外圈层（包括固阳县、达尔罕茂明安联合旗、武川县、清水河县、杭锦旗、鄂托克旗、鄂托克前旗、乌审旗）城市化水平偏低，呈现出以呼和浩特、包头市区为中心，由内向外逐渐减小的格局。尤其是呼和浩特、包头城市化水平明显高于其他地区。

第二节　空间特征分析

一、回波—扩散效应

呼包鄂地区居民人均可支配收入水平处于自治区前列。呼包鄂三市人均可支配收入位于内蒙古自治区 12 个盟市的前三位，其中包头市最高，比全区的平均水平高出 24.2 个百分点，三市中最低的呼和浩特市也比全区平均水平高出 21.8 个百分点。

呼包鄂地区教育资源优势突出。呼包鄂地区教育资源聚集，集中了自治区 60% 以上的高等院校。呼包鄂地区普通高校 30 多所，其中少数民族学校多所，培养了大批社会优秀劳动资源，充足的人力资源对内蒙古经济的快速发展具有促进作用。

呼包鄂地区是全区流动人口的主要流入地。从以上分析中可以看出，呼包鄂三市处于自治区经济、公共资源、就业机会及收入水平等各方的高地，因此能够吸引区内其他盟市流动性人口的流入。第六次人口普查数据显示，呼包鄂三市的人口约占自治区总人口的 72.13%。可见呼包鄂地区已经成为内蒙古自治区人口流入的核心地区。

内蒙古自治区区内的各项重要指标及各种物质和公共资源等均是向呼和浩

特、包头和鄂尔多斯三座核心城市集中。与此同时，呼包鄂地区向城市群外的地区扩散资源、资本投资、技术转让等情况较少。因此，呼包鄂地区现处于回波效应力量大过扩散效应力量的城市群初期发展阶段。

二、实证研究

（一）样本说明和数据来源

以呼包鄂三市的 GDP 占全区比重，城镇人口比重作为因变量；以第三产业比重、固定资产投资、就业吸纳能力为自变量。时间跨度从 1978～2016 年。数据来源于 2003～2017 年《内蒙古统计年鉴》和万德数据库。

（二）实证检验与结果

对面板数据进行估计，同样需要考虑数据的平稳性和协整关系。通过 ADF 单位根检验，发现所有变量在 5% 的显著水平上都是平稳序列。由于数据相对较短，故直接进行模型的估计。在此基础上，根据 Hausman 检验的结果，选择固定效应模型，而非随机效应模型。具体估计结果如表 5－3 所示。

表 5－3　　　　　　　　　　　　估计结果

变量	估计系数	标准差	T 统计值	伴随概率	变量	估计系数	标准差	T 统计值	伴随概率
GDP 占全区比重					城镇人口比重				
城镇人口比重	0.174	0.126	1.378	0.169	GDP 占全区比重	0.412	0.205	2.012	0.045
第三产业比重	0.056	0.029	1.908	0.057	第三产业比重	0.088	0.031	2.849	0.005
固定资产投资	0.462	0.126	3.680	0.000	固定资产投资	0.104	0.228	0.458	0.047
就业吸纳能力	0.022	0.057	0.387	0.099	就业吸纳能力	0.016	0.050	0.322	0.047
固定效应模型（Cross）					固定效应模型（Period）				
呼和浩特	1.136				2003	－0.214	2011	1.451	
包头	1.107				2004	－0.543	2012	1.111	
鄂尔多斯	2.464				2005	－1.341	2013	1.009	

变量	估计系数	标准差	T统计值	伴随概率	变量	估计系数	标准差	T统计值	伴随概率
固定效应模型（Cross）					固定效应模型（Period）				
					2006	−2.451	2014	2.731	
					2007	−2.698	2016	1.834	
					2008	−0.220	2016	1.321	
					2009	1.182			
					2010	0.608			
R^2	0.504				R^2	0.562			
调整的R^2	0.465				调整的R^2	0.539			
F统计值	12.724	伴随概率		0	F统计值	24.149	伴随概率		0

呼包鄂三地经济的城市群效应和人口的城市群效应都在出现较大的发展。其中起作用的主要因素是产业结构（第三产业比重）、固定资产投资、就业吸纳能力等因素，2009年这种效应发挥最大，也验证了呼包鄂地区现处于回波效应力量大过扩散效应力量的城市群初期发展阶段。

（三）呼包鄂经济的城市群效应和人口的城市群效应

呼包鄂经济的城市群效应和人口的城市群效应决定城市群的发展趋势，决定着城市群发展的持续性。在企业空间集聚和地区专业化的演化过程中，产业发展的经济合理性要求和市场条件的改善，以及地区技术水平和人力资本状况，逐步替代矿产资源分布等传统区位因素，成为产业区域布局的主导因素，进而成为经济的城市群效应。城市群效应集聚和区域专业化体现了空间的集聚优势以及所带来的规模效应，能够获得规模经济效应、范围经济效应，外部的经济性，知识创新与技术创新的经济效应以及由专业化分工带来的比较优势与竞争优势，进而不断影响着产业布局优化和资源的合理、有效、集约利用。

呼包鄂经济的城市群效应和人口的城市群效应需要协同发展，改变二者不协调的状况。这需要从实现城乡公共服务供给平等化和提升居民就业能力出发，坚持城乡公共服务供给的均等化，充分考虑农民进城以及跨城镇流动人口的需求，重视城镇化所引起的人口、劳动力以及家庭的变化。首先要解决的是取消城乡户籍差别，创造就业机会，提供市民待遇；尽快推进农民工市民化；在农民工市民化的过程中，实现城市化的社会保障广覆盖，完善农民工工资待遇、教育医疗、子女就学、养老保险、住房分配等福利。此外，还要配套农民工住房，提供给农民工的经济适用房、廉租房或公租房。实施积极的人力资本投资政策，提高劳动者素质和劳动技能。这就需要根据经济转型和产业升级的客观要求，健全职业教育和培训机制，加大职业教育和劳动力培训投入和重点扶持一批重点高级技术职业院校，建立覆盖城乡劳动力的职业技能培训网络体系。此外还要构建就业导向型的社会政策体系，达成保障公平和就业促进目标的有机统一，并且完善劳动力市场服务体系，建立预防长期失业的机制。

第三节　空间结构形成与演化机制

城市群空间结构的形成是由多种因素在不同时期共同作用的结果，其中主要的影响因素包括：自然环境对城市空间结构的影响；国家政策对城市空间结构的影响；城市规划对城市空间结构的影响；社会经济文化以及资本因素对城市空间结构的影响。

一、自然环境的影响

自然环境是人类文明发源的重要因素，通过影响地区工农业发展，进一步影响人类聚集的方式从而影响城市空间结构的形成。呼包鄂城市群地处内蒙古高原西部，海拔 1000～2000 米，隶属黄河水系，是温带草原区，同时也是西部干旱、半干旱地区。呼包鄂地区土地资源构成是草原和草地以及大面积的沙漠，干燥少雨且地形复杂，很少受到自然灾害的影响。呼和浩特所处的地理位置被内蒙古高原包围，地势相对较低，气候相对湿润，这里孕育了旧石器时代晚期的"大窑文化"距今 70 万年，和北京周口店猿人同一时期，是重要的人类发源地之一。同一时期的还有鄂尔多斯的"河套文化"，他们共同见证了呼包鄂地区在中国人类历史上写下的辉煌灿烂的一笔。

呼包鄂地区自古便是农耕民族和游牧民族相争之地，三代以前匈奴和汉族一直在这里杂居。尤其呼和浩特所处地域水草茂盛，支流繁多，既适合放牧也适合种植，战国时期，楚收服林胡楼部在这里修建了赵长城，又设置了云中、九原等郡。秦统一六国后，呼和浩特地区就一直有人定居于此，随后蒙古族部落首领答汗可汗在此地建立库库和屯，经明朝赐名改为归化，也称绥远。直至 1937 年日伪政权将此地改名为厚和浩特，日本战败后，民国政府将这里命名为归绥市。新中国成立后，于 1954 年被命名为呼和浩特成为内蒙古自治区的首府。包头地处沟通阴山南北的交通要道，黄河由西向东横贯包头南郊，航运发达，同时又是扼守边陲的重地，自古便是兵家必争之地。清朝时在这里屯兵设防，依赖其天然的交通位置，移民通商逐渐发展成为一个较为活跃的商业重镇。在光绪、乾隆年间这里成为重要的水运码头，1911 年随着平绥铁路、京张铁路的建成包头逐渐发展成为当地重要的金融中心。近代以来，呼包鄂城市群依赖其丰富的自然资源飞速发展，呼和浩特林木资源丰富，大青山蕴藏煤矿资源，借助这些资源同时发展机械轻纺、冶金和机械。包头则开始发展矿业、手工业、近代工业。鄂尔多斯地区相对贫瘠，地貌分布不均，沙漠地区大多集中在鄂尔多斯中部，西部水土流失严重，自然环境恶劣，地方经济发展水平落后。但 2000 年在鄂尔多斯地区发现了大量的煤炭资源，鄂尔多斯的煤炭储备量占全国的 1/6，2011 年鄂尔多斯经济呈爆发式增长，GDP 一度超越香港、上海等地。

城市的形成扩展依赖于所处的地理位置、天气变化、生态环境和自然资源，从而一定程度影响城市的空间构成的演化。

二、国家政策的影响

改革开放前，在"文革""大跃进"时期，国家过度倾向工业化进程，农业及其他行业严重衰退，社会产业结构不均衡，农业发展跟不上工业化进程导致整个社会经济衰退，这一时期呼包鄂地区的生产总值下跌，但这一时期国家的"一五"计划也为我国的工业发展奠定了重要基础，如现在内蒙古地区产值排名前十的包头钢铁集团、位于呼和浩特的内蒙古第一机械制造集团都是国家"一五"计划的重点工程。1978 年，党的十一届三中全会为经济发展注入新的活力，随着改革开放，呼包鄂地区经济建设开始走上正轨。随后党的十二届三中全会于 1984 年 10 月 20 日在北京召开，会议通过了《中共中央关于经济体制改革的决定》，确立了要建设适应生产力的经济体制，在搞好农村改革的同时加快城市化进程，确定了城镇化建设在未来经济发展中的战略地位。十二届三中全会后，城市化建设加快吸引了大批农民进入城市寻找工作，增加了城市的流动人口，让人们的生活区域向城市靠拢。在这一时期呼包鄂地区工业化加速发展，产业由传统牧业向纺织工业转化，绒纺加工开始逐渐处于支柱产业，同时重工业逐渐转向新兴工业，呼和浩特乳制品产业兴起，伊利、蒙牛集团先后崛起成为呼包鄂地区的支柱产业。地区的产业结构发生变化，经济迅速发展，原有城市开始扩张。

2000 年国务院成立国务院开发办小组，实施"西部大开发"政策，"把东部沿海地区的剩余经济发展能力，用以提高西部地区的经济和社会发展水平、巩固国防"，实现西部地区又快又好的发展。这一政策为呼包鄂地区的发展带来了新的机遇和挑战，随着国家大量资本投入加强基础设施建设，呼包鄂城市群的交通状况，城市化水平都有进一步提高。

2016 年 12 月国家发改委印发《关于加快城市群规划编制工作的通知》，拟启动呼包鄂城市群规划编制，2018 年国家发改委原则同意《呼包鄂榆城市群发展规划》，促进提升呼包鄂地区人口和经济集聚水平。

三、城市规划的影响

新常态下我国城市发展的趋势、支撑城市发展的产业结构、城市化进程都会发生新的变化。鼓励创新，将发展动力从工业化转向更加多元，并且更加能够体现地区特色；城市化进程减速，控制城市的盲目扩张，规范城市用地规模，转向质量提升和结构优化。城市规划是人类能动性计划策略得以作用于城市的重要保障。城市规划通过控制和引导对城市发展进行控制以达到既定的目标。

1951年呼和浩特被划分为4个区，规划面积为41平方公里，人口40万。呼和浩特的城市规划在2000年以前规定城市用地面积65平方公里，人口达到50万人。以新华广场为市中心点向外围填充扩散发展，在城市外沿设立工业区以及仓储区；介于工业区和新华广场之间定为生活区并在其外围设立职工住宅区和商业网点。随后，城市的发展方向总体结构向南发展，适度向东西两侧扩展。北有大青山阻隔，控制向北发展。呼和浩特城市向四周扩建，规划在东部建设如意开发区，东南方向建设新城区（金桥开发区），西北建设金海开发区，南部建设蒙古风情园。突出中心城区行政，金融，商贸等作用的同时，向外围拉开城市框架，拓展城市空间，加大城市容量，开发区的建设发展加速了城市工业化进程，形成城市发展新的驱动力。2010年规划至2020年呼和浩特城市规划用地2176平方公里，其中心城区用地299.8平方公里，规划全市人口达到340万人，其中心城区人口达到258万人。这一阶段呼和浩特城市空间结构组团发展，城市空间结构由点及线沿着公路逐渐向外围扩展再及面的不断填充。这一过程中加强城市的基础设施建设，促进城市功能不断完善，增加城市空间结构的承载力。

包头一直以来是我国重要的老工业基地，工业化推动包头的经济发展，加速包头的城市化进程。20世纪50年代在国家"一五"期间，包头的城市规划围绕工业化规划以及重点项目选址。在这一阶段包头市开辟了新城区，规划东城新区的建设。为体现城市的功能，规划未来城市发展方向，将重要的工业基地选址在昆区与青山区，将东河区作为生活区。这一阶段包头市城市空间构成围绕城市中心呈"网格＋放射状"向四周扩散分布。改革开放后包头经济开始进入高速发展的阶段，在这一阶段包头市的城市空间结构布局开始由原来的分散发展向集中发展转变，城市开始呈填充型扩散。这一阶段包头的土地利用率提高，空间结构布局更加协调。2007年包头规划全市的885平方公里，进一步强化市四区作为主城的核心地位，重点发展旗、县政府所在地城镇和若干建制镇。城市化水平由现状的59.5%发展到2010年的67%。在市域内逐步形成以主城镇为一级城镇，以萨拉齐镇、金山镇、百灵庙镇、白云矿区、石拐矿区为二级城镇，以 110 国道沿线为发展主轴，以呼白、包白、萨托为发展次轴，职能分工明确的市域城镇体系。进入 21 世纪后，包头的经济进入高速发展阶段，城市的空间结构逐渐成熟。

鄂尔多斯以东胜和康巴什新区为中心城区，确定规划城市空间结构为"一主两副，两区四轴"，"一主"指中心城区，"两副"是树林召和薛家湾，"两区"指中心城区带动东部发展区（包括东胜区、康巴什新区、准格尔旗、达拉特旗和伊金霍洛旗），做大做强中心城区，依托中心城区、达拉特旗树林召、准格尔旗薛家湾打造"增长三角"，带动东部发展区的整体发展。鄂尔多斯城市化建设起步相对较晚，人口主要围绕小城镇分布，随着近年来鄂尔多斯经济发展，开始吸引人口向城市聚集，城市化率增加，但是由于鄂尔多斯经济呈爆发性增长，城市规划不够完善，城市空间结构不平衡。

四、社会、经济、文化的影响

社会经济文化对城市发展的影响主要表现在城市发展的深度。人均受教育水平，城市发展的贫富差距，城市居民的权利能否得到保障在多大程度上得到保障，城市居民生活的生活水平，甚至一个城市的历史沉淀、创新精神都会影响城市对人类，尤其是城市发展所必需的人才的吸引力。城市的经济文化水平通过影响城市的聚集水平，从而影响城市化进程，进而影响城市的空间结构。

呼和浩特是国家历史文化名城、国家森林城市、中国优秀旅游城市和中国经济实力百强城市，有"中国乳都"之称。2016 年 2 月 23 日，呼和浩特市在 CCTV"中国经济生活大调查"2015 年度十大最具幸福感省会城市中排名第六。2017 年，在科学技术和教育方面呼和浩特全市财政科学技术支出 36607 万元，争取国家及自治区支持资金 8028 万元，项目 228 项。年内专利申请量 3653 件，授权专利 1889 件。到 2017 年末呼和浩特共有普通高校 24 所，成人高校一所，中等职业技术学校 60 所，普通中学 104 所，小学 204 所，幼儿园 359 所。全年普通高校招生 6.9 万人，毕业 6.4 万人；年末在校生 23.9 万人。在文化卫生方面，呼和浩特市共有文化馆 11 个，公共图书馆 11 个，博物馆 5 个。全市拥有广播电视台 7 座，广播综合覆盖率为 99.4%。年末共有卫生机构 2065 个，其中医院 108 个。在生活保障方面：2017 年全市城市常住居民人均可支配收入 43518 元，消费支出 29458 元。

包头一直以来地处交通要塞，是内蒙古的制造业、工业中心及最大城市。是中国重要的基础工业基地和全球轻稀土产业中心，有"草原钢城""稀土之都"之称。2017 年连续被评为全国文明城市。2017 年，在科学技术和教育方面包头全年专利申请量 2511 件，专利授权量 1464 件。年末累积拥有高新技术企业 154

家，自治区重点实验室 28 家。到 2017 年末呼和浩特共有普通高校（包括高职院校）5 所，普通中学 94 所，小学 134 所，幼儿园 326 所。全年普通高校招生 2.4 万人，毕业 2.4 万人；年末在校生 7.8 万人。在文化卫生方面，包头市共有文化馆 11 个，公共图书馆 10 个，国有博物馆 6 个。广播综合覆盖率为 99.58%。年末共有卫生机构 1779 个，其中医院 84 个。在生活保障方面：2017 年全市城市常住居民人均可支配收入 44231 元，消费支出 29806 元。

鄂尔多斯是国家森林城市，全国文明城市，中国优秀旅游城市，是全国安全城市排名第 19，中国城市综合实力 50 强。2017 年，在科学技术和教育方面，鄂尔多斯市全年提交专利申请 1524 件，授权专利 868 件。年内新认定国家级高新技术企业 30 家。到 2017 年末鄂尔多斯市共有普通高校 4 所，在校生 9156 人。普通中学 69 所，职业高中 7 所，小学 134 所，幼儿园 328 所。在文化卫生方面，鄂尔多斯市共有公共图书馆 9 个，博物馆 8 个。广播综合覆盖率为 99.3%。年末共有卫生机构 846 个，其中公立医院 25 家。在生活保障方面：2017 年全市城市常住居民人均可支配收入 43559 元，消费支出 26963 元。

五、资本因素的影响

资本因素包括人力资本和物质资本，资本因素从资本积累对经济的推动作用和资本积累形成过程中对技术进步和生产率的促进作用两个方面影响城市的空间结构。

呼包鄂地处我国西部地区，早期经济水平落后，资本积累速度缓慢。改革开放后，随着重化工业飞速发展，煤、电、油等资源开采大幅度增长，呼包鄂地区的资源优势开始显现。通过这一期间的资本积累，带动呼包鄂地区工业化发展，为日后呼包鄂地区经济的腾飞打下基础。

呼包鄂地区的资本积累主要来源于民间融资和外资。随着呼包鄂地区煤炭资源的大幅度开采，带动地区能源、稀土、冶金、农牧业共同发展。民间资本不断积累，同时吸引了外来资本大批涌入。在这一时期呼包鄂地区大批信贷中介机构先后成立，到 2012 年呼包鄂地区大小信贷中介机构 206 个。使得融资变得更加方便快捷。资本的不断累积增加了地区企业发展，政府收入，基础设施建设，增加城市聚集度。

第六章

城市群产业结构

呼和浩特市、包头市以及鄂尔多斯市组成的城市群是内蒙古自治区唯一形成协同发展经济圈，其各城市产业结构以及布局虽然各不相同，但以城市群视角分析后发现 3 个城市产业的协同度较高，第二、第三产业占城市群绝对主导地位。呼包鄂城市群正在脱离内蒙古的传统产业向新兴产业迈进，城市群不仅盯着羊、煤、土、气传统产业，同时快速发展新产业、新动能和新增长极。

第一节　产业结构高度化研究

一、模型建立

工业化是权衡经济发展的重要指标，一般被定义为由传统农业社会逐渐转变为现代化工业社会的过程。根据刘伟和张辉黄等（2008）利用钱纳里（Chenery，1986）的标准结构模型经数据转换后得出：以 2005 年人民币计算，第一产业的工业化起点为 2570 元，终点为 53058 元；第二产业的起点为 10755 元，终点为 141036 元；第三产业的起点为 12509 元，终点为 49441 元。如果说经济结构变迁是工业化的基本内涵，那么产业结构高度化则是工业化进程中供给结构转变的基本要素。产业结构高度化是指一个国家或地区的经济发展重点或者是产业结构的重心从第一产业到第二产业以及第三产业逐步的转移，它表明了该国家或地区的经济发展水平以及经济的发展阶段和方向。

产业结构高度化包括比例关系的演进和劳动生产率的提高两个方面，它们分别是产业结构高度量和质的内涵。按照刘伟和张辉黄等（2008）所构建的产业结构高度化测度，将产业结构高度指标定义为式（6.1）：

$$H = \sum v_{it} \times LP_{it} \tag{6.1}$$

其中，i 代表第一、第二、第三次产业，v_{it} 代表在 t 时间内第 i 产业的产值在国民生产总值中所占的比例，LP_{it} 代表的是第 i 产业在 t 时间的劳动生产率。这符合我们之前所解释的产业结构高度的内容，即在一个经济中，所占份额较大的是劳动生产率较高的产业，劳动生产率较大的产业其 H 值也较大。此外，为消除劳动生产率量纲影响，使产业结构高度指标更加合理，我们对"劳动生产率"指标进行标准化，定义劳动生产率的标准化公式为式（6.2）：

$$LP_{it}^N = \frac{LP_{it} - LP_{ib}}{LP_{if} - LP_{ib}} \tag{6.2}$$

其中，$LP_{it} = VA_i / L_i$，LP_{it} 代表的是最开始的第 t 产业的劳动生产率，VA_i 代表第 i 产业的增加值，L_i 代表产业 i 的就业人数。LP_{ib} 代表工业化开始时第 i 产业的劳动生产率，LP_{if} 代表工业化结束时第 i 产业的劳动生产率。

从产业结构高度的角度来审视一个国家或地区的工业化进程，若产业结构高度 H≥1，则认为已经进入了工业化终点；若 H＝0.5，则认为完成了工业化终点的一半。

二、实证分析

（一）呼包鄂城市群内部各城市产业结构高度分析

呼和浩特市、包头市、鄂尔多斯市的经济发展位于内蒙古自治区前列，根据上述基本模型可得 2003~2014 年呼、包、鄂经济近 15 年的产业结构高度分别如表 6-1、表 6-2、表 6-3 所示。

表 6-1　　　　　　　　　2003~2014 年呼和浩特市的产业结构高度

年份	第一产业的 LP_{it}^N	第二产业的 LP_{it}^N	第三产业的 LP_{it}^N	产业结构高度 H
2003	0.15	0.48	1.17	0.78
2004	0.16	0.46	1.23	0.81
2005	0.16	0.41	1.60	1.07
2006	0.18	0.40	1.54	1.03
2007	0.20	0.40	1.59	1.06
2008	0.24	0.42	1.58	1.05
2009	0.24	0.41	1.74	1.18
2010	0.28	0.39	1.60	1.08

续表

年份	第一产业的 LP_{it}^N	第二产业的 LP_{it}^N	第三产业的 LP_{it}^N	产业结构高度 H
2011	0.35	0.40	1.61	1.08
2012	0.37	0.35	1.70	1.17
2013	0.42	0.30	1.71	1.20
2014	0.39	0.28	1.63	1.17

资料来源：笔者根据《内蒙古统计年鉴（2004—2015）》数据整理所得。

表 6 - 2　　　　　　　　　2003 ~ 2014 年包头市的产业结构高度

年份	第一产业的 LP_{it}^N	第二产业的 LP_{it}^N	第三产业的 LP_{it}^N	产业结构高度 H
2003	0.13	0.90	1.16	0.97
2004	0.14	0.92	1.13	0.97
2005	0.16	0.92	1.49	1.14
2006	0.19	0.80	1.46	1.06
2007	0.27	0.78	1.43	1.05
2008	0.34	0.99	1.31	1.09
2009	0.36	0.92	1.46	1.14
2010	0.44	0.87	1.33	1.06
2011	0.50	0.91	1.31	1.07
2012	0.50	0.80	1.30	1.02
2013	0.53	0.73	1.32	1.02
2014	0.50	0.73	1.23	0.97

资料来源：笔者根据《内蒙古统计年鉴（2004—2015）》数据整理所得。

表 6 - 3　　　　　　　　　2003 ~ 2014 年鄂尔多斯市的产业结构高度

年份	第一产业的 LP_{it}^N	第二产业的 LP_{it}^N	第三产业的 LP_{it}^N	产业结构高度 H
2003	0.15	1.65	1.29	1.42
2004	0.18	1.33	1.09	1.15
2005	0.20	1.05	1.78	1.29
2006	0.22	1.09	1.90	1.37

续表

年份	第一产业的 LP_{it}^N	第二产业的 LP_{it}^N	第三产业的 LP_{it}^N	产业结构高度 H
2007	0.23	1.21	2.21	1.58
2008	0.27	1.36	2.06	1.57
2009	0.28	1.44	2.16	1.66
2010	0.35	1.32	1.98	1.52
2011	0.40	1.26	1.99	1.49
2012	0.43	1.27	2.00	1.50
2013	0.44	1.22	2.05	1.50
2014	0.43	1.10	1.87	1.39

资料来源：笔者根据《内蒙古统计年鉴（2004—2015）》数据整理所得。

从表6-1可以看出，呼和浩特市的产业结构高度自2005年开始大于1，这表明该城市在2005年已达到了工业化进程的终点。虽然之后一直处于波动状态，但2012年以来基本保持在1.17左右，这表明其经济是处于一个回升状态的。从三次产业内部劳动生产率来看，呼和浩特市的第一产业是逐年稳步提升的，2013年达到了0.42的水平，但距工业化终点还有很大距离；第二产业的劳动生产率呈现逐年递减的趋势，在2014年只有0.26的水平；第三产业稳步提高，由2003年的1.17增长到2014年的1.63，十几年间取得了巨大突破。

根据表6-2可知，包头市同样在2005年达到了工业化终点，其产业结构高度自2009年开始逐年下降。其中，第一产业的劳动生产率稳步提升，2011年以后基本保持在0.50，完成了工业化进程的一半；第二产业在2008年到达最大值0.99后又有所回落，2015年第二产业劳动生产率仅为0.66，究其原因主要是包头市作为一个以重工业为基础的传统工业城市，近几年受国内整体经济下滑影响，钢铁、装备制造等工业产品需求下滑，第二产业的发展举步维艰；第三产业由2003年的1.16飞速发展到2005年的1.49，之后开始不断下降。总之，包头市经济近年来呈现下降态势，但整体水平在自治区内名列前茅。

根据表6-3可知，鄂尔多斯市早在2001年以前就达到了工业化终点，是内蒙古自治区范围内最先步入工业化终点的城市。2003年其产业结构高度就达到了1.42，此后虽经历了不同幅度的波动，但其产业结构高度未低于1。其中，第一产业稳步增长，几年来维持在0.42的水平；受到2009年全国金融危机的影响，第二产业的劳动生产率不断下降但仍大于1；第三产业发展较快，由2003年的1.29增长到2014年的1.87，15年间第三产业的劳动生产率增长了30%。

（二）呼包鄂城市群产业结构高度分析

呼包鄂经济圈3个盟市在2005年就已经全部进入了工业化终点，之后其产业结构高度略有波动，但整体水平较高。3个盟市中鄂尔多斯市的H值最高。平均上说，呼包鄂经济圈的第一产业发展较稳定，但总体水平偏低，尚未完成工业化终点的一半；呼包鄂第二产业的劳动生产率自2008年以来均呈下降趋势，其中呼和浩特市的劳动生产率偏低，尚未完成工业化终点的1/3，包头市已完成工业化终点的1/2，鄂尔多斯市的第二产业已达到工业化终点；第三产业已经步入工业化终点，可以说H值的增长主要是因为第三产业劳动生产率的增长，呼包鄂经济圈第三产业的劳动生产率增长较快并且第三产业在生产总值中所占的比值也不断增长。我们将呼包鄂视为一个整体，其产业结构高度值如表6-4所示。

表6-4　　　　　　　　2003~2014年呼包鄂的产业结构高度

年份	第一产业的 LP_{it}^N	第二产业的 LP_{it}^N	第三产业的 LP_{it}^N	产业结构高度 H
2003	0.15	0.82	1.19	0.92
2004	0.16	0.78	1.16	0.89
2005	0.17	0.73	1.60	1.11
2006	0.19	0.69	1.59	1.09
2007	0.23	0.71	1.66	1.14
2008	0.27	0.83	1.57	1.13
2009	0.28	0.83	1.72	1.22
2010	0.34	0.77	1.57	1.13
2011	0.40	0.79	1.57	1.13
2012	0.42	0.73	1.60	1.13
2013	0.45	0.67	1.62	1.14
2014	0.43	0.63	1.52	1.09

资料来源：笔者根据《内蒙古统计年鉴（2004—2015）》数据整理所得。

根据表6-4可以看出，呼包鄂经济圈第一产业的劳动生产率近年来已经超过0.4，即将完成工业化终点的一半；第二产业劳动生产率一直以来相对稳定，在0.60~0.85之间波动，与工业化终点日益趋近；第三产业在2003年以前就达到了工业化终点，到2014年已为1.49。从产业结构高度来看，呼包鄂经济圈在2005年就达到了工业化终点，其H值一直高于自治区的平均水平。这也充分证明了呼包鄂地区对内蒙古自治区经济的带动作用，是内蒙古自治区经济发展的领头羊。

三、区内比较

为方便研究，将内蒙古自治区 11 个盟市划分为呼包鄂经济圈、除呼包鄂以外的沿黄河沿交通干线经济带（后文简称为"沿黄河交通干线经济带"）东部五盟市三部分。

（一）内蒙古自治区各区域三次产业劳动生产率比较

1. 第一产业劳动生产率

将呼包鄂经济圈、沿黄河交通干线经济带、东部五盟市这三大区域的第一产业的劳动生产率进行对比，数据如表 6-5 所示，折线图如图 6-1 所示。

表 6-5　　　　　　　　2003~2014 年各地区第一产业的劳动生产率

年份	内蒙古	呼包鄂经济圈	沿黄河交通干线经济带	东部五盟市
2003	0.13	0.15	0.13	0.16
2004	0.15	0.16	0.13	0.16
2005	0.16	0.17	0.14	0.16
2006	0.16	0.19	0.16	0.16
2007	0.20	0.23	0.16	0.19
2008	0.23	0.27	0.20	0.21
2009	0.23	0.28	0.21	0.21
2010	0.25	0.34	0.24	0.22
2011	0.29	0.40	0.27	0.26
2012	0.30	0.42	0.29	0.27
2013	0.31	0.45	0.30	0.29
2014	0.31	0.43	0.29	0.28

资料来源：笔者根据《内蒙古统计年鉴（2004—2015）》数据整理所得。

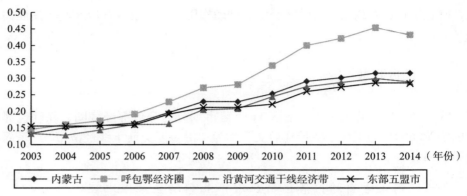

图 6 - 1　2003~2014 年各地区第一产业劳动生产率

根据以上图表，可以发现，呼包鄂经济圈第一产业的劳动生产率从 2005 年后明显高于内蒙古整体水平及其他地区，最近 5 年基本维持在 0.40~0.45 之间。2009 年以后，沿黄河交通干线经济带的第一产业劳动生产率略高于东部五盟市，但二者相差不大，基本完成了工业化终点的 1/4。总体来说，内蒙古自治区第一产业工业化水平低，这主要是因为第一产业的产业结构分布不均衡，农业相对于林、牧、渔业的比重严重过高，劳动力主要分布于第一产业，农牧业生产落后，机械化程度低，农业资源没有得到较高的开发利用，第一、第二产业联系不紧密使得农牧产品加工转化率低，企业与农民松散的关系使得经济效益低。针对第一产业，应该利用技术创新对农牧产品进行精加工，扩展产业链条，提高其市场竞争力，增强内蒙古地区龙头企业的带动作用。第一产业具有依赖投资性低的特点，发展潜力大，应该稳步发展。

2. 第二产业劳动生产率

将呼包鄂经济圈、沿黄河交通干线经济带、东部五盟市这三大区域第二产业的劳动生产率进行对比，数据如表 6-6 所示，作折线图如图 6-2 所示。

表 6 - 6　　　　　　　2003~2014 年各地区第二产业的劳动生产率

年份	内蒙古	呼包鄂经济圈	沿黄河交通干线经济带	东部五盟市
2003	0.72	0.82	0.56	0.58
2004	0.76	0.78	0.57	0.51
2005	0.75	0.73	0.48	0.39
2006	0.77	0.69	0.53	0.41
2007	0.75	0.71	0.62	0.41
2008	0.84	0.83	0.81	0.45

续表

年份	内蒙古	呼包鄂经济圈	沿黄河交通干线经济带	东部五盟市
2009	0.78	0.83	0.85	0.48
2010	0.77	0.77	0.74	0.46
2011	0.77	0.79	0.77	0.46
2012	0.69	0.73	0.72	0.43
2013	0.56	0.67	0.66	0.38
2014	0.49	0.63	0.56	0.33

资料来源：笔者根据《内蒙古统计年鉴（2004—2015）》数据整理所得。

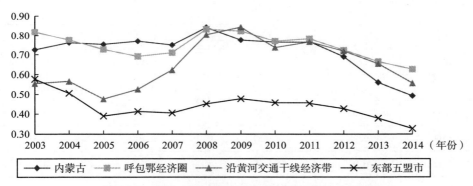

图 6-2　2003~2014 年各地区第二产业劳动生产率

　　根据以上图表，可以发现，从 2011 年起，各地区第二产业的劳动生产率有不同程度的下降，但呼包鄂经济圈仍为最高，沿黄河交通干线经济带从 2009 年开始，劳动生产率水平与呼包鄂经济圈水平相差不大，到 2014 年均完成了工业化终点的一半。东部五盟市的第二产业劳动生产率在 0.30~0.50 之间上下波动，到 2014 年基本完成了工业化终点的 1/3。内蒙古第二产业从 2008 年开始下降，但到 2014 年尚未完成工业化终点的一半。第二产业发展前景还很大，目前内蒙古第二产业集聚程度低，产业链不完整，造成了严重的资源浪费，产业结构发展粗放，支柱产业单一且产业层次低，重工业化趋势较强，非资源型产业发展缓慢，第二、第三产业联系不紧密，生产性服务空缺，就业人员比例低，自主创新能力低，对投资的依赖性强，若加大投资，第二产业的经济效益将显著提高。对于第二产业应努力推进"工业化、信息化"发展战略，依靠科学技术，优化产业结构，加强轻工业的发展，促进中小企业的发展，使产业的集约度不断提高，加强技能型人才的培养。

3. 第三产业劳动生产率

将呼包鄂经济圈、沿黄河交通干线经济带、东部五盟市这三大区域的第三产业的劳动生产率进行对比，数据如表6-7所示，做折线图如图6-3所示。

表6-7　　　　　　　　2003～2014年各地区第三产业的劳动生产率

年份	内蒙古	呼包鄂经济圈	沿黄河交通干线经济带	东部五盟市
2003	0.95	1.19	0.26	0.55
2004	0.96	1.16	0.27	0.43
2005	0.97	1.60	0.36	0.47
2006	1.08	1.59	0.49	0.53
2007	1.17	1.66	0.50	0.52
2008	1.21	1.57	0.50	0.53
2009	1.09	1.72	0.48	0.58
2010	1.05	1.57	0.45	0.63
2011	0.98	1.57	0.49	0.51
2012	0.92	1.60	0.51	0.45
2013	0.79	1.62	0.50	0.42
2014	0.72	1.52	0.56	0.53

资料来源：笔者根据《内蒙古统计年鉴（2004—2015）》数据整理所得。

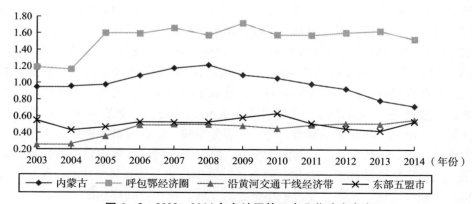

图6-3　2003～2014年各地区第三产业劳动生产率

根据以上图表，可以发现，呼包鄂经济圈第三产业的劳动生产率不断提高，早在 2003 年以前就达到了工业化终点，到 2014 年，已经完成工业化终点的 1.5 倍。沿黄河交通干线经济带和东部五盟市相差不大，均低于内蒙古整体水平，近年来发展稳定，完成了工业化终点的一半。可以说内蒙古经济的快速发展主要依靠于第三产业。第三产业仍有巨大的发展前景。目前，内蒙古的第三产业内部机构仍存在不合理地方，科技水平低，新兴服务业比重低，对第一、第二产业的带动性有待提高。应提高创新能力，健全创新制度，使产业结构不断优化，提高服务人员的整体素质，逐步完善服务体系。

（二）内蒙古自治区各区域产业结构高度比较

将呼包鄂经济圈、沿黄河交通干线经济带、东部五盟市这大区域的产业结构高度进行对比，数据如表 6-8 所示，做折线图如图 6-4 所示。

表 6-8 2003~2014 年各地区的产业结构高度

年份	内蒙古	呼包鄂经济圈	沿黄河交通干线经济带	东部五盟市
2003	0.73	0.92	0.38	0.46
2004	0.75	0.89	0.39	0.39
2005	0.75	1.11	0.37	0.36
2006	0.81	1.09	0.44	0.39
2007	0.84	1.14	0.50	0.39
2008	0.90	1.13	0.60	0.41
2009	0.82	1.22	0.62	0.44
2010	0.79	1.13	0.56	0.45
2011	0.77	1.13	0.59	0.42
2012	0.71	1.13	0.56	0.39
2013	0.61	1.14	0.53	0.37
2014	0.56	1.09	0.49	0.39

资料来源：笔者根据《内蒙古统计年鉴（2004—2015）》数据整理所得。

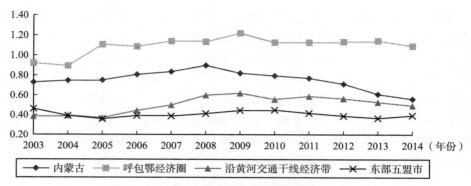

图 6 - 4　2003 ~ 2014 年各地区的产业结构高度

　　根据以上图表，可以发现，呼包鄂经济圈的产业结构高度明显高于内蒙古整体及其他地区的水平，到 2005 年已经达到了工业化终点。沿黄河交通干线经济带略高于东部五盟市，但二者相差不大，且整体水平较低，近年来变化不大，基本上完成了工业化终点的一半。内蒙古整体的产业结构高度近十五年来先增后减，2008 年最高为 0.90，到 2014 年减至 0.56，只完成了工业化终点的一半。

　　对 2014 年呼包鄂城市群的产业结构高度进行测算分析发现，产业结构高度和该地区的经济发展水平的涨幅有明显的相关性，经济发展较好的地区其产业结构高度也大于 1，一个经济如果它的产业结构高度值越接近 1，其距离完成工业化的终点也就越近。从产业结构高度来分析，2014 年呼包鄂经济圈虽然已经完成了工业化的终点，但是三次产业之间的发展仍不均衡，第三产业的工业化进程要快于第一、第二产业的工业化进程，第一产业和第二、第三产业的差距也正在逐渐拉大。

　　对各盟市从时序角度比较产业结构高度可以发现，呼包鄂经济圈的发展较快，锡林郭勒盟次之，赤峰市、兴安盟最慢，在此过程中，对产业结构影响最大的是第三产业。加强第三产业的竞争力是内蒙古自治区提高经济整体实力的有效途径。

　　内蒙古农牧业、工业化、服务业的发展水平均处于一个较低的水平，并且产业结构不合理。应该不断优化产业结构，提高资源利用率，加大资金投入，不断提高科技创新能力，加强人才的培养，提高经济发展质量。

第二节　产业集聚水平研究

一、产业集聚模型建立

产业集聚是指同一产业在某个特定地理区域内高度集中，产业资本要素在空间范围内不断汇聚的过程。在 20 世纪末，产业集聚现象在发达国家大量出现，有些学者的研究显示美国存在典型的制造业集聚现象，并且成为他们工业发展的重要战略方式（Krugman and Ellision）；在近年的研究中，有学者发现发展中国家也同样普遍存在产业集聚现象（Guimaraes and Clancy et al.）。目前，产业集聚已成为学术界研究的热点和焦点问题。

对产业集聚的测算有很多种方法，如 HHI 指数、基尼系数、EG 指数、克鲁格曼专业化指数和区位熵（β 指数）等，但由于数据的可获得性及分析问题的重点不同，本章选用区位熵（β 指数）和空间基尼系数来分析。对产业集聚的测算有很多种方法，如 HHI 指数、基尼系数、EG 指数、克鲁格曼专业化指数和区位熵（β 指数）等，但由于数据的可获得性及分析问题的重点不同，选用区位熵（β 指数）和空间基尼系数来分析。

样本选用内蒙古自治区及呼包鄂城市群规模以上工业企业制造业的 30 个行业，区位熵指数计算的数据来源于历年《内蒙古统计年鉴》《呼和浩特经济统计年鉴》《包头统计年鉴》《鄂尔多斯统计年鉴》。空间基尼系数则运用 2001～2015 年呼包鄂规模以上工业企业分行业数据来计算。

（一）区位熵指数

区位熵指数又称为专门化率，用来反映某地区某个产业发展的专业化程度，即集聚水平，它是与全国平均水平来比较的，若区位熵大于 1，说明该地区该产业相对于全国具有比较优势，若区位熵小于 1，说明该地区该产业与全国相比较不具有专业化发展优势。区位熵（E）指数用式（6.3）表示为：

$$E_{ij} = \frac{\theta_{ij} / \sum_{i=1}^{n} \theta_{ij}}{\sum_{j=1}^{m} \theta_{ij} / \sum_{i=1}^{n} \sum_{j=1}^{m} \theta_{ij}} \tag{6.3}$$

式（6.3）中，θ_{ij} 表示地区 j 行业 i 的产值；$\sum_{i=1}^{n} \theta_{ij}$ 表示地区 j 的总产值；$\sum_{j=1}^{m} \theta_{ij}$ 则表示行业 i 全国总产值；$\sum_{i=1}^{n} \sum_{j=1}^{m} \theta_{ij}$ 是全国总产值。

（二）空间基尼系数

区位熵指数能够反映出某一地区制造业分行业的专业化水平及其集中程度，但是不能反映出制造业整体分布的均匀程度，而空间基尼系数可以完善这一问题。克鲁格曼等（Krugman et al.）用来测定美国制造业集聚程度的度量方法就是空间基尼系数，其式（6.4）：

$$G = \sum_{i} (S_i - X_i)^2 \tag{6.4}$$

其中，G 是空间基尼系数；S_i 表示 i 地区某行业就业人数占全省该行业就业人数的比重；X_i 为该地区就业人数占全省就业人数的比重。类似于居民收入分布的基尼系数，若一个产业在区域间的分布越均匀，该产业的基尼系数就越小，若一个产业在区域间的分布越集中，则基尼系数就越大。

二、区位熵指数测算与分析

（一）呼包鄂城市群区位熵测算与分析

为得出呼包鄂城市群与自治区平均水平相比较的集聚度，将式（6.3）中的全国数据全部换成自治区相关数据。表6-9 给出了呼包鄂城市群 2000～2015 年制造业分行业区位熵指数及其变化趋势。

表6-9　　　　　2000～2015 年呼包鄂制造业各行业集聚度变化趋势

行业	2000～2005 年平均	2006～2010 年平均	2011～2015 年平均	2000～2015 年趋势
食品加工业	0.393	0.376	0.368	下降
食品制造业	1.818	1.406	1.290	下降
饮料制造业	0.529	0.486	0.474	下降
烟草加工业	1.719	1.793	1.880	上升
纺织业	1.837	0.891	0.761	下降
服装及其他纤维制品制造业	1.238	0.623	1.145	下降
皮革毛皮羽绒及其制品业	1.169	0.417	0.435	下降
木材加工及竹藤棕草制品业	0.805	0.041	0.044	下降
家具制造业	0.195	0.515	0.103	下降
造纸及纸制品业	0.299	0.964	2.170	上升
印刷业记录媒介的复制	0.998	1.238	0.928	下降
文教体育用品制造业	—	—	0.233	—
石油加工及炼焦业	1.951	1.240	1.333	下降
化学原料及制品制造业	1.165	0.939	1.127	下降
医药制造业	0.801	1.445	1.049	下降
化学纤维制造业	2.334	2.336	2.699	上升
橡胶和塑料制品业	1.476	1.493	0.748	下降

续表

行业	2000～2005 年平均	2006～2010 年平均	2011～2015 年平均	2000～2015 年趋势
非金属矿物制品业	1.014	0.665	0.575	下降
黑色金属冶炼及压延加工业	2.179	1.969	1.740	下降
有色金属冶炼及压延加工业	1.820	1.051	0.923	下降
金属制品业	0.849	1.025	2.387	上升
普通机械制造业	2.153	1.698	1.642	下降
专用设备制造业	2.009	2.469	1.269	下降
交通运输设备制造业	2.228	2.398	2.452	上升
电气机械及器材制造业	1.751	1.319	1.178	下降
计算机、通信和其他电子设备制造业	2.238	2.398	2.836	上升
仪器仪表文化办公用机械制造业	2.257	0.749	2.516	上升
工艺品及其他制造业	1.551	1.248	1.502	上升
废弃资源和废旧材料回收加工业	—	0.298	1.030	上升
金属制品、机械和设备修理业	—	—	1.971	—

资料来源：笔者根据《中国统计年鉴（2001—2016）》和《内蒙古统计年鉴（2001—2016）》数据整理所得。

若区位熵大于 1，说明呼包鄂城市群的该产业相对于全自治区具有比较优势，若区位熵小于 1，说明呼包鄂城市群与全自治区相比较不具有专业化发展优势。由表 6-10 可以得出，在制造业的 30 个行业中，2011～2015 年区位熵平均值大于 1 的行业有 19 个，说明呼包鄂城市群的制造业整体上集中度较高，具有比较优势。从行业的变化趋势来看，呼包鄂城市群区位熵大于 1 的有 19 个行业中有 10 个行业集聚度升高，9 个行业的集聚度下降，集聚度下降幅度较大的行业主要有石油加工及炼焦业、黑色金属冶炼及压延加工业以及食品制造业。前两者下降主要是由于呼包鄂城市圈 3 个城市都存在资源依赖型特征，在煤炭、煤化工、电力铝加工等产业上都有交集，面临着产品市场、承接产业转移以及资源、技术、人才等要素的竞争，导致产业集中度不高等问题。后者下降的原因是该地区乳业的发展后劲明显不足，主要表现为伊利和蒙牛两大乳业巨头，在经过初期的增长后，开始向全国扩张，无论是牧场，还是新的加工基地，呼和浩特仅仅作为总部所在，偏居一隅。

表6-10   2000～2015 年区位熵排序

2000～2005 年熵值超过 1		2006～2010 年熵值超过 1		2011～2015 年熵值超过 1	
排名	产业	排名	产业	排名	产业
1	化学纤维制造业	1	专用设备制造业	1	计算机、通信和其他电子设备制造业
2	仪器仪表文化办公用机械制造业	2	计算机、通信和其他电子设备制造业	2	化学纤维制造业
3	计算机、通信和其他电子设备制造业	3	交通运输设备制造业	3	仪器仪表文化办公用机械制造业
4	交通运输设备制造业	4	化学纤维制造业	4	交通运输设备制造业
5	黑色金属冶炼及压延加工业	5	黑色金属冶炼及压延加工业	5	金属制品业
6	普通机械制造业	6	烟草加工业	6	造纸及纸制品业
7	专用设备制造业	7	普通机械制造业	7	金属制品、机械和设备修理业
8	石油加工及炼焦业	8	橡胶和塑料制品业	8	烟草加工业
9	纺织业	9	医药制造业	9	黑色金属冶炼及压延加工业
10	有色金属冶炼及压延加工业	10	食品制造业	10	普通机械制造业
11	食品制造业	11	电气机械及器材制造业	11	工艺品及其他制造业
12	电气机械及器材制造业	12	工艺品及其他制造业	12	石油加工及炼焦业
13	烟草加工业	13	石油加工及炼焦业	13	食品制造业
14	工艺品及其他制造业	14	印刷业记录媒介的复制	14	专用设备制造业
15	橡胶和塑料制品业	15	有色金属冶炼及压延加工业	15	电气机械及器材制造业
16	服装及其他纤维制品制造业	16	金属制品业	16	服装及其他纤维制品制造业
17	皮革毛皮羽绒及其制品业			17	化学原料及制品制造业
18	化学原料及制品制造业			18	医药制造业
19	非金属矿物制品业			19	废弃资源和废旧材料回收加工业

进一步分别对呼包鄂城市群 2000～2005 年、2006～2010 年、2011～2015 年区位熵值大于 1 的行业进行排序发现，该城市群平均排名处于前三的行业分别是计算机、通信和其他电子设备制造业、化学纤维制造业以及交通运输设备制造

业。其中，计算机、通信和其他电子设备制造业集聚度较高主要是由于在创新驱动的大背景下，呼包鄂地区的科学技术不断进步，互联网行业发展迅速，再加上计算机、通信等设备的需求空间不断扩大，带动了该地区这一行业的发展；化学纤维制造业集聚度较高是因为呼包鄂城市群自然资源相对富集，化工产业发展水平较高；在交通运输设备制造业方面，呼包鄂城市群具有比较优势的原因是呼包鄂是国家级重点培育的城市群、新一轮西部大开发战略确定的重点经济区、国家级重点开发区域，要实现内蒙古呼包鄂率先发展、协同发展，交通运输协同发展要先行，既要推进呼包鄂地区与区内外重点城市的互联互通，又要加强城市群内部的基础交通建设。另外，仪器仪表文化办公用机械制造业的区位熵在 2 以上，集聚程度较高，这与呼包鄂地区的文化教育水平密切相关。

（二）呼包鄂城市群内部区位熵测算与分析

1. 呼和浩特市区位熵测算与分析

表 6 - 11 给出了呼和浩特市 2000～2015 年制造业分行业的区位熵指数及变化趋势。2015 年，区位熵大于 1 的行业有 10 个，即呼和浩特的这些行业在自治区内具有比较优势，另外在资料完整的 25 个制造业行业中，有 16 个行业的区位熵指数呈下降趋势，9 个行业呈上升趋势。其中，集聚程度较高且近几年呈上升趋势的有医药制造业、电气机械及器材制造业、烟草加工业、造纸及纸制品业。医药制药业作为呼和浩特市轻工业的支撑产业，集聚程度最高；电气机械及器材制造业的集聚程度一直较高且稳步提升；呼和浩特市有大型骨干造纸企业，原料木浆的生产能力不断扩张，带动发展制浆及纸制品业；此外，烟草加工业的集聚程度也较高，位于呼包鄂之首。集聚程度下降明显且比较优势逐渐消失的行业有交通运输设备制造业、专用设备制造业、金属制品业、化学纤维制造业。

表 6 - 11　　　　　2000～2015 年呼和浩特制造业各行业集聚度变化趋势

行业	2000～2005 年平均	2006～2010 年平均	2011～2015 年平均	2000～2015 年趋势
食品加工业	0.288	0.528	0.621	上升
食品制造业	4.897	3.864	3.546	下降
饮料制造业	0.483	0.708	0.588	上升
烟草加工业	5.151	5.834	6.054	上升
纺织业	0.518	1.179	0.405	上升
服装及其他纤维制品制造业	3.378	1.830	2.188	下降
皮革毛皮羽绒及其制品业	2.639	0.531	—	—

续表

行业	2000～2005 年平均	2006～2010 年平均	2011～2015 年平均	2000～2015 年趋势
木材加工及竹藤棕草制品业	0.446	0.040	—	↗
家具制造业	0.484	0.704	0.337	下降
造纸及纸制品业	0.615	2.178	5.653	上升
印刷业记录媒介的复制	0.987	1.662	0.611	下降
文教体育用品制造业	4.752	2.144	1.918	下降
石油加工及炼焦业	1.324	1.183	1.172	下降
化学原料及制品制造业	1.480	3.435	3.063	上升
医药制造业	6.998	7.535	10.818	上升
化学纤维制造业	2.854	1.415	0.601	下降
橡胶和塑料制品业	0.473	0.451	0.442	下降
非金属矿物制品业	0.037	0.093	0.064	上升
黑色金属冶炼及压延加工业	0.792	0.451	0.253	下降
有色金属冶炼及压延加工业	0.289	0.366	0.182	下降
金属制品业	1.895	0.749	0.552	下降
普通机械制造业	0.575	0.421	0.335	下降
专用设备制造业	1.069	0.203	0.013	下降
交通运输设备制造业	1.738	0.714	0.364	下降
电气机械及器材制造业	5.925	7.513	8.001	上升
计算机、通信和其他电子设备制造业	6.742	—	—	
仪器仪表文化办公用机械制造业	4.480	2.837	2.021	下降
工艺品及其他制造业		0.751		
废弃资源和废旧材料回收加工业	0.484	0.704	0.337	下降

　　资料来源：笔者根据《中国统计年鉴（2001—2016）》和《内蒙古统计年鉴（2001—2016）》数据整理所得。

2. 包头市区位熵测算与分析

　　表6－12 给出了包头市 2000～2015 年制造业分行业的区位熵指数及变化趋势。2015 年，区位熵大于 1 的行业有 16 个，经比较，呼包鄂经济圈中，包头市具有比较优势的行业最多，其集聚程度相对较高。另外在资料完整的 24 个制造业行业中，有 9 个行业的区位熵指数呈下降趋势，15 个行业呈上升趋势。其中，

集聚程度较高且近几年间呈上升趋势的仪器仪表文化办公用机械制造业、金属制品业、交通运输设备制造业等，这表明机械设备制造业已发展成为包头市的主导产业。集聚程度下降明显且比较优势逐渐消失的行业有纺织业、非金属矿物制品业等，集聚度下降明显的行业还有黑色金属冶炼及压延加工业、有色金属冶炼及压延加工业、化学原料及制品制造业等，这表明包头市轻纺、冶金及化工等产业的支柱地位开始下降。

表 6 – 12　　　　　2000～2015 年包头制造业各行业集聚度变化趋势

行业	2000～2005 年平均	2006～2010 年平均	2011～2015 年平均	2000～2015 年趋势
食品加工业	0.656	0.288	0.229	下降
食品制造业	0.434	0.395	0.439	上升
饮料制造业	0.621	0.448	0.569	下降
纺织业	1.386	0.491	0.101	下降
服装及其他纤维制品制造业	0.646	0.144	1.215	上升
皮革毛皮羽绒及其制品业	0.323	0.450	1.189	上升
木材加工及竹藤棕草制品业	—	—	0.111	—
造纸及纸制品业	0.191	0.657	1.117	上升
印刷业记录媒介的复制	0.430	1.358	1.796	上升
文教体育用品制造业	—	—	0.635	—
石油加工及炼焦业	0.050	0.078	0.091	上升
化学原料及制品制造业	0.670	0.307	0.609	下降
医药制造业	0.174	0.069	0.021	下降
橡胶和塑料制品业	0.870	1.284	1.342	上升
非金属矿物制品业	1.029	0.719	0.929	下降
黑色金属冶炼及压延加工业	5.162	4.584	4.115	下降
有色金属冶炼及压延加工业	3.751	2.173	2.125	下降
金属制品业	1.612	2.106	6.116	上升
普通机械制造业	3.543	3.686	3.903	上升
专用设备制造业	4.358	5.950	2.805	下降
交通运输设备制造业	4.566	5.717	5.865	上升
电气机械及器材制造业	2.801	2.850	2.681	上升
计算机、通信和其他电子设备制造业	0.552	0.193	0.865	上升
仪器仪表文化办公用机械制造业	—	1.972	6.875	上升

续表

行业	2000～2005年平均	2006～2010年平均	2011～2015年平均	2000～2015年趋势
工艺品及其他制造业	0.220	0.924	2.409	上升
废弃资源和废旧材料回收加工业	—	0.403	2.754	上升
金属制品、机械和设备修理业	—	—	5.399	—

资料来源：笔者根据《中国统计年鉴（2001—2016）》和《内蒙古统计年鉴（2001—2016）》数据整理所得。

3. 鄂尔多斯市区位熵测算与分析

表6－13给出了鄂尔多斯市2000～2015年制造业分行业的区位熵指数及变化趋势。2015年，区位熵大于1的行业只有3个行业，分别是石油加工及炼焦业、纺织业和化学原料及制品制造业，这说明鄂尔多斯市具有比较优势的行业相对较少，除上述3个行业集中度较高，其他行业分布较分散。在资料完整的20个制造业行业中，有9个行业的区位熵指数呈上升趋势，11个行业呈下降趋势。其中，集聚程度上升趋势明显的行业有石油加工及炼焦业、普通机械制造业、专用设备制造业、电气机械及器材制造业等，这表明机械设备制造业正逐渐发展为鄂尔多斯市的优势产业。集聚程度下降明显且比较优势逐渐消失的行业有印刷业记录媒介的复制、橡胶和塑料制品业、化学纤维制造业。

表6－13　　　　2000～2015年鄂尔多斯制造业各行业集聚度变化趋势

行业	2000～2005年平均	2006～2010年平均	2011～2015年平均	2000～2015年趋势
食品加工业	0.128	0.557	0.279	上升
食品制造业	0.025	0.189	0.086	上升
饮料制造业	0.441	0.317	0.256	下降
纺织业	4.263	1.113	2.015	下降
服装及其他纤维制品制造业	17.630	—	0.058	—
皮革毛皮羽绒及其制品业	0.600	9.249	—	—
木材加工及竹藤棕草制品业	2.588	0.105	0.011	下降
家具制造业	0.383	0.982	—	—
造纸及纸制品业	0.122	0.149	0.020	下降
印刷业记录媒介的复制	1.906	0.684	0.247	下降
石油加工及炼焦业	1.307	1.820	2.155	上升

行业	2000～2005年平均	2006～2010年平均	2011～2015年平均	2000～2015年趋势
化学原料及制品制造业	1.747	1.511	1.672	下降
医药制造业	0.910	1.133	0.272	下降
化学纤维制造业	0.767	1.815	0.220	下降
橡胶和塑料制品业	1.684	0.814	0.303	下降
非金属矿物制品业	0.205	0.534	0.662	上升
黑色金属冶炼及压延加工业	0.069	0.211	0.206	上升
有色金属冶炼及压延加工业	0.364	0.316	0.281	下降
金属制品业	0.276	0.116	0.135	下降
普通机械制造业	0.197	0.104	0.428	上升
专用设备制造业	0.043	0.512	0.935	上升
交通运输设备制造业	0.588	—	0.258	—
电气机械及器材制造业	0.128	0.138	0.538	上升
计算机、通信和其他电子设备制造业	—	0.059	—	—
工艺品及其他制造业	—	—	0.153	—
废弃资源和废旧材料回收加工业	0.128	0.557	0.279	上升

资料来源：笔者根据《中国统计年鉴（2001—2016）》和《内蒙古统计年鉴（2001—2016）》数据整理所得。

三、空间基尼系数测算与分析

表6－14即呼包鄂制造业分行业的空间基尼系数，其中 G_i 大于0.1的行业有13个。由于统计数据原因，金属制品制造业的 G_i 可能存在误差。其中空间基尼系数排名靠前的行业的共同点是都为资源密集型行业。与全国平均水平对比，绝大多数行业的集聚水平超过了全国，说明呼包鄂城市群制造业从区域上来看是比较集中的。

表6－14　　　　　　　2015年呼包鄂城市群空间基尼系数

制造业行业	呼包鄂 G_i	占比最大城市	全国 G_i
金属制品制造业	7.141	包头	0.040
仪器仪表文化办公用机械制造业	0.674	包头	0.065
化学纤维制造业	0.534	呼和浩特	0.160

续表

制造业行业	呼包鄂 G_i	占比最大城市	全国 G_i
金属制品、机械和设备修理业	0.480	包头	0.040
交通运输设备制造业	0.341	包头	0.018
通用设备制造业	0.327	包头	0.032
烟草加工业	0.325	呼和浩特	0.041
工艺品及其他制造业	0.259	包头	0.074
黑色金属冶炼及压延加工业	0.242	包头	0.013
食品制造业	0.118	呼和浩特	0.014
计算机、通信和其他电子设备制造业	0.105	呼和浩特	0.122
纺织业	0.102	鄂尔多斯	0.046
造纸及纸制品业	0.102	呼和浩特	0.029
纺织服装、鞋、帽制造业	0.091	呼和浩特	0.066
专用设备制造业	0.087	包头	0.020
有色金属冶炼及压延加工业	0.070	包头	0.012
电气机械及器材制造业	0.061	包头	0.070
石油加工、炼焦及核燃料加工业	0.042	鄂尔多斯	0.030
废弃资源和废旧材料回收加工业	0.037	包头	0.040
文教体育用品制造业	0.031	呼和浩特	0.103
木材加工及木、竹、藤、棕、草制品业	0.027	呼和浩特	0.033
皮革、毛皮、羽毛（绒）及其制品业	0.027	呼和浩特	0.133
化学原料及化学制品制造业	0.025	鄂尔多斯	0.015
医药制造业	0.023	呼和浩特	0.010
家具制造业	0.019	包头	0.069
印刷业和记录媒介的复制	0.010	包头	0.039
农副食品加工业	0.008	鄂尔多斯	0.028
塑料制品业	0.008	包头	0.047
酒、饮料制造业	0.006	呼和浩特	0.016
非金属矿物制品业	0.005	呼和浩特	0.014

资料来源：笔者根据《中国统计年鉴（2001—2016）》和《内蒙古统计年鉴（2001—2016）》数据整理所得。

对呼包鄂城市群制造业产业集聚水平进行了测算及详细分析，从行业类别看，呼包鄂集聚度水平比较高的是计算机、通信和其他电子设备制造业、化学纤维制造业以及交通运输设备制造业等，这些机械设备制造业正逐渐发展为呼包鄂城市群的主导产业；而资源依赖性的行业比如在煤炭、煤化工、电力铝加工等，面临着产品市场、承接产业转移以及资源、技术、人才等要素的竞争，导致产业集中度下降，比较优势削弱甚至消失。从呼包鄂城市群内部来看，呼和浩特市集聚度较高的行业是医药制造业、电气机械及器材制造业、烟草加工业等，与呼包鄂城市群整体不同，其机械设备制造业的集聚度呈下降趋势，比较优势不明显；包头市在3个城市中具有比较优势的行业最多，产业集聚程度相对较高，机械设备制造业已发展成为包头市的主导产业，轻纺、冶金及化工等产业的支柱地位开始下降；鄂尔多斯市具有比较优势的行业相对较少，仅有几个行业集聚度较高，大部分行业发展较为分散，但整体上其机械设备制造业正逐渐发展为主导产业。

第三节　新型城镇化与产业结构合理化协调发展

一、模型建立

（一）研究方法

耦合概念最初来源于物理学，指两个及两个以上的系统或运动形式之间通过多种相互作用而彼此影响的现象，耦合度即对系统模块间关联程度的度量。系统从无序向有序结合的过程实际上是各子系统参量间的耦合作用过程，因此，我们将产业结构合理化与城镇化看作经济社会中的两大系统，运用耦合协调度模型具体测算各盟市新型城镇化子系统与产业结构合理化子系统之间的相互作用程度。

基于此，用 I、U 分别代表产业结构合理化系统和新型城镇化系统，$F_1(x, t)$ 和 $F_2(y, t)$ 是分别度量两者发展水平的函数，其中，x 为系统 I 的特征向量、y 为系统 U 的特征向量，t 为时间向量，参考杜传忠（2013）等文献的做法，可得出产业结构合理化与城镇化的耦合度公式：

$$C = \left\{ \frac{F_1(x, t) \cdot F_2(y, t)}{\left[\frac{F_1(x, t) + F_2(y, t)}{2} \right]^2} \right\}^2 \qquad (6.5)$$

C（0≤C≤1）表示耦合度，C 值越大说明产业结构合理化与城镇化两大系统之间的耦合度越高，反之则越低。然而，由于各盟市要素资源禀赋差异以及经济发展阶段不一致等诸多因素致使不同地区的城镇化发展水平不同，产业结构合理化程度也错综复杂，仅依据耦合度很可能出现某地区城镇化和产业结构合理化水平低且接近时造成耦合度虚高的情况。因此需进一步考虑协调因素，协调强调了系统演变过程中各个子系统及其构成要素各种质的差异部分，在组成统一整体时所表现出的相互配合的属性。进一步，构造"城镇化—产业结构合理化"系统的耦合协调度模型，计算公式为：

$$D = \sqrt{C \times T} \qquad\qquad (6.6)$$

其中，D 为协调度，C 为耦合度，$T = aF_1(x, t) + bF_2(y, t)$，表示"城镇化—产业结构合理化"的综合协调指数。a，b 为待定参数，由于在测度城镇化与产业结构合理化协调发展中假设二者同等重要，故 a、b 的取值均设定为 0.5。根据协调度水平的高低，将其划分为 4 个阶段：$D \in (0, 0.3]$ 为低度协调；$D \in (0.3, 0.5)$ 为中度协调；$D \in (0.5, 0.8)$ 为高度协调；$D \in (0.8, 1)$ 为极度协调。

（二）系统评价指标体系的选择

根据"城镇化—产业结构合理化"耦合协调系统的内涵及特征，结合内蒙古地区经济发展的实际状况，按照科学性、实效性和数据的可获得性等原则，并参考现有的研究成果，分别建立新型城镇化与产业结构合理化子系统综合测度指标体系，如表 6 – 15 所示。

表 6 – 15　　　　　　　　新型城镇化和产业结构合理化指标体系

子系统	一级指标	二级指标	单位	预期变动
新型城镇化	新型城镇化基本建设水平	城镇居民家庭人均年支配收入	元	+
	新型城镇化经济发展水平	人均 GDP	元	+
		竣工房屋价值	万元	+
		财政预算支出	万元	+
	新型城镇化社会投入水平	第二、第三产业从业人口比值	%	+
		公路客运量	万人	+
		社会保障补助支出	万元	+
		医疗卫生机构床位数	张	+
	新型城镇化环境友好水平	公园面积	公顷	+
		生活垃圾清运量	万吨	-
		污水排放量	万吨	-
产业结构合理化	E		%	-

1. 新型城镇化指标构建

内蒙古新型城镇化统计监测主要包括经济发展、人口与就业、社会发展、基础设施、资源环境等 5 个方面，涉及年末常住人口、城镇就业人员占全部就业人员比重、人均 GDP、人均城市建设用地等 35 个核心统计指标，同时参考国内外学者关于新型城镇化指标体系的研究成果，本章节建立了由新型城镇化基本建设水平、新型城镇化社会投入水平、新型城镇化经济发展水平、新型城镇化环境友好水平共 4 个准则层、11 个指标层构成的新型城镇化综合评价指标体系。其中：新型城镇化基本建设水平是对城镇化发展水平最为直观的测量，反映了城镇的综合发展程度。城镇居民家庭人均年支配收入是衡量城镇居民基本生活水平和城镇化质量的重要指标，体现了新型城镇化建设以人为本的内涵。

社会投入水平表示城镇基础设施的建设、配套的公共服务以及各类生产要素的投入水平。其中，第二、第三产就业人口的比重反映出城市对于农村剩余劳动力的吸纳能力，公路客运量反映的是交通基础设施建设水平，医疗卫生机构床位数、社会保障补助体现了社会保障体系的供应能力。完备的基础设施、健全的社会保障体系为城镇化发展营造稳定和可持续的社会环境。

经济发展水平是新型城镇化建设的必要条件。人均国民生产总值涉及农民和城镇居民，能够更好地反映当地居民的平均生活水平。财政预算支出从政府层面体现出政府需求对经济的拉动程度，通常经济发展水平越高，财政预算支出也就越多；而房地产行业同样也是影响经济发展趋势的重要影响因素。

环境友好水平体现的是城镇化的可持续发展程度。污水排放量和生活垃圾清运量是城市面临的主要环境问题，因此必须考虑当地环境的承载压力；公园建设面积反映了地区生态环境的建设水平，也是新型城镇化所倡导的生态宜居的基本要求。

在构建新型城镇化综合指数时，引入一种客观的赋权方法，即熵权法，来确定各指标的权重。熵权法根据各指标的变异程度，利用信息熵计算各指标的熵权，再通过熵权对各指标赋予权重，能够避免基于主观因素确定权重产生的偏差。具体步骤为：首先，对原始数据进行无量纲化处理，如式（6.7）、式（6.8）所示，其中 X_{ij} 表示第 i 个省份第 j 个新型城镇化指标的取值。$i = 1$，$\cdots$，m，$j = 1$，$\cdots$，p。

$$U'_{ij} = \frac{X_{ij} - \min(X_{ij})}{\max(X_{ij}) - \min(X_{ij})}，X_{ij} 具有正功效 \qquad (6.7)$$

$$U'_{ij} = \frac{\max(X_{ij}) - X_{ij}}{\max(X_{ij}) - \min(X_{ij})}，X_{ij} 具有负功效 \qquad (6.8)$$

U'_{ij} 代表无量纲化值，为防止无量纲化处理中极值数据的处理结果为零的情况，将原来的处理方法加以变形，即通过 $U''_{ij} = 1 + U'_{ij}$ 对无量纲化数据进行坐标平移，处理后 U''_{ij} 的取值范围为（1，2）。接下来的计算步骤为：

第一步：计算第 j 项指标第 i 盟市的指标值比重，

$$U_{ij} = \frac{U''_{ij}}{\sum\limits_{i=1}^{m} U''_{ij}} \qquad (6.9)$$

第二步：计算第 j 项指标的输出熵 E_j 及变异度 F_j，

$$E_j = -\frac{1}{\ln m} \sum\limits_{i=1}^{m} U_{ij} \ln(U_{ij}) \ , \ F_j = 1 - E_j \qquad (6.10)$$

第三步：计算第 j 项指标的权重得分，

$$W_j = \frac{F_j}{\sum\limits_{j=1}^{n} F_j} \qquad (6.11)$$

第四步：计算新型城镇化综合指数，即

$$y_i = \sum\limits_{j=1}^{n} W_j U_{ij} \qquad (6.12)$$

2. 产业结构合理化指标构建

产业结构合理化表示根据特定的消费需求结构、资源禀赋、人口特征等条件对产业结构合理调整，实现产业间关联方式的协调、产品供给与需求的协调、产业结构与要素结构等方面的协调，从而提高经济的整体效益。参考相关学者的研究①，本书采用的产业结构合理化指标度量公式为：

$$E = \sum\limits_{i=1}^{3} \frac{Y_i}{Y} \left| \frac{\dfrac{Y_i}{Y}}{\dfrac{L_i}{L}} - 1 \right| \qquad (6.13)$$

式（6.13）中，E 表示产业结构合理化程度，Y 表示产值，L 表示就业，i 表示各次产业。当经济处于均衡状态时，$\dfrac{Y_i}{L_i} = \dfrac{Y}{L}$，E = 0，表示产业结构高度合理化，E 值越趋向于 0，说明各产业产值与相应人力资本的投入匹配度越高，产业结构就越合理。反之，E 值越大，产业结构与就业结构偏离越大，投入要素的比重与产出比重失衡，导致产业结构越不合理。

二、合理化指标分析及省内对比

由图 6 - 5 可知，内蒙古各盟市的城镇化水平差异明显，呼包鄂的城镇化指

① 干春晖、郑若谷、余典范：《中国产业结构变迁对经济增长和波动的影响》，载于《经济研究》2011 年第 5 期，第 4～16、31 页。

标显著高于其他盟市，基本都在 0.10 以上，反映了其作为内蒙古较为发达的经济地区，城镇化水平也具有明显优势。呼伦贝尔市、赤峰市的城镇化指标在 0.09～0.10 之间，在各盟市中处于中等水平。

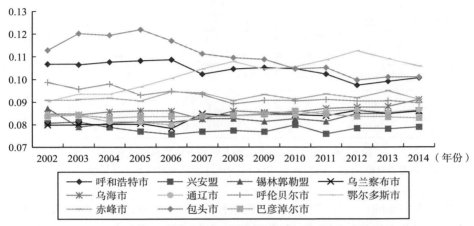

图 6 – 5　各盟市 2002～2014 年新型城镇化指标

资料来源：笔者根据《内蒙古统计年鉴（2003—2015）》数据整理所得。

其余城市的城镇化指标都在 0.09 以下，其中，巴彦淖尔市、通辽、乌兰察布市的城镇化指标在 0.08 上下，这些盟市主要以农牧业生产、农畜产品加工为主，第二、第三产从业人口比重不到 50%，并且人均 GDP 指标在盟市中处于偏低水平，导致城镇化指标偏低。兴安盟的城镇化水平在各盟市中表现最低，城镇化指标基本都在 0.07，具体考察其各项指标发现兴安盟历年的人均 GDP、城镇居民可支配收入、财政预算支出在各盟市中均处于最低水平，另外第二、第三产从业人口比重也仅占约 30%，经济发展水平和社会投入水平落后是导致该地区新型城镇化指标偏低的主要因素。从时间序列来看，呼包鄂城市群城镇化水平相对变化较大，其中鄂尔多斯市的城镇化水平在统计期间内呈现上升趋势，而呼和浩特和包头的城镇化指标较 2002 年有小幅下降，但最近几年的城镇化水平基本稳定。

进一步，图 6 – 6 给出各盟市 2002～2014 年的产业结构合理化指标，产业结构合理化指标越趋于零，表示该地区的产业结构越合理。从空间分布来看，内蒙古各盟市的产业结构合理化指标差异较大，呼包鄂城市群较其他盟市产业结构更为合理，其中呼和浩特表现最好，产业结构合理化指标保持在 0.3 以下。其次是包头市、鄂尔多斯市，产业结构合理化指标在 0.5～1.0 之间。

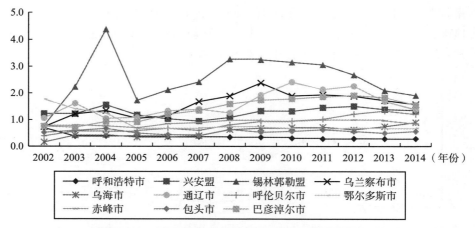

图6-6　各盟市2002~2014年产业结构合理化指标

资料来源：笔者根据《内蒙古统计年鉴（2003—2015）》数据整理所得。

　　乌海市和赤峰市，产业结构合理化指标在0.5~1.0之间，兴安盟和呼伦贝尔产业结构合理化指标在1.0~1.5之间。产业结构合理化指标在1.5以上的有乌兰察布、通辽、巴彦淖尔和锡林郭勒，其中锡林郭勒盟的产业结构合理化指标最高，几乎都在2.0以上。这些地区基本50%以上的就业人口集中在一产，而占GDP比重50%以上的二产就业人口仅占不到15%，造成产业结构和就业结构的严重偏离。另外从时间序列来看，呼和浩特与鄂尔多斯的产业结构合理化指标较为稳定，包头市与2002年相比各盟市的产业结构合理化指标有不同幅度的波动。

三、时间序列分析及自治区内对比

　　为了更好地研究内蒙古地区城镇化与产业结构合理化耦合协调度增长的动态过程，计算2002~2014年协调度增长率，如图6-7所示，其增长趋势表现出一定的地域趋同性。进一步，结合历年城镇化和产业结构合理化耦合协调度趋势图可以得到，呼包鄂地区协调度增长同比较快，特别是鄂尔多斯市协调度增长率达85.1%。

　　东部以兴安盟、通辽、赤峰为中心的增长率为10%上下，表明这些地区产业结构逐渐向合理化调整，与城镇化水平的提升形成良性互动；锡林郭勒、乌兰察布、呼伦贝尔以及巴彦淖尔协调度出现不同程度的下降，而锡林郭勒和呼伦贝尔下降幅度最大。其中，通过对比呼伦贝尔近些年的产业结构合理化指标和城镇化指标发现，其城镇化指标和产业结构合理化指标均有所下降，导致其整体的协调性下降。巴彦淖尔市、乌兰察布市协调度下降的主要原因为二者在近些年的产业

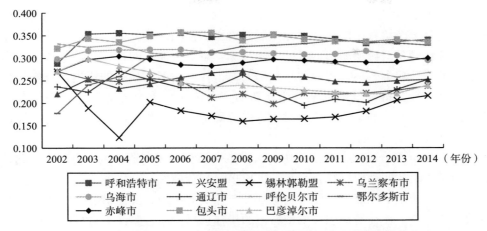

图 6 – 7　各盟市 2002 ~ 2014 年新型城镇化和产业结构合理化耦合协调度

资料来源：笔者根据《内蒙古统计年鉴（2003—2015）》数据整理所得。

结构偏离度逐渐扩大，没有和城镇化的发展相协调。而锡林郭勒盟的协调度虽然在各盟市中处于最低水平，但是在 2008 年探底后，其协调性近几年一直处于稳步上升的态势。

第四节　资源型产业转型升级

一、产业转型基本模式

当前对于资源型城市的转型模式，比较认可的有三种，即纵向延伸模式、替代模式、多元复合模式。对于资源型城市而言，产业转型的最终目标是摆脱对资源的依赖，社会经济的发展要形成以创新产业为主导，资源深加工产业为支撑的产业体系。每个城市根据自己的发展的情况，选择不同的模式，走适合自身的可持续发展道路。

（1）纵向延伸模式。纵向延伸模式是指主要用于资源尚未用尽的城市，在资源开发的同时，大力发展与资源开发的相关产业，并创建基于资源加工的纵向延伸式。资源型城市应发挥本地资源优势，整合上游和下游的产业，推动产业深度发展。当纵向延伸达到一定的规模，整个地区将形成资源产业的集聚区，形成集聚效应，带来便捷的交通，成熟的技术，降低的交易成本，完善的配套产业和良好的服务体系，为相关产业的可持续发展创造了良好条件。

（2）替代模式。替代模式是指新兴产业对原有产业的替代，对于资源型城市来讲，就是不断培育出的接续产业摆脱对资源的依赖，建立带动一个新的产业体系，这种转型是资源型城市追求的终极目标，是最为彻底的模式。该模式主要用于资源的开采成本较高，资源即将枯竭的城市，借助多年积累的资本，技术，产业基础，市场支持和其他因素，建立新的产业体系，吸引劳动力到新兴产业工作，摆脱资源产业的主导地位。对于许多资源型城市是非常具有挑战性的，但也是一个必须要面对的挑战。

（3）多元复合模式。在实践中，大多数资源型城市产业转型不表现单一的模式，而是将上述两种模式综合起来，形成多元复合模式。这种模式有产业延伸和替代产业。该模式既能充分发挥资源延伸产业链的作用，又能借鉴一些非资源产业城市的优点，往往是众多资源型城市的最佳选择。通过多元复合模式，一方面可以减缓资源枯竭的时间；另一方面可在缓冲期大力发展新的替代产业，实现资源型城市的可持续发展。

本章的实证分析对象——呼包鄂城市群，从社会、经济和自然子系统可以看出，目前呼和浩特城市建设发展势头较好，当地政府也在逐年加大对城市的建设力度，但是从经济发展与其他城市相比较来看，城市建设和发展过程中还存在一些问题需要解决。包头市是一座资源型的城市，经济的发展离不开资源的支持，是按照传统经济增长模式来发展，在经济增长的同时，还要注意保护环境，对环境的改善应投入大量的资金。由此提出的解决措施就是在总体上建立与可持续发展相协调的战略措施。不能只单一地注重经济的快速增长，在考虑经济结构优化的同时，改变传统的经济增长模式，提高资源的有效利用率，由经济的快速增长变为高效率增长，减少对环境的破坏。鄂尔多斯同时也是资源型城市，拉长煤炭的产业链，增加附加值。如大力发展煤电、煤制油、煤制气、煤制甲醇、煤制乙二醇、煤制烯烃等一系列科技含量高、市场前景好的产业。

产业转型的最终目标是摆脱对资源的依赖，社会经济的发展要形成以创新产业为主导，资源深加工产业为支撑的产业体系。目前呼包鄂城市群资源型产业的发展处在成熟阶段，与此同时，经过多年的探索，该城市群已逐步培育发展出一些新兴产业，他们的选择模式是多元复合模式。

二、产业转型启示

从呼包鄂城市群产业结构内部来看，增进产业间聚集程度是资源富集地区产业转型的有效路径。加快呼包鄂城市群内产业间聚集程度是促进内蒙古地区产业转型的重要举措。呼包鄂城市群在内蒙古地区的龙头带动作用，主要体现在服务业和协调各地制造业发展等方面。经济学揭示区域内部需要制造成本和交易成本相对低的合理分布，在内蒙古区域内部，通过构建区域一体化思路，呼包鄂城市群可以降低交易成本，而其他区域可以很好地控制制造成本，使内蒙古地区成为西部乃至"一带一路"沿线地区交易成本和制造成本综合较低的区域，提高城市群的生产性服务业比重，例如金融、现代交通运输、商务等生产性服务业的发展水平，这样才能保障内蒙古地区高质量发展。

加快城市群产业嵌入全球价值链，改造低端产业，资源型产业以及劳动密集型产业，促进内蒙古地区高质量发展和产业升级，需要充分结合京津冀一体化和"一带一路"建设。呼包鄂城市群具有重要的战略位置，紧邻京津冀一体化区域，是"一带一路"建设发展重要节点，产业转型升级需要有跨区域发展视野，城市群产业布局需要构建更为广阔的格局，尤其产业升级抓住京津冀一体化战略，主动承接转移出的优质产业，重视"一带一路"沿线地区和国家的产业需求，主动融入产业分工；积极链接长三角和珠三角产业分工布局，通过发展产业飞地、设立高水平产业和工业园区等方法实现城市群的产业升级转型，逐渐吸引京津冀地区企业向呼包鄂城市群转移，发挥区域先得优势。努力改变呼包鄂城市群传统产业多新兴产业少的局面、结合内蒙古地区能源优势，促进产业向世界能源技术革命转型，做好现代能源产业，最终通过呼包鄂城市群经济快速发展，带动内蒙古地区乃至西部地区经济实力提升。

呼和浩特市聚集度较高的行业主要集中在医药制造业、电气机械及器材制造业、烟草加工业等行业，包头市在呼包鄂城市群具备较多行业的比较优势，产业集聚程度相对较高，机械设备制造业、轻纺、冶金及化工等产业的聚集程度明显；鄂尔多斯市则在石油加工及炼焦业、纺织业和化学原料及制品制造业的集聚度较高。通过比较整体地区状况发现，虽然城市群内的较多制造业行业有明显的集聚趋势，但普遍程度不高，难以形成产业布局优势，为了实现优势产业集聚，促进产业转型，政府应该着力采取如下措施：

（1）加强基础设施和服务设施建设，提高城市化水平。基础设施和服务设施，是构建城市城市群集聚功能、推进城市一体化进程的关键所在。一方面，应加快完善城市公共基础设施建设，重点加强省际及城市群内部的公路、铁路、航空等交通运输设施及运输网络建设，充分发挥呼包鄂城市群的交通枢纽作用；另一方面，发达完善的交通运输网络只是降低运输费用的物质前提，优化交通管理、加强物流组织等建设也是不可缺失的。

（2）调整产业结构，促进产业一体化发展。城市群整体竞争力关键在于产业竞争力，而产业竞争力的关键则是在于产业的优势特色。应当从呼包鄂各自的优势产业出发，制定完善的产业发展政策，合理定位，明确各市发展重点，按照优势互补、资源共享的原则，促进产业互补互动，积极打造呼包鄂经济圈。

（3）加大招商引资力度，拓宽融资渠道。借助外力发展是呼包鄂经济圈取得长远发展的必然选择，取得地区循环升级的源头活水。利用新性融资方式，推动企业战略重组和资本运营，利用良好的招商引资条件，为高技术水平、高附加值的资源深加工企业和现代服务业企业的发展提供雄厚的资金基础。

三、资源型产业转型对策建议

1. 注重对资源的开发保护，并延长产业链

对于呼包鄂城市群的资源，应加大对矿区生态建设的保护以及矿产资源的开发监督工作，有关部门应在矿产资源开发过程中做到全程监督，全面实施《中华人民共和国矿产资源法》中的有关保护和合理利用矿产资源的规定，并做好后续监督矿产资源开发后的工作。对于矿产资源的保护，要做到"禁止乱采滥挖、破坏矿产资源"，加强保护和合理利用矿产资源的执法力度。对于已经消耗的矿产资源，要加强城市群矿产生态恢复的管理工作，依靠科学技术，降低经济发展对矿产资源的消耗水平，使矿产资源得到最有效利用。各矿区设立防治环境污染和生态破坏活动的协调机构，对矿区的生态环境问题给予及时发现和解决。各城市政府出台相关的生态环境补偿政策，将责任直接落实到组织和个人。

在开发保护的同时，应该发挥城市群的资源优势，突破经济发展"一煤独大"的瓶颈，是一个很紧迫的问题，应尽快改变资源型为主导的经济结构，以煤为基，多元发展，延长资源的产业链。煤炭采掘业是一个产业关联性很大的一个产业，如煤电、煤制油、煤制气、煤制甲醇、煤制乙二醇、煤制烯烃等一系列科技含量高、市场前景好的产业。把产业的上游和下游相结合，其附加值和科技含量也将大大提高，从而实现煤炭产业的深层次发展。当纵向延伸达到一定的规模，整个区域将形成集聚效应，地区将转变成为煤炭资源加工产业集聚区，进而带来便利的交通，成熟的技术。同时可借鉴国外产业转型的成功案例，加大创新研发力度，强化产业配套和衔接，围绕煤炭做配套，发展相关的配套产业，如发展煤炭物流、煤炭的洗选配，提高煤炭的使用效率。推动向特殊化方向发展，大力发展一些替代产业，培育新的经济增长点，例如汽车制造等项目，打造终端产品。形成具有呼包鄂城市群特色的多元化产业体系。

2. 加快发展现代服务业

利用内蒙古草原文化、沙漠文化等特色，加快发展旅游业文化，目前呼包鄂城市群旅游发展没有成熟，存在资源分布上较零散，旅游项目单一等问题，但城市群中有很多景点，例如呼和浩特市的五塔寺、大昭寺、昭君博物馆、清真大寺内蒙古博物馆等具有民族特色的景点；包头市像黄河包头段景观以及美岱召、五当召和成吉思汗陵园等自然、人文景观；鄂尔多斯市成吉思汗文博园、响沙湾、黄河峡谷等一批精品旅游景区；把呼包鄂城市群的成吉思汗文化、煤文化、沙漠

文化、草原文化、美食文化传播出去，深入挖掘文化内涵，充分发挥"康巴什4A级景区""东胜避暑休闲之都"等的品牌效应，建设具有民族特色的旅游度假基地。

其中包头市还拥有着工业发展历程中形成的特有工业景观，如包钢集团、北方兵器城等。所以针对这种情况，包头市旅游局应进一步加大资源整合力度，完善旅游发展规划，加强基础设施建设，努力打造具有内蒙古特色的亮点工程和具有草原民族风情和包头城市特色的旅游品牌。在大力发展旅游业的同时，要保护性的开发，应注重旅游景点的基础设施建设与生态环境承载力相适应问题。合理开发特色旅游资源，科学安排旅游线路，减少旅游区的生态破坏。

3. 依靠技术进步和人才引进，推动产业向高端迈进

科学技术的进步和创新是产业转型的基础。利用技术创新对原有资源型企业进行技术改造，研发新产品，增强产品竞争力，逐步实现产品深加工化。用先进的管理经验对企业进行科学管理，使企业达到高效率化，树立走出去意识，增强市场的占有率，促进企业的发展和壮大，实现企业的现代化。对于新产业的发展，要摒弃传统的发展老思路，在技术和管理上创新才能赢得发展的先机。在以后的发展中，要不断开阔视野，不断进行技术创新和人才的引进，建立人才培养机制，选拔具有创新精神的优秀青年作为后备人才，建立企业的人才管理库，通过进修、学术交流活动等，培养出能使企业可持续发展的技术性人才，归根到底，这些都要靠不断的技术进步和创新来支撑。

目前城市群信息网络基础设施不完善、信息资源共享度低，与工业化的结合不紧密等问题，要想实现产业转型升级，必须推进信息技术的发展，构建信息基础平台，并通过建立企业信息化工程、工业信息化工程、农牧业信息化工程、信息基础设施建设工程等，实现信息化带动工业化的发展，全面推进内蒙古的信息技术和经济的发展。

所以促进产业的发展，企业应拿出资金对产业和人才进行支持，在人才的引进、培养和管理上采取措施，资金用于对后备人才进行培养以及对有贡献的人才进行奖励，调动人才的积极性，并稳住科技人才队伍。建立高效的科技创新体制，强化科技成果和实用技术的普及和应用，提高科学技术对产业结构转型升级的贡献率。

4. 加强环境立法工作，大力发展循环经济

在未来的环境工作保护中，把重点放在定量管理，提高环境保护工作宣传力度和透明度，接受群众的监督，让广大群众知道环境保护的重要性。各城市政府应明确职责，制定环境考核评比制度，使城市环境保护工作目标明晰化，同时对政府的相关部门提出要求，加强管理，定期定量考核环境建设、质量管理等方面，由主要负责人亲自抓，督促完成。

　　在城市群中大力发展循环经济，调整经济结构、转变增长方式的根本措施是减少污染排放和节能减耗。突出做好钢铁、铝业、化工和稀土等重点行业和耗能大户的节能工作。全面构筑循环经济发展体系，推动包钢、包铝等循环经济试点企业以及其他重点企业循环经济示范项目。企业是循环经济发展的主力军，所以企业应调动其积极性，搞好工业企业三废的综合治理。在节约资源、环境管理、产品研制和技术开发等方面发挥主人翁作用，按照"减量化、再利用、资源化"的要求，实现工业企业的清洁生产和可持续发展。

　　水资源是极其重要的资源，呼包鄂城市群地处我国西部干旱、半干旱地区，水资源较缺乏，应对现有的状况采取相应的措施，从全局出发，水资源的开发与利用要全面综合协调，平衡工农业和生活用水量。合理控制地下水开采，做到采补平衡。严禁将工业垃圾和生活垃圾向水中倾倒，避免水体的进一步污染；二氧化硫等空气污染物的大量排放，污染了大气中的水资源，所以应严格控制大气污染物排放量。有关部门应加大力度，加强环境综合治理能力和加大污水处理设施建设的投资力度。在工业企业中，要逐步控制工业废水的排放量，利用先进技术来提高工业废水的达标率，加强对高耗水项目的监督与管理。

5. 发挥政府在产业转型中的主导作用

　　资源型地区产业转型问题直接关系到区域的长久生存和发展问题，因此政府都十分重视产业转型问题，一个强有力的政府的引导和推进，对产业转型是极其重要的。在主持转型工作中，政府可以成立一个由金融机构、资源型企业以及专家等组成的专门机构，来协调资源型地区的接续产业培育等问题。这个机构必须站在推动区域经济可持续发展的战略高度，冲破眼前利益和地方利益的局限，提供全面而系统的政策支持，营造良好的政策环境，在政策上支持发展。

　　产业转型同样需要政府的资金支持。一方面，对于生产力低下的旧式资源型企业应该实行退出援助政策，政府可设立特定的产业退出准备金，用于对退出人员的安置、再就业培训等问题。从而促进落后企业的淘汰。另一方面，政府的资金同样应用于新企业的建立，新产业的扶持，需要政府借助财政力量去支持萌芽企业的发展，同时出台减免税等政策去鼓励支持新兴产业的发展，这对于产业的培育和发展都具有重要的作用。

第七章

城市群交通网络结构

在区域经济及社会发展的过程当中，交通网络既是区域发展重要内容，也是区域协调的联系纽带，既是重要的经济工作，也是重要的民生工作。实现呼包鄂城市群率先发展、协同发展，交通运输协同发展要先行。呼包鄂城市群位于华北、西北和京津冀的接合部，为西部大开发的主要区域，并有京包、京藏交通动脉，也是国家西部大开发的重要出海通道，区域优势非常明显，战略位置也异常突出。

《呼包鄂城市群规划（2010—2020年）》提出将呼包鄂城市群建成有开发度、辐射力，结构好、发展快、经济和社会和谐等的发展目标，形成以呼包鄂地区为重点区域，以沿黄河、沿线城镇为重点发展，以中心城市、县城两级和城镇为多极的城镇发展体系。着重强化"井"字形走廊建设，统筹区域重大建设。大力推动核心区域公共服务设施、交通、信息资源、区域市场、物流建设一体化等方面产业发展。

2016年5月，《呼包鄂协同发展规划纲要（2016—2020年）》发布，到2018年3月，《呼包鄂榆城市群发展规划》获国务院批复，两个对呼包鄂城市群发展起到重要推动作用的规划都提到建设综合交通运输体系，统筹综合交通运输网络一体化建设对提升城市群协同发展和开放合作的保障支撑能力的重要作用。

《呼包鄂榆城市群发展规划》深化了《呼包鄂协同发展规划纲要（2016—2020年）》的内容，规划期到2035年，对城市群交通网络的规划主要包括以下四点。

（1）提升城市群内部联通水平。构建完善的综合运输通道骨架，优化干线铁路、城际铁路和专支线铁路网络。完善公路运输网络，有序实施国家高速公路建设，推进国省干线公路升级改造，加大农牧区交通基础设施建设力度，提升公路交通安全设施防护能力。

（2）畅通对外陆路交通通道。有序推进京包（头）、包（头）银（川）、包（头）西（安）等铁路建设，改造提升包茂高速、荣乌高速、青银高速以及国省干道，畅通通往二连浩特、满都拉等边境口岸和秦皇岛、曹妃甸、黄骅港等沿海港口的公铁、铁海联运通道，重点建设大能力货运铁路和重载公路，改造繁忙干线、主要枢纽及客货站场，促进与京津冀、关中平原、宁夏沿黄、山西中部等城市群紧密连接。

（3）打造综合航空运输体系。培育呼和浩特的区域航空枢纽功能，增强对周边的辐射能力。提升包头、鄂尔多斯等其他机场发展水平，支持加密呼和浩特、鄂尔多斯与蒙俄两国主要城市的直达航班。加快呼和浩特新机场建设，推动包头、鄂尔多斯机场改扩建，规划建设支线机场、通用机场和直升机起降点，加快推进靖边通用机场建设。优化航线网络，提高航班密度，拓展短途运输、通航包机飞行和空中游览等航空业务。

（4）加快综合交通枢纽建设。加强以机场、高铁站、公路客货站场为中心的综合交通枢纽建设，优化枢纽内部交通组织，优先发展城市公共交通，实现客运"零距离"换乘和货运"无缝化"衔接。提升呼和浩特全国性综合交通枢纽城市的功能，推进包头、榆林建设全国性综合交通枢纽城市，推进鄂尔多斯建设区域性综合交通枢纽城市。到2020年，区域一体化交通网络基本形成。

第一节　交通网络概况

本节主要介绍《呼包鄂协同发展规划纲要（2016—2020年）》开始实施后呼包鄂城市群的交通网络概括。数据来源主要包括最近五年《内蒙古统计年鉴》《呼和浩特经济统计年鉴》《包头统计年鉴》《鄂尔多斯统计年鉴》《中国城市统计年鉴》《中国交通统计年鉴》及民航资源网等权威性文献。还包括《呼包鄂榆城市群发展规划》、2017年5月5日在呼和浩特市召开的呼包鄂协同发展市长联席会议共同签署的《2017年呼包鄂协同发展市长联席会议十项共识》《鄂尔多斯市加快推进呼包鄂协同发展实施方案（2016—2020年）》《内蒙古以呼包鄂为核心沿黄河交通干线经济带重点产业发展规划（2010—2020年）》《国务院关于进一步促进内蒙古经济社会又好又快发展的若干意见》，以及"十个全覆盖"工程等政策性文件提到的包括已经落实的到2020年的规划项目的数据。

呼包鄂城市群的基本概况是城市群面积不是太大，人口密度也较小，属于内陆地区，所以城市群内部交通网络比较简单。主要包括公路网络、铁路网络和航空网络，下面分三部分基于2012~2016年的统计数据对呼包鄂城市群的交通网络概况进行介绍。

一、公路网络及公路运输

呼包鄂城市群三市之间的主要运输方式是公路运输，截至2016年12月，呼包鄂城市群内部通路里程达到 39284 公里，其中等级公路 37958 公里。等级公路占比总通车里程的 97%，略高于内蒙古自治区该数据的 96%，高于全国该数据的 90%。区域内所有乡镇、具备条件的村全面实现了通沥青水泥路，其中乡镇通达率 100%，建制村通达率也达到 99.8%。

　　图 7 - 1 和图 7 - 2 给出了呼包鄂城市群 2012 ~ 2016 年的公路里程变化情况、公路网密度及三市政府用于道路建设的固定资产的基本信息，可以得到这 5 年每年都保持 170 亿元以上的投资，公路里程逐年增加，《呼包鄂协同发展规划纲要（2016—2020 年）》的实施对城市群道路交通的建设起到极大的推动作用。

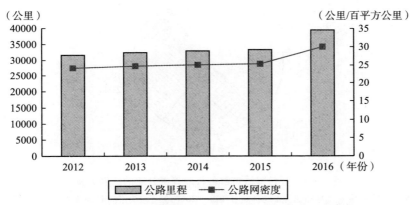

图 7 - 1　呼包鄂城市群 2012 ~ 2016 年公路里程及公路网密度

资料来源：笔者根据相关年度《内蒙古统计年鉴（2017）》数据整理所得。

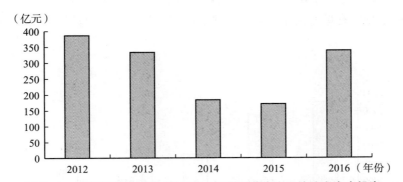

图 7 - 2　呼包鄂城市群 2012 ~ 2016 年用于道路建设的固定资产投资

　　资料来源：笔者根据相关年度《呼和浩特市经济统计年鉴》《包头市统计年鉴》《鄂尔多斯统计年鉴》数据整理所得。

　　图 7-3 给出截至 2016 年底，各行政等级公路所占总公路里程的比例，从图中不难看出，呼包鄂城市群中国道所占比达到 10%，与内蒙古自治区该数据 10.6% 持平，远高于全国该数据 2% 的水平。另外，这些公路中包含高速公路 1791 公里，占总公路里程的 5%，高于内蒙古自治区该数据 3%（资料来源《中国交通统计年鉴》）的平均水平，高于全国该数据 2%（资料来源《中国交通统计年鉴》）的平均水平。

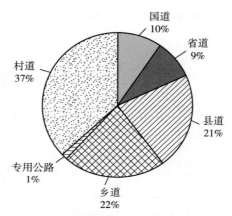

图 7-3　呼包鄂城市群各行政等级公路的比例关系

资料来源：笔者根据《呼和浩特市经济统计年鉴（2017）》《包头市 2017 统计年鉴》《鄂尔多斯 2017 统计年鉴》数据整理所得。

　　图 7-4 和图 7-5 分别给出了呼包鄂城市群 2012~2016 年公路客运量和公路客运周转量，尽管 2012 年的统计数据由于统计方法的不同，统计量偏高，但是随着私家车保有量的逐年增加，短途公路客运量及客运周转量减少成为不争的事实。

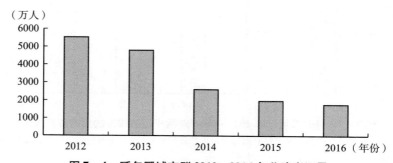

图 7-4　呼包鄂城市群 2012~2016 年公路客运量

资料来源：笔者根据相关年度《呼和浩特市经济统计年鉴》《包头市统计年鉴》《鄂尔多斯统计年鉴》数据整理所得。

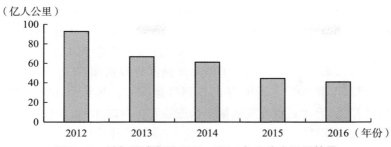

图 7 - 5　呼包鄂城市群 2012～2016 年公路客运周转量

资料来源：笔者根据相关年度《呼和浩特市经济统计年鉴》《包头市统计年鉴》《鄂尔多斯统计年鉴》数据整理所得。

途经呼包鄂城市群的国家级高速公路有京藏高速（G6）、京新高速（G7）、荣乌高速（G18）、呼大高速（G59）、包茂高速（G65）等，也包括国道干线110 国道、109 国道、209 国道、210 国道等。

途经呼包鄂的省级公路有呼白高速（S22）、兴巴高速（S24）、鄂银高速（S26）、呼准高速（S31）、呼和浩特机场高速（S43）、包头机场高速（S44）、鄂尔多斯机场高速（S46）、包头绕城高速（S56）、东胜绕城高速（S57）、S101、S102、S103、S104、S105、S209、S210、S213、S214、S311、S313 等。

呼包鄂城市群的长途公共客运也比较发达，是中短途出行的首要选择。目前，呼和浩特市有长途汽车客运站三家，包括呼和浩特市长途汽车站、呼和浩特市通达长途汽车南站和呼和浩特市汽车客运西站。各种运营车辆突破 500 辆，发往区外的定期长途班线涵盖了超过 11 个省份的部分城市，如北京、天津、石家庄、太原、西安、郑州和银川等城市，也包括大同、淄博、大连等热门旅游城市。发往区内的定期中短途班线有包头、鄂尔多斯、巴彦淖尔、乌兰察布、锡林浩特等，形成以呼和浩特市为中心，向周边省、自治区盟市畅通的客运网络。包头市现有长途汽车客运站两家，包括包头长途客运总站和包头昆区长途客运站，长途客运也基本覆盖了与呼和浩特客运站相同的到达城市。鄂尔多斯有长途汽车客运站两家（鄂市运输集团东胜汽车站、鄂尔多斯市正道运输集团东胜汽车南站），长途客运可直达北京、石家庄、府谷、大同、淄博等地。

二、铁路网络及铁路旅客运输

呼包鄂城市群区域内与区域外相连的铁路干线主要有京包铁路（北京—包头）、集包铁路（乌兰察布—包头）、包西铁路（包头西—西安张桥）、包兰铁路（包头—兰州）、集二铁路（集宁—二连浩特）、集通铁路（集宁—通辽）等。呼包鄂城市群现有铁路客运站 7 个，包括呼和浩特站、呼和浩特东站、包头站、包头东站、东胜东站、东胜西站及鄂尔多斯站。这些车站都具备接发动车组的能力。目前该 7 个车站始发列车 62 余列，过路列车 52 余列。2016 年，累计发送旅客量为 1728 万人次，其中呼和浩特火车站共计发送旅客 910 万人次，包头火车站共计发送旅客 743 万人次，鄂尔多斯火车站共计发送旅客 75 万人次。图 7-6 给出了呼包鄂城市群 2012~2016 年的铁路客运量。虽然私家车保有量在逐年增加，尽管我们无法统计总旅客发送量中长途旅客所占的比例，但是如果远距离出行，火车还是首要选择。尤其是将于 2019 年开通的呼张铁路客运专线，必将对铁路网络的布局及铁路旅客的运输带来巨大的变化。

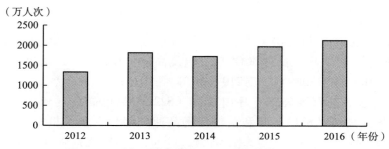

图 7-6　呼包鄂城市群 2012~2016 年铁路客运量

资料来源：笔者根据相关年度《呼和浩特市经济统计年鉴》《包头市统计年鉴》《鄂尔多斯统计年鉴》数据整理所得。

此外已经列入《呼包鄂协同发展规划纲要（2016—2020 年)》中新建的快速客运通道：呼和浩特—包头—银川、呼和浩特—集宁—大同、包头—鄂尔多斯—西安、呼和浩特—鄂尔多斯高铁线路也正在建设中。

三、航 空 网 络

呼包鄂城市群现有机场 3 个，呼和浩特现有白塔国际机场，机场等级为 4E 级，距离市区 14 公里，2017 年呼和浩特白塔国际机场共保障运输飞行 9.6 万架次，旅客吞吐量 1035 万人次，货邮吞吐量 4 万吨，同比分别增长 18.5%、26.4% 和 5.8%。呼和浩特机场航空运输生产呈现良好的发展态势，旅客吞吐量和运输起降架次两项主要指标的增速均高于全国平均水平，在国内省会机场中排名前列。呼和浩特机场 2017 年共运营航线 172 条，同比增加 21 条，共有 42 家航空公司参与运营，通航城市 80 个，省会城市除拉萨外继续保持全部通航。

包头市有二里半机场，机场等级为 4D 级，是华北地区主要支线机场，机场距市区 22 公里，共开通航线 59 条，通航城市 57 个（国内城市 48 个，国际及地区城市 9 个），2017 年累计完成吞吐量 210 万人次。

　　鄂尔多斯有伊金霍洛机场，位于内蒙古自治区鄂尔多斯市伊金霍洛旗布尔台格乡，北距东胜区 45 公里，距康巴什新区 18 公里。机场等级 4E 级，可起降波音 747，空客 A320 等型客机，是华北地区首家支线 4E 级国际机场，是南苑机场及首都机场的备降场，国航首选飞行训练基地。2016 年 4 月开通首条国际航线。此次航行的开通，标志着鄂尔多斯迈出了从"空中通道"走向世界的第一步。共运营航线 53 条，通达包括曼谷、普吉岛、芭堤雅、伊尔库茨克、莫斯科，巴淡岛、芽庄、法兰克福、海生崴、特拉维夫、叶卡捷琳堡、新西伯利亚等在内的国际国内城市共计 54 个，2017 年累计完成吞吐量 210 万人次。

　　呼包鄂城市群 3 个机场 2017 年年吞吐量达到 1455 万人次。图 7 – 7 给出了呼包鄂城市群 2012～2016 年航空运输的吞吐量。结果表明远距离出行，飞机和火车仍然是出行者的必然选择。

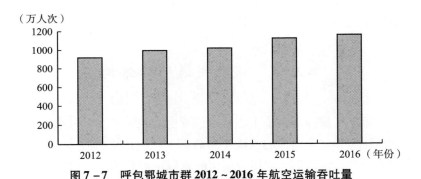

（万人次）

图 7 – 7　呼包鄂城市群 2012～2016 年航空运输吞吐量
资料来源：根据相关年度中国民用航空局的年度统计公报制作。

　　航空运输在较远距离长途客运方面具有速度快、舒适度高等特点，随着人们生活水平的提高，收入的增加，对原有飞机票偏高的影响逐渐减弱，例如旅客从呼和浩特前往深圳，直达的飞机仅需要 4 小时，即使加上提前 2 小时的候机时间，甚至考虑上晚点时间，也远低于呼和浩特到深圳直达列车需要的 34 小时，而且需要在火车上待两个晚上，当然也可以选择从北京换乘高铁到深圳，这种方式也是费时费力。但是如果高铁网络从无到有或者随着高铁网络的密度增加，必将导致航空公司不断降低飞机票票价或者根据情况推出打折机票，有部分时段甚至低于同方向火车卧铺票价，吸引了铁路部分直通客流。这对出行旅客肯定是利好消息。

　　2012 年 5 月，呼和浩特市党政联席会议研究通过呼和浩特白塔机场搬迁事项。新机场被正式命名为呼和浩特盛乐国际机场。新机场要建成国内重要的干线机场，首都机场的主备降场，西部地区大型区域性枢纽机场，以连接国际、国内大型城市航线和区内航线为主，兼顾国内二线、三线城市，辐射鄂尔多斯、包头等周边城市，并与呼包鄂城际快速铁路互联互通。新机场为4F级机场，可以起降各种大型飞机，配套设施必须保障空中客机A380飞机（全重560吨）起降。目前我国的4F级机场有首都国际机场、广州白云国际机场、上海浦东国际机场等。新机场规划到2050年，满足旅客吞吐量达6500万人次，届时新机场将有4条跑道，航站楼总面积约60万平方米。

随着人们的物质生活条件的改善及精神生活的提高，对出行方式的选择要求也越来越高，对交通工具出行的选择也慢慢趋于理性。开始出现出行的固定消费人群。如（1）选择公路出行，人们更侧重于其具备灵活性、舒适性和安全性的考虑，尤其是高速公路网络的建设和完善较以往都有很大的提高。（2）选择铁路运输出行，人们主要考虑铁路运输具有受气候变化影响小、安全性能高、正点率高的优势是其他运输方式无法比拟的。（3）选择航空运输出行，人们主要侧重于时间和速度，当然如果飞机票价折扣幅度比较大，必然会吸引部分铁路中长途客流，但是航空毕竟运力小，无法对铁路运输造成大的冲击。

第二节　城际交通网络结构

呼包鄂城市群区域内部3个中心城市位置之间相差不大，三市呈"品"字形分布，呼和浩特—鄂尔多斯市的直线距离约273公里，呼和浩特—包头市的直线距离约为187公里，包头市—鄂尔多斯市的直线距离约为146公里，呼包鄂城市群共包含27个旗县区，县级城市间最大距离约为592公里，为呼和浩特市的武川县—鄂尔多斯市的鄂托克前旗。由于2014～2016年内蒙古自治区实施的"十个全覆盖"工程结束，城市及农村基础设施发生了巨大的变化，所以有必要详细介绍三市的内部交通网络的基本情况，分析城市群内部各种交通网络的耦合关系和交通网络的毛细血管对区域整体所起的作用。

一、交通基本情况

（一）呼和浩特城市交通基本情况

呼和浩特市内蒙古自治区的首府，是"一核两翼三带四区"空间格局中占核心地位。呼和浩特市的行政区域分为4市辖区（回民区、玉泉区、新城区、赛罕区）、4县（托克托县、清水河县、武川县、和林格尔县）、1旗（土默特左旗）。截至2016年底，呼和浩特市总的公路里程为7696公里，其中等级路为 7482 公里。2016 年，呼和浩特市公路客运量 466 万人次，客运周转量为 12.9 亿人公里。

图 7-8 是 2012~2016 年呼和浩特公路里程的变化情况。图中可以看出呼和浩特的公路里程逐年增长，这说明作为西部省会城市，交通的基础建设处于飞速发展期，尤其是在"十个全覆盖"工程的收官之年公路里程增长明显。

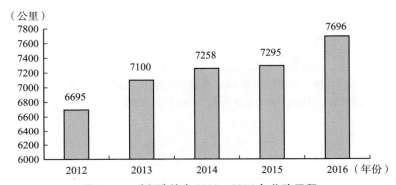

图 7-8　呼和浩特市 2012~2016 年公路里程

资料来源：笔者根据《内蒙古统计年鉴（2017）》数据整理所得。

图 7-9、图 7-10 和图 7-11 分别给出截至 2016 年 12 月城区、各旗县及全市平均公路网密度，每万人及每亿元地区生产总值的等级公路里程数。

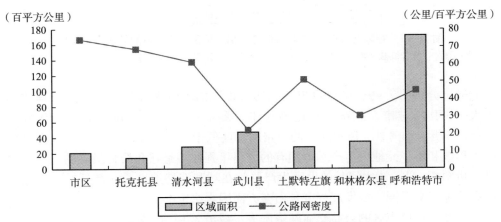

图 7-9　呼和浩特市 2016 年各区域公路网密度

资料来源：笔者根据《呼和浩特市经济统计年鉴（2017）》数据整理所得。

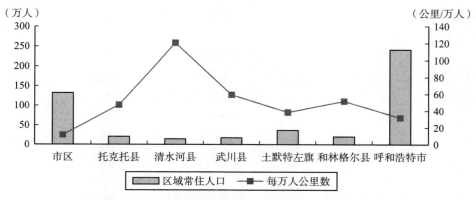

图 7 – 10   呼和浩特市 2016 年各区域每万人的等级公路里程

资料来源：笔者根据《呼和浩特市经济统计年鉴（2017）》数据整理所得。

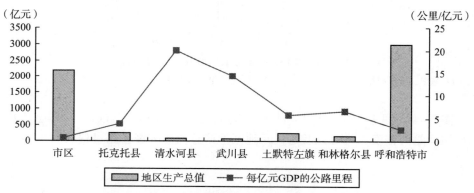

图 7 – 11   呼和浩特市 2016 年各区域每亿元地区生产总值的等级公路里程

资料来源：笔者根据《呼和浩特市经济统计年鉴（2017）》数据整理所得。

　　通过分析图 7 – 9，可以看出呼和浩特市区的单位平方公里的公路里程数远远大于旗县级城市，这符合稳定型城市发展的一般规律。利用图 7 – 10 和图7 – 11 分析清水河县，清水河县的公路网密度低于呼和浩特市区，但万人拥有公路里程数和每亿元地区生产总值拥有的公路里程数却是呼和浩特最高的，但是通过分析图 7 – 11，清水河县的地区生产总值在呼和浩特地区是比较低的，这也说明影响地区交通网络的发展程度是由多方面因素决定的。

　　呼和浩特市市区的公共交通网络密集，截至 2016 年 12 月，全市交通线路超过 100 条，运营车辆 2000 多辆，包括免费的公交环路青城 1 号和青城 2 号。出租车数量为 6568 辆，为了促进旅游的发展，开通了铛铛车公交专线。图 7 – 12 是 2012 ~ 2016 年公共交通的客运周转量。数据显示所统计周期内一直保持增长趋势，也进一步说明呼和浩特市对公共交通的投资逐年在增长。

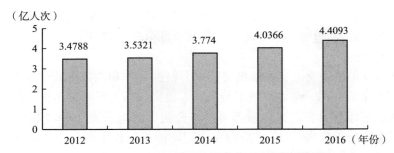

图7－12 2012～2016年公共汽电车的客运周转量

资料来源：笔者根据《呼和浩特经济统计年鉴》数据整理所得。

近几年，呼和浩特市机动车保有量也呈高速增长趋势，根据呼和浩特市交管支队车管所公布的统计数据显示，2017年新增机动车11.1万辆，总的保有量达到110万辆，图7－13是2013～2017年机动车保有量的变化趋势。

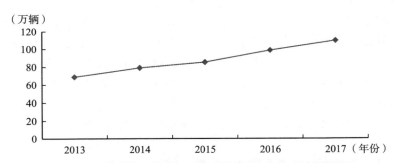

图7－13 呼和浩特2013～2017年机动车保有量变化趋势

资料来源：根据呼和浩特市交管支队车管所网站公布数据制作。

从图7－13可以看出，机动车保有量的飞速增长，必然给城市道路带来极大的压力，为了有效缓解市区日益增长的交通拥堵，2016年呼和浩特建设完成了内蒙古自治区首条城市快速路——二环快速路。全长65.31公里，为缓解城市交通拥堵发挥了重要的作用，成为市民出行的首选。随着二环快速路的建成，以二环快速路为载体的快速公交系统（bus rapid transit，BRT）公交车也于2017年5月投入试运行，有效地丰富了市民的出行选择。此外呼和浩特市三环快速路也于2018年开工建设。三环路主要是利用已有的国道，高速路及已经纳入呼和浩特道路建设规划的布局相结合，形成环线。三环路是呼和浩特快速路网重要组成部分，是沟通城市东西南北的主要干道，起着连接城乡的作用。

2017年11月，呼和浩特又启动了高架快速路网工程，在城市多条主干道实施高架桥工程，计划2018年底完工，建成后将基本实现道路交通网络"10—

20—40"的出行目标，即居民出门 10 分钟进入快速路系统，在快速路上行驶 20 分钟，下快速路 10 分钟到达目的地，实现市区范围内点到点通行时间不超过 40 分钟的目标。

呼和浩特的轨道交通也在积极完善中，根据《呼和浩特市城市轨道交通线网规划》有 5 条通线路，基本覆盖了城区的人流密集区，并满足居民出行的需求。

根据高德地图联合交通运输部科学研究院、阿里云发布的《2017 年度中国主要城市交通分析报告》，呼和浩特在中国堵城排行榜中位于第四名，仅次于北京、哈尔滨和重庆。呼和浩特市目前的交通状况为主要道路高峰时段基本处于饱和和接近饱和状态，现状路网难以适应日益增长的交通需求。因此，上述提到的城市快速路及轨道交通的建设是及时的。

但是 2017 年呼和浩特常住人口为 311 万人，市区常住人口为 215 万人，2017 年机动车的保有量为 110 万辆，这里有必要分析一下产生的原因。（1）与其他城市一样，呼和浩特的学校、医院及其他公共设施主要集中在主城区中心，这个事实短时间内无法改变，而且早晚高峰也无法错峰出行，造成拥堵必然。（2）呼和浩特最近几年主干道一直处于施工状态，如上面所述地铁 1 号线和 2 号线的开工建设及高架快速路网工程的开建，造成诸多城区主干线修改通行方向，公共交通线路改道，交通灯设置临时变更等，这也是造成拥堵的原因之一。但是笔者认为这两个原因是高速发展的中小城市都存在，笔者还认为还有一个原因需要我们认真考虑，那就是道路使用者基本素养的欠缺。如何缓解呼和浩特城市交通的拥堵，需要多管齐下，多部门共同协作及提高全体道路使用者的基本素养下才能达到。

由于呼和浩特市城区与 5 旗县的距离比较短，所以出行主要有两种方式：乘坐公共交通出行和私家车出行。市区和 5 旗县基本实现了半程及以上距离是高速公路的要求，尤其是 2017 年开建的金盛快速路，连接和林格尔县新区与呼和浩特市主城区的交通要道，已经列入自治区"七网"重点项目规划，从主城区到和林格尔新区只需 15~20 分钟，极大地方便了两地之间的出行。表 7 - 1 是市区与 5 旗县连接高速公路的名称。

表 7 - 1　　　　　　　呼和浩特主城区与 5 旗县连通高速公路名称

出发地	高速公路名称	目的地
呼和浩特市	S31 呼准高速	托克托县
呼和浩特市	209 国道	清水河县
呼和浩特市	G59 呼北高速	和林格尔县

续表

出发地	高速公路名称	目的地
呼和浩特市	S104 省道	武川县
呼和浩特市	G6 京藏高速	土默特左旗

通过建设二环快速路和开建的三环快速路和高架快速路网，市区居民可以保证在 1 ~ 3 小时的区间内到达五旗县。此外，5 旗县除由长途客车衔接外，也基本实现了高速直达或者几程高速转换到达的目标。当然呼和浩特的交通还在不断完善中，一定会对呼包鄂城市群的整体交通网络起到稳定作用。

（二）鄂尔多斯城市交通基本情况

鄂尔多斯的行政区域分为 2 市辖区（东胜区、康巴什区）、7 旗（达拉特旗、准格尔旗、鄂托克前旗、鄂托克旗、杭锦旗、乌审旗、伊金霍洛旗）。由于鄂尔多斯的行政区域面积是 8.7 万平方公里，是呼和浩特面积的 5 倍，是包头市面积的 3 倍，所以鄂尔多斯总体公路里程比较长，为 22640 公里，其中等级路为 22028 公里。2016 年，公路客运量 647 万人，客运周转量为 14 亿人公里。

图 7 - 14、图 7 - 15 和图 7 - 16 分别给出截至 2016 年 12 月城区、各旗县及鄂尔多斯市公路网密度，每万人及每亿元地区生产总值的等级公路里程数。

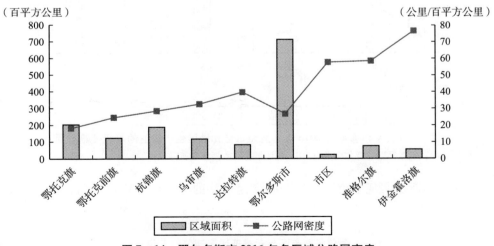

图 7 - 14　鄂尔多斯市 2016 年各区域公路网密度

资料来源：笔者根据《鄂尔多斯市 2017 统计年鉴》数据整理所得。

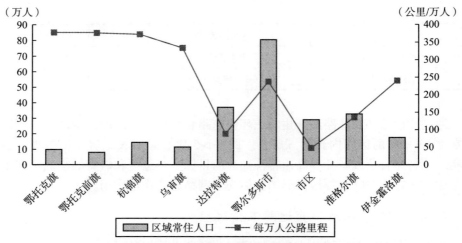

图 7 – 15　鄂尔多斯市 2016 年各区域每万人的等级公路里程

资料来源：笔者根据《鄂尔多斯市 2017 统计年鉴》数据整理所得。

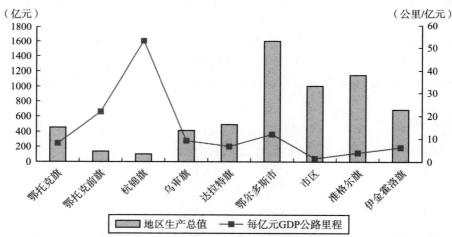

图 7 – 16　鄂尔多斯市 2016 年各区域每亿元地区生产总值的等级公路里程

资料来源：笔者根据《鄂尔多斯市 2017 统计年鉴》数据整理所得。

　　鄂尔多斯也实现了市区与 7 个旗高速公路的半程以上距离的通行目标，见表 7 – 2。

表 7 – 2　　　　　　　　鄂尔多斯市区与七旗连通高速公路名称

始发地	高速公路名称	目的地
东胜区	G65 包茂高速	达拉特旗
东胜区	109 国道	准格尔旗

续表

始发地	高速公路名称	目的地
东胜区	G65 荣乌高速	鄂托克旗
东胜区	G18 荣乌高速或 S313	鄂托克前旗
东胜区	109 国道或 G18	杭锦旗
东胜区	S313	乌审旗
东胜区	G65 或东康快速路	伊金霍洛旗

鄂尔多斯市市区为东胜区和康巴什区，两区直线距离为 25 公里，由东康快速路连接，行驶多条公交线路，2016 年东胜区有公交线路 25 条，康巴什区有一条环路公交，2016 年末实有公共汽车 877 辆，出租汽车 6093 辆，公共交通运客总数 7822 万人次。

（三） 包头城市交通基本情况

包头市的行政区域分为 6 市辖区（昆都仑区、青山区、东河区、九原区、石拐区）、1 县（固阳县）、2 旗（土默特右旗、达尔罕茂明安联合旗）和白云鄂博矿区。截至 2016 年底，包头市总的公路里程为 8948 公里，其中等级路为 8448 公里。2016 年，公路客运量 657 万人，客运周转量 10.9 亿人公里。市区与旗县都有半程以上省级及以上公路连接。截至 2016 年底，共有 69 条公交线路，2016 年全年公共交通客运总量 2.3 亿人次。

图 7-17、图 7-18 和图 7-19 分别给出截至 2016 年 12 月城区、各旗县及包头全市公路网密度，每万人及每亿元地区生产总值的等级公路里程数。

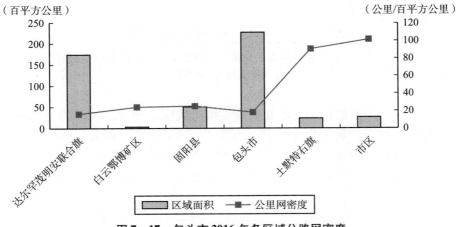

图 7-17 包头市 2016 年各区域公路网密度

资料来源：笔者根据《包头市 2017 统计年鉴》数据整理所得。

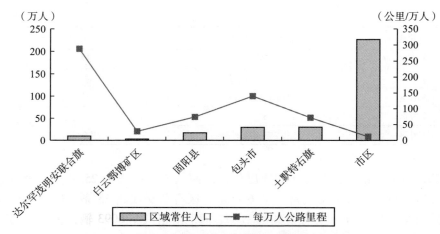

图7-18　包头市2016年各区域每万人的等级公路里程

资料来源：笔者根据《包头市2017统计年鉴》数据整理所得。

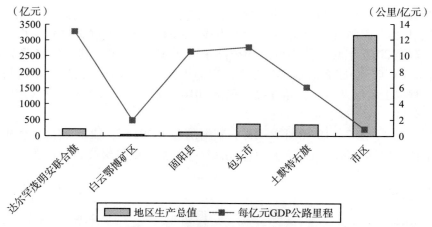

图7-19　包头市2016年各区域每亿元地区生产总值的等级公路里程

资料来源：笔者根据《包头市2017统计年鉴》数据整理所得。

从图7-17得出的结论与呼和浩特市得出的结论相似，城区的公路网密度大于各旗县级城市，属于稳定性城市的范畴。这里需要对白云鄂博矿区进行专门分析，该区域的面积只有329平方公里，公路里程79公里，公路网密度及每万人的等级公路里程远远小于其他旗县级城区，但是地区生产总值却达到41亿元。

二、交通网络比较

第一部分主要统计呼包鄂三市旗县级区域各自的交通基本情况信息，这部分主要比较三市之间的公路交通基本信息的比较及与内蒙古自治区和邻近山西省和河北省相关信息的比较。

（一）公路网密度

图7-20给出了各相关区域的公路网密度。

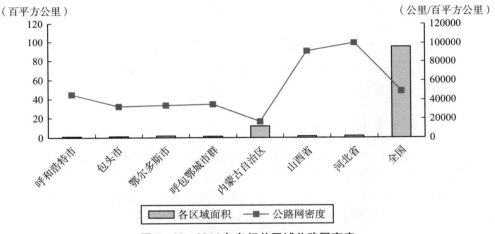

图7-20 2016年各相关区域公路网密度

资料来源：笔者根据《2017年中国交通年鉴》数据整理所得。

通过图7-20可以清楚地看到，在内蒙古自治区，呼包鄂城市群的公路网密度明显地高于内蒙古自治区的平均水平，尤其是省会城市呼和浩特，但是与周边的山西省和河北省相比，呼包鄂城市群的公路网密度相对还是低，甚至低于全国的平均水平，当然这与区域的地理环境及居住条件等因素有关，不能完全去比较。只能得出基本结论，呼包鄂城市群的公路网密度还处于偏低的水平，城市交通网络的毛细血管稳定作用还没有彻底发挥。但是图7-21给出了每万人拥有的公路里程数，不论是呼包鄂城市群还是内蒙古自治区平均水平都相当于或高于山西省和河北省，这符合内蒙古自治区的自身特点。

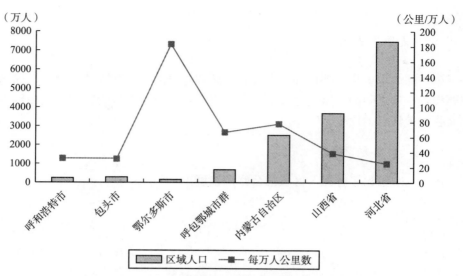

图7-21 2016年底各相关区域每万人拥有公路里程数

资料来源：笔者根据《2017年中国交通年鉴》数据整理所得。

（二）公路客运周转量

图7-22给出了呼包鄂三市2016年的公路客运量与客运周转量，分析发现，尽管鄂尔多斯的公路里程是呼和浩特公路里程的4倍和包头市公路里程的3倍，但是公路客运周转量和公路客运量却差别不是太大，客运量甚至低于包头市，这说明鄂尔多斯市的公路利用率不高，间接的也可说明鄂尔多斯的公路处于偏远地区。

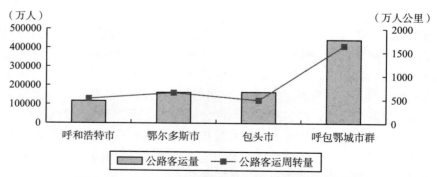

图7-22 2016年呼包鄂三市公路客运周转量与客运量

资料来源：笔者根据《呼和浩特市经济统计年鉴（2017）》《包头市2017统计年鉴》《鄂尔多斯2017统计年鉴》数据整理所得。

（三）航空与铁路客运量

图 7-23 给出 2016 年呼包鄂三市航空和铁路客运量的比较，从图中看出，鄂尔多斯市与包头市的航空吞吐量明显小于呼和浩特市。而鄂尔多斯市的铁路客运量远远的小于呼和浩特市和包头市，这与三城市发展铁路的早晚和区域位置有关。

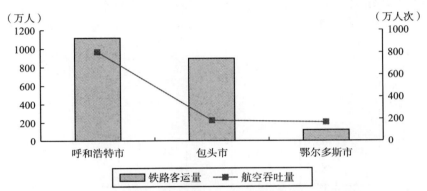

图 7-23 呼包鄂三市 2016 年铁路客运量与航空吞吐量

资料来源：笔者根据《呼和浩特市经济统计年鉴（2017）》《包头市 2017 统计年鉴》《鄂尔多斯 2017 统计年鉴》数据整理所得。

（四）用于道路建设的固定资产投资

图 7-24 统计了 2016 年呼包鄂三市对铁路运输、航空运输和公路运输的固定资产投资，由图得到，鄂尔多斯市的总投资金额最多，呼和浩特市投资最少。3 个城市都在航空运输投资很少，而包头市在铁路运输方面投资也不多。鄂尔多斯市的铁路发展比较晚，所以在铁路方面的投资比较大。这有利于三市的均衡发展。

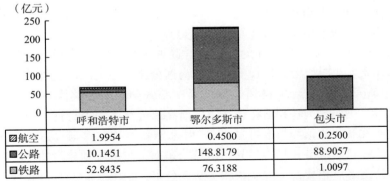

（亿元）	呼和浩特市	鄂尔多斯市	包头市
航空	1.9954	0.4500	0.2500
公路	10.1451	148.8179	88.9057
铁路	52.8435	76.3188	1.0097

图 7-24 呼包鄂三市 2016 年对铁路、公路和航空的固定资产投资

资料来源：笔者根据《呼和浩特市经济统计年鉴（2017）》《包头市 2017 统计年鉴》《鄂尔多斯 2017 统计年鉴》数据整理所得。

（五）公共汽电车客运总量

图 7 - 25 统计了 2016 年呼包鄂三市的城区面积和公共汽电车客运总量，发现呼和浩特市与鄂尔多斯市的城区面积相差不大，但是呼和浩特市的公共汽电车客运总量是鄂尔多斯市的 4 倍多，是包头市公共汽电车客运总量的 2 倍多，当然这与鄂尔多斯市和包头市的城区特点有关，鄂尔多斯市的东胜区与康巴什新区直线距离 25 公里，而包头市的东河区与其他部分区的直线距离也在 25 公里以上。

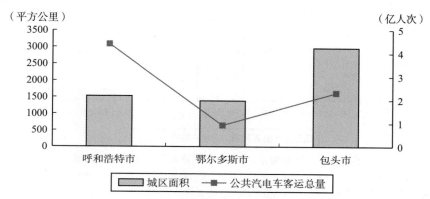

图 7 - 25　呼包鄂三市 2016 年公共汽电车客运总量

资料来源：笔者根据《呼和浩特市经济统计年鉴（2017）》《包头市 2017 统计年鉴》《鄂尔多斯 2017 统计年鉴》数据整理所得。

三、交通网络现有交通状况

（一）公路网络

呼包鄂三市由于相互距离比较短，出行主要以公路和铁路为主。三市的公路网较为发达，公路承担短途旅客运输较多。

从表 7 - 3 中可以看出，无论如何选择高速公路，呼和浩特到鄂尔多斯的运行时间都在 3.5 小时以上，还没有直达的高速公路，距离《呼包鄂协同发展规划纲要（2016—2020 年)》中提到的呼包鄂中心区两小时公路圈目标还有不小距离。2017 年 7 月，S27 呼和浩特至鄂尔多斯高速公路工程可行性研究报告获得内蒙古自治区发展和改革委员会批复。S27 呼和浩特至鄂尔多斯高速公路工程。路线起点位于呼和浩特市和林格尔县巴尔旦营东南，与拟规划建设的 S43 呼和浩特机场高速公路终点相接，主线全长约 179.2 公里，采用双向八车道高速公路标准建设。项目估算总投资约为 264.2 亿元，建设工期为 3 年。该段公路是内蒙古自治区地方高速公路网的重要组成部分，是呼和浩特市通往鄂尔多斯市的重要通道，项目的实施对加快呼包鄂一体化发展，提升自治区高速公路网服务水平、加强民族团结、促进地区经济和旅游发展具有重要意义。

表 7 - 3　　　　　　　　呼包鄂三市中心区相互到达经过的高速公路

出发地	高速公路路线	目的地
呼和浩特	京藏高速（G6）	包头
呼和浩特	呼准高速（S31）—荣乌高速（G18） 呼准高速（S31）—兴巴高速（S24）—包茂高速（G65） 京藏高速（G6）—包茂高速（G65） S27（建设中）	鄂尔多斯
包头	包茂高速（G65）	鄂尔多斯

（二）铁路网络

呼和浩特—包头运行旅客列车 54 对（包括动车组 12 对），包头—鄂尔多斯运行旅客列车 11 对（包括动车组 2 对），呼和浩特—鄂尔多斯尽管已经运行旅客列车 11 对（包括动车组 2 对），但是其中的 10 对都要通过包头，这无疑增加了两地之间的出行时间。

2017 年 12 月 31 日，呼和浩特至鄂尔多斯铁路开通运营，铁路部门组织开行呼和浩特至鄂尔多斯 Z6101/2 次直达旅客列车 1 对，途经鄂尔多斯市准格尔站，呼鄂两地铁路出行时间由原来平均 3 个小时以上缩短至 2 小时 5 分。呼和浩特至鄂尔多斯铁路是我国中长期铁路网规划的重要组成部分，全长 232 公里，运营时速 160 公里，开通初期将组织开行直达旅客列车 1 对，今后，呼和浩特至鄂尔多斯旅客列车可以不用绕行包头市，运行距离和运行时间大幅缩短。呼鄂铁路建成后，与既有的集包铁路、包西铁路一并构成呼包鄂铁路"金三角"，极大地方便了沿线百姓出行。

《呼包鄂协同发展规划纲要（2016—2020 年）》提到优先突破的领域中提到要在 2020 年前实现呼和浩特—鄂尔多斯高铁建设完成，延伸京呼高铁到包头。这样铁路呼包鄂 1 小时快速客运圈将实现，形成呼包鄂三市之间环状快速客运通道和客运快速化的铁路网络。

四、交通网络耦合存在的问题

从前面内容分析，呼包鄂三市之间综合交通发展迅速，尤其是到按照《呼包鄂协同发展纲要（2016—2020 年）》和《内蒙古以呼包鄂为核心沿黄河交通干线经济带重点产业发展规划（2010—2020 年）》规划方案，到 2020 年建成综合交通运输体系。铁路构建 1 小时快速客运圈，公路重点构建呼包鄂中心城区 2 小时公路圈，到时三市之间出行将更加方便快捷。

通过对三市的调研分析，也发现一些亟待解决的问题，在此列出供参考。

（1）公路出行时间比较长。公路网络发达，但是通畅度不够，三市之间高速公路可以无障碍通行，由于主城区的拥挤，出城的时间和进城时间会比较长，例如，笔者开车从呼和浩特主城区到托克托县，直线距离 80 公里，但是路上花费时间 2 小时左右，其中出城时间在 30～50 分钟，这无疑给驾车出行增加了不便。

（2）公路出行费用比较高。呼包鄂三市之间都建有高速公路收费站，如呼和浩特—鄂尔多斯高速收费为 100 元左右，平均每公里高速 0.5 元，再计算上平均每公里的汽油 0.5 元左右，那么出行成本大约为每公里 1 块钱，这个费用比较高。

（3）铁路和长途客车出行时间限制性比较强。铁路客车和公路客车无法实现随时出行的便捷，尽管三市之间互开动车，但是对数有限，且时间分布不均匀，无法方便的服务出行。还有就是如何时间"最后一公里"的出行，也就是我们提到的"零距离"换乘及如何衔接公共交通与火车客运站、汽车客运站及飞机场，是大家选着交通方式的因素之一。

（4）航空选择单一。由于三市之间距离比较近，且飞机场与市区的距离比较远，还有航空检票时间等一些因素，造成三市之间选择航空出行不是首要选择。

三市之间如何选择合理的出行方式，一方面引导大家转变出行观念，尤其是三市之间出行，私家车的作用不仅仅可以给出行带来方便，还有私家车很多时候是扮演身份及地位的象征物品。如何引导和转变观念需要长远考虑。另一方面就是解决"最后一公里"出行问题。就是如何加密和畅通交通毛细血管，建立快速发达的城市公共交通，可能比修建高速公路的重要性都强。这也是这节重要讨论的问题。当然如何制定合理的公共交通票价，也应该是整体布局需要考虑的问题，如 5 人要从呼和浩特到鄂尔多斯，选择驾车出行，费用在 200～300 元，但是选择高铁普通二等座，不包括市区公共交通费用，费用总给为 400～450 元，选择公路长途客车出行，费用在 350 元左右。那么这种情况，私家车出行也是很好的选择。总之，建立综合、立体的交通网络，尤其城市交通毛细的疏通，这样才能更好地服务于该区域的经济发展。

第三节　交通网络与周边地区的辐射及协作

呼包鄂城市群是环渤海经济圈的腹地，是东北、华北沟通大西北的重要通道，也是我国东南沿海、京津冀等经济腹地"西出"的重要通道和枢纽。如何利用发达的城市群交通网络辐射周边区域的发展和如何利用区位优势协作周边城市群及沟通起中蒙俄经济走廊和中亚经济走廊的桥梁作用是本节主要讨论的问题。

一、与区内周边地区的辐射作用

根据 2012 年 3 月批准实施的《呼包鄂城市群规划（2010—2020）》和《内蒙古以呼包鄂为核心沿黄河沿交通干线经济带重点产业发展规划（2010—2020年）》提出广义的呼包鄂城市群包括呼和浩特市、包头市、鄂尔多斯市、乌兰察布市、巴彦淖尔市、乌海市和阿拉善盟七个盟市的 48 个旗县区，占自治区总面积的 44.4%。呼包鄂城市群是以呼包鄂三市为核心和引擎，辐射带动乌兰察布市、巴彦淖尔市、乌海市和阿拉善盟 4 个盟市的发展。呼包鄂三市经过多年的飞速发展，已成为内蒙古最具活力的城市经济圈，被誉为内蒙古的"金三角"地区。鉴于"金三角"地区的迅速崛起，内蒙古长远规划，积极推进"3 + 3"模式，即呼包鄂地区与西部的阿拉善盟、乌海市、巴彦淖尔市共同谋划发展。从2010 年开始，内蒙古又将乌兰察布在内的 7 盟市作为一个完整的经济区统筹发展。

（1）乌兰察布：呼包鄂地区与乌兰察布市联系紧密，交通网络发达。呼和浩特市区距离乌兰察布市首府集宁市仅 140 公里，乌兰察布市是内蒙古自治区距首都北京最近的城市，是内蒙古自治区东进西出的"桥头堡"，北开南联的交会点，是进入东北、华北、西北三大经济圈的交通枢纽，也是中国通往蒙古国、俄罗斯和东欧的重要国际通道。所以加强与乌兰察布市的交流，既能促进乌兰察布的发展，又能给自身带来更大的发展机遇。

乌兰察布与呼包鄂城市群交通网络发达，已经形成完全耦合，平行存在。①铁路：与呼包鄂三市都有铁路线路开通，仅与呼和浩特就开通至少 42 对列车，包括 9 对动车组。还有 2017 年 7 月开通试运行的呼张铁路客运专线呼和浩特—乌兰察布段。并且与呼包鄂三市都有成对的动车组互通。②公路：乌兰察布通过京藏高速（G6）、京新高速（G7）及 110 国道建立起与呼包鄂的快速路网，乌兰察布各旗县与呼和浩特的长途客运也极为方便。③航空：乌兰察布与包头有直达的航班，与鄂尔多斯有间接的航班，由于距离原因，航班不是出行的首选。

（2）巴彦淖尔和乌海：两市是"呼—包—银经济圈"的重要枢纽，是包银客运专线的重要节点，在呼包鄂城市群的辐射和带动下，必将取得飞快发展。乌海位于华北与西北的交会处、"宁蒙陕"经济区和沿黄沿线经济带的西部"小三角区域"的中心。这一地区在 2010 ~ 2020 年逐步建起公路、铁路、航空立体运输网络，与呼包鄂城市群的沟通将更加紧密。乌海市主要铁路干线有包兰铁路及地方铁路东乌铁路与呼包鄂城市群连通，穿越乌海的国道有 110 国道、109 国道等还有京藏高速（G7）公路以及荣乌高速（G18）与呼包鄂城市群相连。乌海机场位于乌海市海勃湾区城北 15 公里处，与呼和浩特和包头有直达的航班，与鄂尔多斯有间接的航班相连。此外乌海与呼包鄂三市都有长途客车发出。巴彦淖尔位于内蒙古西部，东接包头，西连阿拉善盟、乌海市，南隔黄河与鄂尔多斯市相望，北与蒙古国接壤。与呼包鄂城市群通过包兰铁路干线、110 国道、京藏高速（G7）、航班及便利的长途客车相连。

按照《内蒙古以呼包鄂为核心沿黄河沿交通干线经济带重点产业发展规划（2010—2020 年）》和《呼包鄂城市群规划（2010—2020）》的规划，到 2020 年，综合交通体系将更加完善，各种交通方式的衔接和配套更加合理。加强铁路、公路客运站和城市道路的有效衔接，方便旅客的快速进出；加强火车站与机场之间的道路联系，尽量实现客运"零距离换乘"。

二、与西安的协调发展

2018 年 2 月 5 日，国务院批复《呼包鄂榆城市群发展规划》，这对呼包鄂及陕西北部的互联互通是一个利好的消息，该规划必将推动该地区的交通网络一体化建设，直接的作用到呼包鄂内部的交通网络耦合。包鄂协同发展联席会议达成的共识中有推动建设包头—西安（包头至榆林段）的高速铁路，也间接地结束了包头—鄂尔多斯没有高铁的历史。

三、与京津冀及银川城市群的协作

京津冀城市群是地处渤海湾地区，是我国东北、华北、西北、华东四大经济区的交汇处，是中国经济自东向西扩展、由南向北推移的重要纽带，是我国最发达的三大城市群之一。作为京津冀城市群连接西北的桥头堡，作为全国城镇体系"京—呼—包—银"城镇发展轴的中段，呼包鄂城市群对于将京津大都市的影响力向西延伸，带动银川城市群的发展过程中，扮演中节点的角色。所以构建呼包鄂城市群对于在更大空间内、更大尺度地进行城市群整合，从而创造中西协同发展的通道具有重要意义。下面梳理一下交通的发展状况。

（1）京津冀城市群：两城市群已经架构起立体的交通网络。①铁路：呼包鄂三城市平均每天有 16 列旅客列车到达北京，随着北京、张家口申办 2022 年冬季奥运会成功，北京—张家口的客运专线也在紧张建设中，届时呼和浩特到北京只需 2.5 小时，联系更加紧密，也促使呼包鄂区域内部的交通耦合度更加合理，有助于借鉴京津冀城市群的发展成果，也更方便地通过北京辐射到全国。②公路：通过京藏高速（G6）、京新高速（G7）及 110 国道有效地沟通起两城市群的交流。每天发往京津冀重要城市的长途客车超过 60 趟，有效地辅助了铁路和航空的出行。③航空：呼包鄂平均每天有 20.5 班飞机飞往北京，8 班飞机飞往天津。等到呼和浩特盛乐国际机场的投入使用，必将使两城市群的综合交通运输更加完善。

（2）银川及周边：2017年5月呼包鄂协同发展联席会议达成的共识中有推动建设呼和浩特—包头—银川的高速铁路建设，如该项目完成，既有效地促进了两地的交流，又将加快呼包间高铁建设的推进。

四、与中蒙俄经济走廊和中亚经济走廊的协调发展

内蒙古自治区境内共开放口岸21处，与广义呼包鄂城市群直接或间接连接的重要口岸就有呼和浩特空运口岸、满都拉公路口岸、二连浩特公路口岸、二连浩特铁路口岸、甘其毛都陆公路口岸和策克公路口岸。口岸是内蒙古自治区重要的交通出口，呼包鄂城市群在为京津冀城市群、长三角城市群等与俄罗斯、蒙古国以及欧洲腹地合作起到推动作用。

中蒙俄经济走廊是丝绸之路经济带的一部分。中蒙俄经济走廊有两个通道，其中一条就是从华北通道，京津冀到呼和浩特，再到蒙古和俄罗斯。呼包鄂城市群既是沟通桥梁的重要中间节点也是呼包鄂城市群对外的重要窗口。《呼包鄂协同发展规划纲要（2016—2020年）》中也提到对口岸的建设，畅通通往二连浩特、满都拉等边境口岸和秦皇岛、曹妃甸、黄骅港等沿海港口的公铁、铁海联运通道畅通通往二连浩特、满都拉等边境口岸和秦皇岛、曹妃甸、黄骅港等沿海港口的公铁、铁海联运通道。下面就梳理该通道的建设及连通状况。

（1）二连口岸：二连铁路口岸位于集二（集宁—二连浩特）铁路终端，是具备多品类、高运量的大型综合性陆路口。二连浩特是距首都北京最近的陆路口岸，也是我国中西部和环渤海地区陆路连接欧亚最近的口岸。二连浩特面对蒙古、俄罗斯及欧洲国际市场，背靠京津塘环渤海经济圈和呼包鄂经济带，是中国向北开放的前沿阵地，也是中国重要的商品进出口集散地。现在呼包鄂城市群与二连浩特口岸的连通比较顺畅。①铁路：经过乌兰察布市通过集二铁路与二连浩特口岸连通，早在2005年，呼和浩特就自呼和浩特经二连浩特至德国法兰克福的中欧班列开行成功，打通了中国与欧洲经贸往来的陆路大通道。目前二连浩特口岸开通22条中欧班列，集二铁路作用巨大。②公路：呼包鄂城市群可以通过京藏高速（G7）和京新高速（G6）然后通过二广高速（G55）方便到达二连浩特口岸，然后通过二连浩特口岸连接蒙古国与俄罗斯进一步通往欧洲。③航空：呼和浩特与二连浩特有固定航班连接两地，当然呼和浩特作为航空口岸也可直接通往世界各地。

（2）满都拉口岸：满都拉口岸位于中蒙边境包头市达尔罕茂明安联合旗，是距呼和浩特市、包头市和蒙古国乌兰巴托最近的陆路口岸，也是自治区18个陆路口岸和对蒙开放的重要通道之一。满都拉口岸交通优势明显，《呼包鄂协同发展规划纲要（2016—2020年）》中提到的重点建设口岸通道重点建设巴音花—满

都拉口岸铁路，积极推进满都拉至赛音山达跨境铁路、公路和满都拉至塔本陶乐盖跨境公路。目前，包满铁路已经全面建成通车，该段铁路从包头经由白云鄂博、巴音花直至满都拉口岸。公路方面，双向四车道的 211 国道已经通到满都拉口岸，2018 年将改为高速公路。

第四节　物流枢纽的建设及功能作用

区域物流是区域经济发展的重要组成部分，是区域经济稳定运行的基础障。区域物流的发展对改进和提高整个区域经济运行质量，提升区域综合竞争力，具有十分重要的意义。

《呼包鄂协同发展规划纲要（2016—2020）》与《内蒙古以呼包鄂为核心沿黄河交通干线经济带重点产业发展规划（2010—2020 年）》等政策性文件都提到了加强和发展呼包鄂物流枢纽建设的重要性，经过几年的发展，呼包鄂物流枢纽的建设取得了长足的发展，也逐渐体现其功能作用。物流业发展的重要推手就是区域基础设施的完善，第二节已经详细介绍最近几年呼包鄂城市群的交通网络的发展情况，必将推动该区域的物流业发展。下面就利用几组统计数据来佐证物流枢纽的发展变化。

图 7 - 26 给出了 2012～2016 年呼包鄂三市在固定资产投资中专门用于装卸搬运和运输代理业、仓储业及邮政业。可见，包头市整体投资大于其他两市，三市每年都有 34 亿元以上的投资，尤其是 2016 年投资金额将近 100 亿元，这必将推动和完善物流园区及物流枢纽的建设。

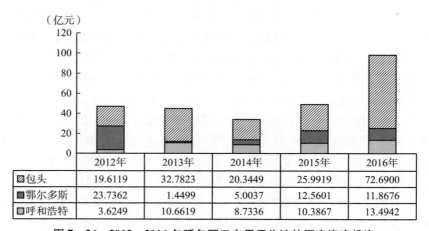

（亿元）	2012年	2013年	2014年	2015年	2016年
包头	19.6119	32.7823	20.3449	25.9919	72.6900
鄂尔多斯	23.7362	1.4499	5.0037	12.5601	11.8676
呼和浩特	3.6249	10.6619	8.7336	10.3867	13.4942

图 7 - 26　2012～2016 年呼包鄂三市用于物流的固定资产投资

资料来源：笔者根据《呼和浩特市经济统计年鉴》《包头市统计年鉴》《鄂尔多斯统计年鉴》数据整理所得。

图 7-27 统计了 2012～2016 年呼包鄂城市群公路与铁路的货运量，每年货运量都保持在 10 亿吨以上，可见该城市群的供求还是比较大。

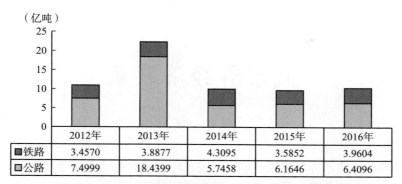

	2012年	2013年	2014年	2015年	2016年
■ 铁路	3.4570	3.8877	4.3095	3.5852	3.9604
□ 公路	7.4999	18.4399	5.7458	6.1646	6.4096

图 7-27　2012～2016 年呼包鄂城市群公路与铁路货运量

资料来源：笔者根据《呼和浩特市经济统计年鉴》《包头市统计年鉴》《鄂尔多斯统计年鉴》数据整理所得。

图 7-28 统计了 2016 年呼包鄂三市公路与铁路的货运量，可以得出鄂尔多斯市与包头市的货运量都大于呼和浩特市，尤其是鄂尔多斯市全年的货运量是呼和浩特市货运量的 2 倍多，这与三市的城市定位有关。

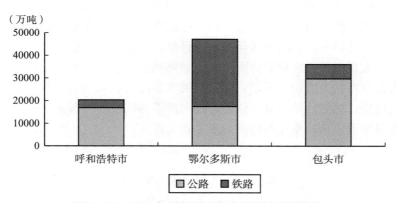

图 7-28　2016 年呼包鄂三市公路与铁路货运量

资料来源：笔者根据《呼和浩特市经济统计年鉴（2017）》《包头市 2017 统计年鉴》《鄂尔多斯 2017 统计年鉴》数据整理所得。

呼包鄂城市群通过最近几年的发展，逐渐形成了以包头市为核心的钢材、稀土等生产材料的物流基地，以呼和浩特为核心的电子产品、乳制品等物流基地；以鄂尔多斯为核心的天然气、煤炭等能源物流基地。

第八章

城市群经济联系

随着资本、技术等要素流动速度加快，地区间的交流互动愈加频繁，推动经济活动在地理空间范围上不断扩大，各地区间的经济联系逐渐加深。以城市或地区为节点形成的城市群不仅依靠各节点城市自身要素禀赋实力和区位优势，更重要的是城市群各节点城市之间的经济联系。2000年内蒙古确立以呼包鄂为核心的特色经济圈建设发展战略，呼包鄂是内蒙古最重要的经济圈和城市带，依靠自身资源优势成为内蒙古经济快速增长的火车头和助推器。

呼包鄂经济集聚与扩散作用促使各旗县区之间的联系不断增多并趋于复杂化，经济联系已具备网络化规模，但内部各旗县区之间的经济联系不均衡性明显。因此，经济联系网络化必然对城市群一体化建设产生较强的联动影响效应，迫切需要各旗县区之间加强分工与合作，打破地域限制，在更广阔的空间内进行资源配置，促进形成高效的网络化格局。另外，呼包鄂城市群以煤炭、稀土等为主导产业，大规模开发之后必将面临资源枯竭和生态恶化的问题，资源型城市群转型的研究显得尤为迫切。所以，呼包鄂城市群经济联系网络的构建并分析其特征及演化趋势，对推动城市群一体化建设和促进协同发展具有重要意义，同时对加快资源型城市成功转型及可持续发展也意义重大。

第一节　模型建立

一、网络节点的选择

呼包鄂城市群具体包括：呼和浩特市区、土默特左旗、托克托县、和林格尔县、清水河县、武川县、包头市区、土默特右旗、固阳县、达尔罕茂明安联合旗、鄂尔多斯市区、达拉特旗、准格尔旗、鄂托克前旗、鄂托克旗、杭锦旗、乌审旗、伊金霍洛旗共 18 个县市区作为经济网络中的节点。在城市网络化的大趋势下，区域内部的实际联系距离正在不断缩短，影响范围在不断扩大，并且呈现出复杂网络化的发展趋势。

二、网络关系的确定

确定了城市群的各城市节点后，构建城市群网络之间的联系是关键。经济网络分析中城市之间的联系所采取的是有方向的关系数据，传统的城市属性数据不再合适，需要对数据进行转化。一般的方法就是将城市的存量数据转换成流量数据，需要用到的模型就是引力模型。引力模型既能以不同年份的截面数据模拟网络的演变趋势，又能根据实际情况对实际联系距离进行调整和改进。

齐普夫把万有引力模型引入到城市网络体系的研究中，利用其构建城市之间相互关系，奠定了后来城市网络研究中空间相互作用的理论基础，之后此方法不断进行改进探讨各类要素在经济关系网中的关系。引力模型在经济领域的基本公式为：

$$F_{ij} = k \frac{M_i M_j}{D_{ij}^b} \tag{8.1}$$

其中，F_{ij} 是城市 i 和城市 j 之间的引力，M_i、M_j 是城市 i 和城市 j 的"城市质量"，D_{ij} 是城市 i 和城市 j 之间的距离，b 为距离衰减指数，k 为经验常数。"城市质量"表征的是城市的综合发展水平，总产出是质量测度的首要指标。同时考虑到人作为经济活动的主体和城市经济联系的执行者，故而人口也是测度"城市质量"的重要指标之一。将城镇人口、国民生产总值综合引入引力模型来评价两个城市之间的引力大小。塔菲（Taaffe）通过实证研究，发现城市间经济联系强度同城市间距离的平方成反比，可得出距离衰减系数为 2。考虑到城市间经济联系潜力和现实经济联系存在因果关系，两城市间的经济联系不存在对等性，因此，采用城市 GDP 占两联系城市 GDP 之和的比重来修正经验常数 k。

综上所述，经济联系的最终计算公式为：

$$F_{ij} = k_{ij} \frac{\sqrt{P_i G_i} \sqrt{P_j G_j}}{D_{ij}^b}, \quad k_{ij} = \frac{G_i}{G_i + G_j} \tag{8.2}$$

其中，P_i、G_i、P_j、G_j 分别指城市 i 和城市 j 的城镇人口和国民生产总值。

三、网络结构度量

社会网络分析是探究行动者之间形成多元关系的重要研究方法，它把节点间的关系看成基本分析单位，把结构看成行动者之间的关系模式，这种结构既可以是经济行为结构，也可以是社会政治结构，但其中最重要的问题是这种结构怎样影响以及在多大程度上影响网络成员的行为。将采用一系列量化核心指标，如网络密度、网络中心度和内部凝聚子群来进行测度。

（一） 网络密度

网络密度表征的是网络中各成员节点之间关联的亲密程度，是社会网络分析中最基本的一种度量指标。城市群的整体网络定义为网络中城市节点间的实际拥有的关系数与流年拥有的最大关系数的比值，网络密度指标可以刻画网络中现存的经济联系分布与整体玩呗连通图间的差距程度。城市群中的网络是有向的，其密度的计算公式为：

$$D = L/n(n-1) \tag{8.3}$$

其中，L 表示城市网络实际存在的网络联系的总个数，n 为城市网络规模即网络中的节点个数。城市群网络密度的大小即网络的疏密程度体现的是整体网络获取资源的能力和相对开放程度，网络密度越大，表明整体网络和节点城市所能实现的传递和交互功能就越强。联系越紧密的网络不仅为其中的个体提供各种社会资源，同时也成为限制其中个体的重要力量。

（二） 网络中心度

中心度是度量网络中心化程度的重要指标，相对处于中心位置的城市容易获得更多的资源和信息，从而对其他城市有更强的影响力。

（1）点度中心度：点度中心度是根据城市群网络中的连接数来衡量节点在网络中的中心位置程度，它反映出对于其他节点城市处于相对中心位置的节点，即点度中心度越高，则说明该城市节点处于网络较中心的位置。相对点度中心度的计算公式为：

$$C_D(c_i) = d(c_i)/(n-1) \tag{8.4}$$

（2）中介中心度：中介中心度是衡量成员对资源控制能力的程度，表示节点成员在多大程度上是网络中其他成员的中介。如某节点城市位于与其他城市点最短路径上，则该城市具有较高的中介中心度。这种中介和桥接角色决定了网络中这个城市对其他成员的控制能力。中间中心度的计算公式为：

$$C_B(c_i) = \frac{\sum_{j<k} g_{jk}(c_j)/g_{jk}}{(n-1)(n-2)} \tag{8.5}$$

（三） 内部凝聚子群

网络凝聚子群就是指成员之间具有相对较强的、直接的、紧密的、经常的或者积极的关系所构成的一个成员的子集合，子群体成员之间的关系都是互惠的，且不能向其中加入任何一个成员而不改变其性质。城市网络内部凝聚子群是用于揭示和刻画城市群体内部组成结构状态，找到城市网络中凝聚子群的个数以及凝聚子群中具体包含的成员，分析凝聚子群间的关系及互动方式，可以从整体性网络的维度考察城市群网络的发展状况。

第二节　经济联系网络分析

一、网络的拓扑刻画与演化

按照城市间经济联系引力模型计算得到各旗县区的经济联系矩阵并横向加总，得到城市群各成员之间经济联系数值表。如表 8-1 所示，2016 年城市群内各旗县区的经济联系较 2000 年明显加强，呼和浩特市区、包头市区和东胜区三个核心区对外经济联系稳步提升，辐射作用持续延伸；和林格尔县、准格尔旗和伊金霍洛旗三个新经济增长点对外经济联系提升迅速，成为带动城市群经济发展的新动力。

表 8-1　　　　　　　　　城市群各成员经济联系数值

旗县区	2000 年	2005 年	2010 年	2016 年
呼和浩特市区	1.26	5.11	17.06	28.46
土默特左旗	0.13	0.33	1.20	2.27
托克托县	0.05	0.33	1.09	1.33
和林格尔县	0.01	0.20	0.61	0.54
清水河县	0.01	0.02	0.11	0.11
武川县	0.03	0.07	0.19	0.35
包头市区	2.58	12.50	53.48	54.55
土默特右旗	0.12	0.31	1.74	2.59
固阳县	0.03	0.08	0.30	0.31
达茂旗	0.01	0.04	0.19	0.26
东胜区	0.20	1.21	7.66	8.32

续表

旗县区	2000 年	2005 年	2010 年	2016 年
达拉特旗	0.30	1.41	7.99	5.54
准格尔旗	0.09	0.63	4.61	4.09
鄂托克前旗	0.00	0.00	0.02	0.03
鄂托克旗	0.01	0.05	0.34	0.34
杭锦旗	0.01	0.04	0.08	0.09
乌审旗	0.00	0.02	0.23	0.27
伊金霍洛旗	0.04	0.55	3.46	3.19

资料来源：笔者根据《内蒙古统计年鉴（2001—2017）》数据整理所得。

　　城市群内各个城市节点在空间集聚与扩散作用下，资源的供需是城市与城市之间发生经济信息流动，从而产生了"线"，表示各城市之间的"引力关系"，这种"点"和"线"共同构建了城市群的经济网络。运用 UCINET 软件的可视化工具 NetDraw 绘制了呼包鄂城市群 2000 年、2005 年、2010 年和 2016 年的网络结构图。由图 8-1 所示，从 2000 年到 2016 年，城市群空间经济联系逐步密切，关联线数逐渐增多，网络密集程度越来越大，整体网络逐渐趋于复杂化，说明城市群中各旗县区之间的经济联系不断加强，各要素之间的互动交流越来越频繁。2000～2016 年，随着城市群经济、社会不断发展及要素流动的不断强化，城市群的空间网络水平不断提升，需要建立关系的中介城市个数也越来越少，整体网络水平逐步提升。

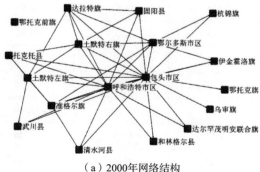

（a）2000年网络结构

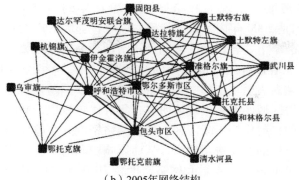

（b）2005年网络结构

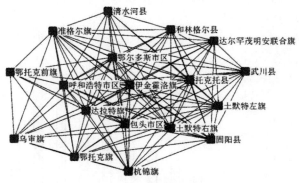

（c）2010年网络结构

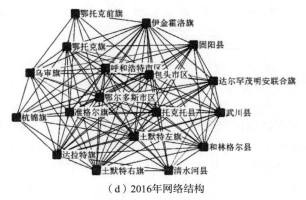

（d）2016年网络结构

图8-1　呼包鄂城市群网络结构演化趋势

二、经济联系的特征及演化趋势

在规模为18的呼包鄂城市群网络中，各旗县区间最大可能的有向关系总数为306（18×17）。如图8-2所示，考察期间城市群网络联系个数呈现上升趋势，城市群网络密度也呈现上升趋势，从 2000 年的 0.016 增加到 2016 年的 0.368。主要原因是 2000 年内蒙古开始确立以呼包鄂为核心的特色经济圈建设的发展战略，在此战略下，各旗县区之间经济活动行为迅速频繁，促进各要素在地区间的配置效率，增强各旗县区之间的经济联系，使网络经济联系立即密集起来。网络密度值越高表明城市群中各旗县区的经济联系越强，之间的相互作用影响越大，从而使得区域经济集聚现象明显，集群优势显现，同时也表明中心旗县区对其他旗县区的辐射作用不断增强。但是网络密度并非越高越好，越高表明城市间相互作用所产生的交易费用越高，从而影响资源的利用效率。正基于此，可以明显发现，2014 年网络联系数和网络密度较 2013 年有所下降，2013～2016 年继续保持增加但仍然并未超过 2013 年，使联系个数维持在 220～230 之间，网络密度维持在 0.30～0.40 之间。

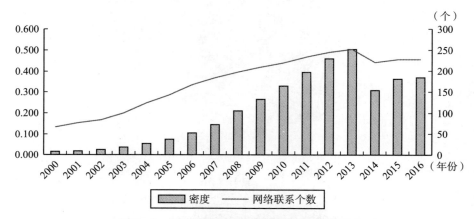

图 8－2　呼包鄂城市群网络联系数和网络密度

资料来源：笔者根据《内蒙古统计年鉴（2001—2017）》数据整理所得。

总体看来，城市群的网络密度并不高，2013 年最高，才刚刚达到 0.50，而长三角城市群 2009 年网络密度为 0.74（刘承良等，2007），长江中游城市群 2010 年网络密度为 0.84（汤放华等，2013），虽然网络密度不及经济发达城市群，各旗县区之间的经济联系与影响也远不及其他城市群，但就内蒙古的经济发展状况而言，较高的网络密度意味着交易成本的提升进而降低资源和要素的配置效率，抑制经济增速。因此，网络密度的大小要与该地区的经济发展水平相匹配，适度的网络密度更有助于城市群网络协调、可持续发展，保障资源和要素的优化配置效率。

点度中心度有两种指标：一种是绝对中心度；另一种是相对中心度。绝对中心度只能在同一个网络内部进行比较，而相对中心度是相对比例，可以在不同网络中进行比较。如表 8 - 2 所示为 2000 ~ 2015 年呼包鄂城市群网络相对中心度结果，城市群整体中心水平低，与发达城市群相比差距大，表明城市群整体经济联系处于较弱阶段，提升速度缓慢。2000 ~ 2016 年，包头市区和呼和浩特市区的点出度一直排名前两位，说明呼包市区一直处于经济核心地位，与其他旗县区的经济联系密切，并且对周围旗县区的辐射力度逐渐增强；达拉特旗、东胜区仅次于呼包市区，对其他旗县区也产生了较大的经济影响，相对而言，东胜区的影响高于达拉特旗，东胜区排名由第四上升到第三，达拉特旗排名由第三下降到第四，是因为东胜区为市区，交通等基础设施更加便利，各种经济要素的流通与配置效率比旗县更高；从点入度情况看，呼和浩特市区、包头市区、达拉特旗和东胜区排名依然靠前，尤其是达拉特旗在考察期间一直处于第一位，说明经济发展较为活跃，对内经济联系程度较高，集聚功能较强。准格尔旗、伊金霍洛旗和鄂托克旗点出度排名在考察期间上升，这主要归功于近 10 多年来这些旗县经济的繁荣发展。2000 年以来，随着西部大开发战略的实施和内蒙古工业经济快速发展，鄂尔多斯市很快发展成为全国最大的煤炭生产基地和以煤炭产业为主的资源型工业城市，经济的繁荣使其辐射作用增强，与城市群中其他旗县区的经济联系不断加深；而鄂托克前旗、乌审旗、杭锦旗、清水河县和达茂旗这些旗县在考察期间点出度和点入度每年都排在最后几位，中心度接近于 0，说明这些旗县区经济发展缓慢，与其他旗县区进行要素之间的交流与互动较少，经济联系较弱，主要原因是他们自身条件较差，集聚功能弱，且受到地理位置约束的限制，中心旗县区的辐射作用小，但在考察期中心度在上升，经济联系在缓慢增强。

表 8 - 2　　　　　　城市群经济联系网络点度中心度结果

旗县区	点出度								点入度							
	2000 年		2005 年		2010 年		2016 年		2000 年		2005 年		2010 年		2016 年	
	数值	排名	数值	排名	数值	排名	数值	排名	数值	排名	数值	排名	数值	排名	数值	排名
呼和浩特市区	6.80	2	4.86	2	3.57	2	7.74	2	2.38	5	1.71	5	1.43	5	3.03	5
土默特左旗	0.59	6	0.32	8	0.25	8	0.62	8	2.54	4	1.48	6	1.17	6	3.14	3
托克托县	0.16	8	0.32	7	0.23	9	0.36	9	0.97	10	0.92	11	0.76	10	1.40	9
和林格尔县	0.05	12	0.20	10	0.13	10	0.15	10	0.59	11	0.74	12	0.62	12	0.99	11
清水河县	0.00	13	0.01	16	0.02	16	0.03	16	0.22	14	0.26	13	0.27	13	0.32	14
武川县	0.11	10	0.05	12	0.04	15	0.09	11	1.62	8	1.04	8	0.71	11	1.48	7
包头市区	13.98	1	11.90	1	11.19	1	14.83	1	2.81	2	2.13	2	2.32	2	3.17	2
土默特右旗	0.65	5	0.30	9	0.37	7	0.71	7	2.59	3	1.80	3	1.77	4	2.83	6
固阳县	0.11	11	0.06	11	0.06	12	0.08	13	1.67	7	1.06	7	0.89	8	1.21	10

旗县区	点出度								点入度							
	2000 年		2005 年		2010 年		2016 年		2000 年		2005 年		2010 年		2016 年	
	数值	排名	数值	排名	数值	排名	数值	排名	数值	排名	数值	排名	数值	排名	数值	排名
达茂旗	0.00	14	0.03	14	0.04	14	0.07	15	0.27	13	0.19	15	0.22	14	0.38	13
东胜区	0.97	4	1.15	4	1.60	4	2.26	3	1.89	6	1.78	4	1.85	3	3.04	4
达拉特旗	1.57	3	1.34	3	1.67	3	1.51	4	6.37	1	6.48	1	6.60	1	6.67	1
准格尔旗	0.38	7	0.60	5	0.96	5	1.11	5	0.70	10	0.76	11	0.82	9	0.97	12
鄂托克前旗	0.00	18	0.00	18	0.00	18	0.01	18	0.00	18	0.01	18	0.03	18	0.05	18
鄂托克旗	0.00	15	0.04	13	0.07	11	0.09	12	0.05	16	0.11	17	0.12	16	0.18	16
杭锦旗	0.00	16	0.01	17	0.01	17	0.02	17	0.22	15	0.23	14	0.20	15	0.23	15
乌审旗	0.00	17	0.01	15	0.05	13	0.07	14	0.05	17	0.08	17	0.12	17	0.15	17
伊金霍洛旗	0.16	9	0.52	6	0.73	6	0.87	6	0.59	12	0.95	10	1.07	7	1.38	9

资料来源：笔者根据《内蒙古统计年鉴（2001—2017）》数据整理所得。

城市群经济联系网络中介中心度结果如表 8 - 3 所示，2000 年网络中介中心度均值为 2.92，高于这一均值的旗县区只有 3 个，分别是呼和浩特市区、包头市区和东胜区，这 3 个区在经济联系网络中控制其他旗县区的要素交流能力较强，其中呼和浩特市区和包头市区的中介中心度高达 20.00，远远高于其他旗县区。

表 8 - 3 城市群经济联系网络中介中心度结果

旗县区	2000 年		2005 年		2010 年		2016 年	
	数值	排名	数值	排名	数值	排名	数值	排名
呼和浩特市区	20.12	2	9.22	3	4.06	1	3.35	3
土默特左旗	1.36	5	1.97	7	0.83	10	1.43	10
托克托县	0.21	8	0.49	10	1.78	8	1.43	9
和林格尔县	0.00	15	0.05	12	1.18	9	0.51	12
清水河县	0.00	9	0.00	13	0.00	17	0.05	17
武川县	0.00	13	0.00	18	0.04	16	0.07	16
包头市区	20.56	1	17.98	1	3.52	2	3.69	2
土默特右旗	0.97	6	1.18	8	1.98	7	2.47	7
固阳县	0.00	10	0.25	11	0.30	12	0.32	14

续表

旗县区	2000 年		2005 年		2010 年		2016 年	
	数值	排名	数值	排名	数值	排名	数值	排名
达茂旗	0.00	16	0.00	14	0.23	13	0.51	13
东胜区	7.56	3	12.63	2	2.76	5	3.00	4
达拉特旗	0.33	7	3.16	6	2.76	4	1.20	11
准格尔旗	1.46	4	6.77	4	2.89	3	2.28	8
鄂托克前旗	0.00	14	0.00	15	0.00	18	0.00	18
鄂托克旗	0.00	18	5.88	5	0.77	11	4.03	1
杭锦旗	0.00	12	0.00	16	0.20	14	0.09	15
乌审旗	0.00	11	0.00	17	0.05	15	2.65	6
伊金霍洛旗	0.00	17	1.09	9	2.03	6	2.70	5
平均值	2.92		3.37		1.41		1.65	

资料来源：笔者根据《内蒙古统计年鉴（2001—2017）》数据整理所得。

2016 年中介中心度均值为 1.65，与 2000 年比呈现下降趋势，说明整体网络的提升加强了各旗县区之间的直接联系，间接联系逐渐减弱，越少的旗县区受制于其他旗县区"中介"的作用，可以主动、直接地产生经济关系，中心旗县区对资源的控制能力减弱，各旗县区之间的经济发展趋向于均衡。考察期间，呼和浩特市区、包头市区和东胜区的中介中心度始终排在前面，表明他们在城市群经济联系网络中发挥重要的"中介"作用，是联系各旗县区的重要中介城市。到 2016 年，其他城市的中介中心度仍然偏低，有 7 个旗县区的中间中心度接近于 0，但是各旗县区并没有被孤立，而是通过像呼和浩特市区等这些中心区与网络内的其他成员发生联系。2010 年以来，东胜区的中心度排名有所下降，但是伊金霍洛旗、鄂托克前旗和乌审旗排名上升明显，与东胜区共同成为鄂尔多斯市的中心枢纽旗县区，承担着连接各旗县区经济的角色。

城市群经济联系网络中心势结果如表 8 - 4 所示，可以看出城市群经济联系网络的整体水平。点出度中心势从 2000 年的 8.30 逐渐增大到 2016 年的 59.86，表明城市群对外辐射和带动作用逐渐增强，一方面是国家政策对于城市群发展的支持，致力于将城市群打造为新的经济增长极；另一方面可能是随着互联网技术的发展，与其周边省市在合作交流方面的交易成本不断下降，从而实现友好亲密的关系往来。与点出度中心势相反，点入度中心势由 2000 年的 58.13 下降到 2016 年的 22.49，表明城市群对内经济发展较弱，可能的原因有二：其一是因为城市群内的旗县区大多依靠资源发展，随着资源的大量开采使用，其优势逐渐减弱，导致城市群内各旗县区发展缓慢；其二是因为城市群把更多的资源要素放到与周边其他各省市的合作交往中，忽略了对内的经济发展。中介中心度中心势在考察期内也呈现下降趋势，由 2000 年的 30.07 下降为 2016 年的 10.11，表明城市群中各旗县区之间的直接经济联系加强，间接联系减弱，中心旗县区对资源的控制能力减弱，各旗县区之间的经济发展趋向均衡化。

表 8-4 城市群经济联系网络中心势结果

项目	2000 年	2005 年	2010 年	2016 年
点出度中心势	8.30	60.21	61.25	59.86
点入度中心势	58.13	29.07	23.88	22.49
中介中心度中心势	30.07	10.06	12.50	10.11

资料来源：笔者根据《内蒙古统计年鉴（2001—2017）》数据整理所得。

与 2000 年相比，2016 年各子群内成员已经不再受到地域限制，如表 8-5 所示，地理位置不相近或者距离很远的旗县区被划分到同一子群，并且由图 8-3 和图 8-4 可以直观地发现，2016 年各板块之间的联系已经逐渐加强，"0 矩阵"减少，表明任意两个板块之间几乎都存在直接的联系。包头市区与呼和浩特市区经济联系更加紧密，逐渐融入以呼和浩特市区为首的子群内，2000 年包头市区、东胜区、达拉特旗和固阳县构成一个凝聚子群，2010 年包头市区加入呼和浩特市区、和林格尔县、托克托县、土默特右旗构成一个凝聚子群，表明呼和浩特市首府的集聚功能逐步显现；另外，鄂尔多斯市的鄂托克旗、伊金霍洛旗和准格尔旗随着时间推移构成一个凝聚子群，作为鄂尔多斯市经济发展水平的前三名，经济联系逐步紧密构成一个凝聚子群，成为带动内蒙古发展的新动力。

表 8-5 城市群经济联系网络凝聚子群分布情况

项目		城市群
2000 年	1	呼和浩特市区、土默特左旗、托克托县、和林格尔县、清水河县、准格尔旗
	2	武川县、土默特右旗、达茂旗
	3	包头市区、东胜区、达拉特旗、固阳县
	4	鄂托克前旗、鄂托克旗、杭锦旗、乌审旗、伊金霍洛旗
2005 年	1	呼和浩特市区、土默特左旗、托克托县、和林格尔县、固阳县、土默特右旗
	2	包头市区、伊金霍洛旗、准格尔旗
	3	武川县、东胜区、达拉特旗、清水河县、达茂旗
	4	鄂托克旗、杭锦旗、乌审旗、鄂托克前旗

续表

项目		城市群
2010 年	1	呼和浩特市区、和林格尔县、托克托县、土默特右旗、包头市区
	2	鄂托克旗、伊金霍洛旗、准格尔旗
	3	土默特左旗、达茂旗、东胜区、达拉特旗、清水河县、武川县
	4	鄂托克前旗、杭锦旗、乌审旗、固阳县
2016 年	1	呼和浩特市区、和林格尔县、托克托县、土默特右旗、包头市区
	2	鄂托克旗、伊金霍洛旗、准格尔旗
	3	土默特左旗、达拉特旗、东胜区、清水河县、武川县
	4	达茂旗、鄂托克前旗、杭锦旗、乌审旗、固阳县

```
                              1         1    1 1    1 1 1 1 1
                          1 2 3 4 5 3    6 8 0    7 1 2 9    4 5 6 7 8
     1   呼和浩特市区      1 1 1            1 1      1
     2   土默特左旗        1   1              1      1
     3   托克托县          1 1 1              1      1
     4   和林格尔县        1 1 1   1 1        1
     5   清水河县          1   1 1
    13   准格尔旗          1 1 1   1                  1 1

     6   武川县            1 1
     8   土默特右旗        1 1 1                       1   1
    10   达尔罕茂明安联合旗 1            1 1          1   1

     7   包头市区          1                          1 1 1
    11   鄂尔多斯市区      1 1                         1 1              1
    12   达拉特旗                      1 1             1 1
     9   固阳县                        1 1             1 1

    14   鄂托克前旗                                    1 1        1 1 1
    15   鄂托克旗                                      1 1      1 1 1 1
    16   杭锦旗                                        1 1 1      1   1
    17   乌审旗                                        1 1      1 1 1
    18   伊金霍洛旗                                    1 1 1
```

图 8-3　城市群 2000 年分块矩阵

　　从 2016 年子群分布情况来看，首先是以呼和浩特市区、包头市区为首的呼包 5 个旗县区组成一个子群，他们依托省会城市——呼和浩特市和工业城市——包头市的资金、信息和资源等优势，对城市群其他内部旗县区具有较强的辐射带动作用；其次是鄂托克旗、伊金霍洛旗、准格尔旗构成的子群，他们三者的经济联系逐渐增强，依靠自有的资源优势在鄂尔多斯市内紧密结合，承接核心旗县区的产业转移，形成城市群的次中心和新的经济增长点，与呼和浩特市区、包头市区共同带动周边旗县的发展；再次是土默特左旗、达拉特旗、东胜区、清水河县、武川县组成的子群，相对于前两个子群里的成员优势略弱，但清水河县和武川县受到东胜区和达拉特旗的辐射作用逐渐加强；最后是达茂旗、鄂托克前旗、杭锦旗、乌审旗、固阳县组成的子群，这些旗县的经济规模小、地理位置相对于偏远，与其他旗县联系不够紧密，未来应加强与其他旗县区的经济交流与合作，实现共同发展。

```
                          1 1 1     1 1          1 1 1 1
                1 4 3 8 7  5 8 3   2 2 1 5 6     0 4 6 7 9

 1  呼和浩特市区   1 1 1 1 | 1   1 | 1 1 1 1 1 | 1         1
 4  和林格尔县     1   1 1 1 | 1   | 1 1 1 1 1 | 1
 3  托克托县       1 1   1 1 | 1   | 1 1 1 1 1 |
 8  土默特右旗     1 1 1   1 | 1 1 | 1 1 1 1 1 |           1
 7  包头市区       1 1 1 1 | 1 1 1 | 1 1 1 1 1 | 1     1 1 1

15  鄂托克旗       1       |       | 1 1 1 1 1 | 1 1 1 1 1
18  伊金霍洛旗     1 1 1 1 | 1     | 1 1 1 1 1 | 1 1 1 1 1
13  准格尔旗       1 1 1 1 | 1 1   | 1 1 1 1 1 | 1 1 1 1 1

 2  土默特左旗     1   1 1 1 |     |         1 |
12  达拉特旗           1 1 |           1 |
11  鄂尔多斯市区   1       1 1 | 1 1 |     1 |
 5  清水河县         1 1 |       1 |
 6  武川县         |     |       |

10  达尔罕茂明安联合旗 |   |       |
14  鄂托克前旗     |     |       |
16  杭锦旗         |     |     1 |
17  乌审旗         |     |       |
 9  固阳县           1 1 |     |     1 |       1
```

图 8 – 4　城市群 2016 年分块矩阵

　　综上所述，呼包鄂城市群空间经济联系由简单到复杂，联系越来越密切且趋于复杂化，但整体网络密度并不高。呼包鄂城市群位于边疆民族地区，地区特点表现为经济建设起点低、基础差、少数民族人口聚集、区位地理优势欠缺，经济发展较为滞后，城市群经济联系网络密度要与地区整体经济发展相匹配，适度的网络密度更有助于城市群网络的协调与可持续发展。城市群的经济往来主要围绕呼和浩特市区、包头市区和东胜区，而鄂托克前旗、乌审旗、清水河县和达茂旗等旗县与城市群内各成员经济联系弱，发展缓慢，城市群的经济发展存在很大的不对称、不均衡性。并且呼和浩特市区、包头市区和东胜区核心区的辐射功能相对较强，集聚功能较弱。另外，鄂尔多斯市的伊金霍洛旗、准格尔旗集聚和辐射作用在逐渐加强，成为带动城市群发展新的增长极。城市群中各旗县区之间的直接联系逐步提升，越来越少的旗县区受制于其他旗县区的"中介"作用，各凝聚子群内的成员不再受到地域的限制，经济发展状况相近、联系较多的旗县区组成一个凝聚子群。

　　所以，为促成呼包鄂城市群一体化建设和资源型城市群成功转型，必须做好城市群协同发展规划。要加强生态建设和环境保护，打造资源节约型和环境友好型城市群；围绕世界级新兴乳业基地、"稀土＋"基地和国家绿色农畜产品生产加工输出基地、清洁能源生产输出基地、现代煤化工基地、数据备份中心"五大基地"建设，加快产业结构优化升级和经济转型可持续发展。首先，发挥好呼和浩特市区首府功能，大力发展新型服务业并加强科研、技术服务等产业的比较优势，在教育、金融、高新技术等方面发挥带头作用，加快发展核心城市经济，提升其辐射带动能力；同时强化包头市区、东胜区的副中心城市地位，充分发挥经济发展引擎作用，打造三市区成为经济增长极。其次，发展壮大准格尔旗、鄂托克旗、伊金霍洛旗、达拉特旗、土默特右旗、土默特左旗、托克托县和林格尔县等，推动周边旗县加快发展，培育成为新的卫星城市。最后，积极加强达尔罕茂明安联合旗、清水河县、鄂托克前旗、杭锦旗、乌审旗和固阳县与城市群内部成员的经济联系，调整产业地位，做好产业承接转移，向核心城市提供原材料和市场。

第九章

城市群资源环境承载力与可持续发展

第一节 生态环境现状

呼包鄂城市群位于内蒙古自治区中西部的核心区，呈"品"字形分布，现已成为内蒙古最具活力的城市经济圈，被誉为内蒙古的"金三角"地区。城市群的生态环境状况与经济发展息息相关，是城市群能否可持续发展的关键。

如图9-1所示，呼包鄂三市的人口密度都在逐年递增，其中呼和浩特市和鄂尔多斯市年平均增长率约为3%，包头市增长率略低约达2%，所以人口压力一直存在。呼包鄂城市群中呼和浩特市人口密度最大，平均约为161.13人/平方公里；包头市次之，约为93.66人/平方公里；鄂尔多斯市人口密度最小，仅约为20.33人/平方公里。虽处于同一经济圈内，但是三者的人口密度差异明显。

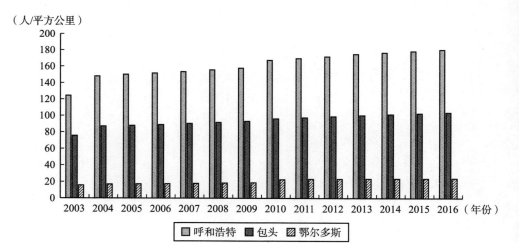

图9-1 呼包鄂城市人口密度

资料来源：笔者根据《内蒙古统计年鉴（2004—2017）》数据整理所得。

　　如图 9 - 2 所示，呼和浩特市建设用地比重呈现波动上升的趋势，2014 年之后有所下降；包头市和鄂尔多斯市建设用地比重在 2011 年以前基本处于波动中上升，之后波动明显，但是总体较 2003 年而言是上升的。建设用地是城市发展的重要载体和基本保障，建设用地规模的合理规划是人口、经济、社会发展的重要步骤。

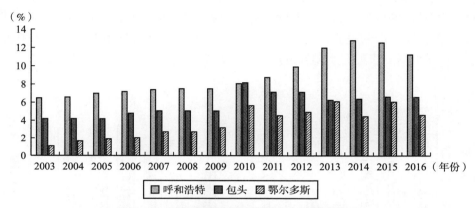

图 9 - 2　呼包鄂城市建设用地占市区面积比重

资料来源：笔者根据《内蒙古统计年鉴（2004—2017）》数据整理所得。

　　如图 9 - 3 所示，鄂尔多斯市造林面积最多，2003 年达 16.41 万公顷，随后 12 年间波动明显，但是平均造林面积仍可达 8.30 万公顷；呼和浩特市平均造林面积 3.37 万公顷，包头市 2.64 万公顷，二者整体趋势呈现"W"形。

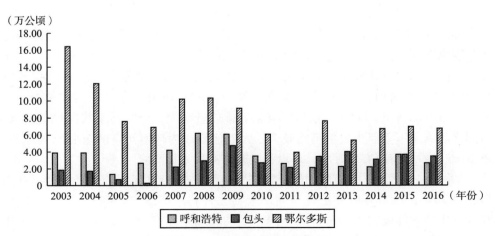

图 9 - 3　呼包鄂城市造林面积

资料来源：笔者根据《内蒙古统计年鉴（2004—2017）》数据整理所得。

如图 9 – 4 所示，人均生活用水情况条形图显示：呼和浩特市、包头市和鄂尔多斯市的人均生活用水呈现先上升后下降再上升的趋势，其中鄂尔多斯市用量最大，2015 年达 55.95 吨，2016 年 46.63 吨。2010 年以后，三市人均生活用水均在上升，鄂尔多斯市增长最快，水资源压力巨大。污水排放量情况折线图显示：呼和浩特市污水排放量最大，2008 年以前基本保持在 8000 万吨左右，之后处于波动上升状态；鄂尔多斯市污水排放量总量最低，尽管 14 年间不断增加，但是平均排放量仅为 1821.43 万吨；包头市在 2008 年以前排放量高于呼和浩特市，但是处于下降的趋势，之后低于呼和浩特市但排放量开始上升。整体来看，从 2008 年以后三市的污水排放量逐步增加，给环境带来了较大的负面影响。

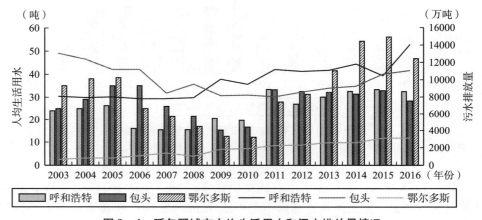

图 9 – 4　呼包鄂城市人均生活用水和污水排放量情况

资料来源：笔者根据《内蒙古统计年鉴（2004—2017）》数据整理所得。

如图 9 – 5 所示，呼包鄂三市的工业二氧化硫排放量呈现先上升后下降的趋势。鄂尔多斯市工业二氧化硫排放量最多，包头市次之，呼和浩特市最少。2006 年以前三市的二氧化硫排放量都在增加，之后波动趋势明显，2015 年总排放量较 2003 年有所增加，对于空气污染较严重，但是 2016 年二氧化硫排放量下降明显。从条形图看出，2006 年前后二氧化硫排放量最大，空气污染状况也最严重。虽然之后有所下降但排放量仍然较多，大气污染成为环境污染的重要原因之一。就 2016 年看，情况有所好转，环境污染改善有很大提高。

如图 9 – 6 所示，三市的固体废物综合利用率在 2009 年以前不断增加，利用率超过 70%，2008 年呼和浩特市固体废物综合利用率达 90.34%。2009 年以后呼和浩特市固体废物利用率开始下降，平均利用率只有 36%；包头市对固体废物的利用较好，2011 年达到最高水平 87.83%，鄂尔多斯市 2009 年利用率为 88.31%，随后几年仍高达 80% 左右，直至 2013 年利用率下降到 36.73%，固体废物的综合利用效果欠佳。整体来看，2007～2009 年间三市对固体废物的综合利用较好，而从 2013 年以来对固体废物的综合利用有待加强。

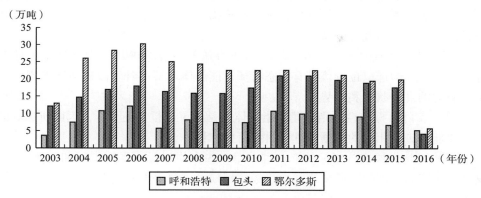

图 9-5　呼包鄂城市工业二氧化硫排放量

资料来源：笔者根据《内蒙古统计年鉴（2004—2017）》数据整理所得。

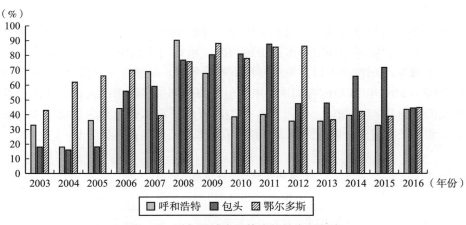

图 9-6　呼包鄂城市固体废物综合利用率

资料来源：笔者根据《内蒙古统计年鉴（2004—2017）》数据整理所得。

第二节　资源环境承载力评价框架

一、评价指标的构建原则

资源环境承载力评价涉及的是复杂的城市系统，包含资源环境等方面诸多要素。要素之间相互作用并对系统产生影响，因此评价指标的选取至关重要。为了尽量科学客观地构建评价指标，应遵循以下 4 点原则：

（1）科学性原则：要求所选取的指标能够充分体现研究对象的实际情况，并要考虑到数据搜集与整理的难易程度，评价指标定义要准确，能够充分重点反映该地区资源环境承载力的状况。

（2）动态性原则：由于资源环境承载力随着社会的进步与发展在不断地变化，因此指标的选取也应该具有动态特征，能够体现某一时间段内地区的资源环境承载力的发展状况和趋势。

（3）实际可操作性原则：建立指标体系是为了进行实证分析，因此所选取的指标要能够进行相应的数据处理，具有可操作性。

（4）可比性原则：指标的选取宜采用一些人均指标、强度指标和比例指标，这些指标有利于消除不同城市间由于经济规模、人口等因素的差异所带来的比较不确定性。

二、评价指标体系构建

资源环境承载力与城市系统密不可分，评价指标的构建需要考虑到与城市系统相关的人口、资源和环境等多方面的状况。承载对象是城市经济发展的最大规模，而承载主体则包括人口、资源与环境等子系统。根据以上评价指标构建原则，选取 2003～2016 年 13 年间呼和浩特市、包头市和鄂尔多斯市的人口、经济、资源和环境四方面共 20 个指标。按照 PSR 模型将资源环境承载力分为系统压力、系统状态、和系统响应 3 个模块，形成资源环境承载力指标体系，如表 9 – 1 所示。

表 9 – 1　　　　　　　　　资源环境承载力评价指标体系

项目		指标层	指标说明
资源环境承载力	压力	人口自然增长率（%）	表征人口对经济的压力
		失业率（%）	表征失业对经济下拉作用
		人均消费支出（元）	表征人口消费压力
		人均生活用水（吨）	表征资源消耗压力
		污水排放量（万吨）	表征环境压力
		工业二氧化硫排放量（万吨）	表征环境压力
		工业烟尘排放量（万吨）	表征环境压力
	状态	人口密度（人/平方公里）	表征人口与国土状况
		人均城市道路面积（平方米）	表征人口与城市道路状况

续表

项目		指标层	指标说明
资源环境承载力	状态	人均 GDP（元）	表征经济发展水平
		职工平均工资（元）	表征居民收入水平
		城市建设用地占市区面积比重（%）	表征土地利用状况
		供水总量（万吨）	表征水资源状态
	响应	科学事业支出（万元）	表征科技发展状况
		第三产业占 GDP 比重（%）	表征产业结构优化程度
		建成区绿化覆盖率（%）	表征环境改善程度
		造林面积（公顷）	表征环境改善程度
		城市污水日处理能力（万吨）	表征环境改善能力
		固体废物综合利用率（%）	表征环境改善程度
		生活垃圾无害化处理率（%）	表征环境改善程度

三、评价模型构建

（一）综合指数评价模型

综合指数是在指标体系的基础上，对各项指标的个体指数加权平均以后计算出来的综合值。综合指数评价模型计算公式：

$$F = \sum_{i=1}^{n} \omega_i f_i \qquad (9.1)$$

式（9.1）中，F 表示资源环境承载力分值；ω_i 表示第 i 项指标的权重；f_i 表示第 i 项指标的标准化值。F 越大，表明资源环境承载力越大，也就意味着城市系统承载社会经济的能力越大。权重的确定采用熵值法，熵值法是一种客观赋权方法，它通过计算指标的信息熵，根据指标的相对变化程度对系统整体的影响来决定指标的权重，相对变化程度大的指标具有较大的权重。

（1）原始数据的收集与整理。

假定需要评价某城市 m 年的资源环境承载力，评价指标体系包括 n 个指标。这是由 m 个样本组成的，用 n 个指标做综合评价的问题，便可以形成评价系统的初始数据矩阵：

$$X = \begin{pmatrix} x_{11} & \cdots & x_{1n} \\ \vdots & \ddots & \vdots \\ x_{m1} & \cdots & x_{mn} \end{pmatrix}$$

$x = \{x_{ij}\}_{m \times n}(0 \leqslant i \leqslant m,\ 0 \leqslant j \leqslant n)$，其中 x_{ij} 表示第 i 个样本第 j 项评价指标的数值。

（2）数据处理—标准化处理。

①由于各指标的量纲、数量级均有差异，所以为消除因量纲不同对评价结果的影响，需要对各指标进行标准化处理。

方法一：

$$x'_{ij} = \frac{x_j - x_{min}}{x_{max} - x_{min}};\quad x'_{ij} = \frac{x_{max} - x_j}{x_{max} - x_{min}} \tag{9.2}$$

其中，x_j 为第 j 项指标值，x_{max} 为第 j 项指标的最大值，x_{min} 为第 j 项指标的最小值，x'_{ij} 为标准化值。若所用指标的值越大越好，则选用前一个公式若所用指标的值越小越好，则选用后一个公式。

方法二：

$$x'_{ij} = \frac{x_{ij} - \bar{x}_j}{S_j} \tag{9.3}$$

其中：$\bar{x}_j = \frac{1}{n}\sum_{i=1}^{n} x_i$，$S_j = \frac{1}{n-1}\sum_{i=1}^{n}(x_{ij} - \bar{x}_j)^2$。

$\bar{x}_j$ 为第 j 项指标的平均值；S_j 为第 j 项指标的标准差。

②计算第 j 项指标下第 i 年份指标值的比重 y_{ij}。

$$y_{ij} = \frac{x'_{ij}}{\sum_{i=1}^{m} x'_{ij}}(0 \leqslant y_{ij} \leqslant 1) \tag{9.4}$$

由此，可以建立数据的比重矩阵 $Y = \{y_{ij}\}_{m \times n}$。

（3）计算指标信息熵值 e 和信息效用值 d。

①计算第 j 项指标的信息熵值的公式为：

$$e_j = -K\sum_{i=1}^{m} y_{ij}\ln y_{ij} \tag{9.5}$$

$$K = \frac{1}{\ln m} \tag{9.6}$$

式（9.6）中，K 为常数。

②某项指标的信息效用价值取决于该指标的信息熵 e_j 与 1 之间的差值，它的值直接影响权重的大小，信息效用值越大，对评价的重要性就越大，权重也就越大。

$$d_j = 1 - e_j \tag{9.7}$$

（4）计算评价指标权重。

利用熵值法估算各指标的权重，其本质是利用该指标信息的价值系数来计算，其价值系数越高，对评价的重要性就越大（或称权重越大，对评价结果的贡献大）。

第 j 项指标的权重为：
$$w_j = \frac{d_j}{\sum\limits_{i=1}^{m} d_j} \tag{9.8}$$

（二）PSR 模型

PSR 模型即压力—状态—响应模型，该模型区分了三类指标，其中压力 P 用以表征导致经济发展不可持续的因素，状态 S 用以表征可持续发展过程中系统的状态，响应力 R 用以表征人类为促进可持续发展而采取的措施。系统压力、系统状态和系统响应的具体指标如下：通过 PSR 模型可以进行资源环境承载力的解构分析，即：观察"压力—响应力"和"压力—响应力—状态力"二者的作用方向来判断城市发展所处的状态，当压力—响应力的方向一致时，认为响应力为负，表明人类活动对经济系统有消极的破坏作用；当压力—响应力作用方向相反时，认为响应力为正，表明人类活动有助于促进经济社会的发展。状态力决定于压力和响应力的强弱，压力—响应力同方向时，状态力向下移动，社会经济整体低迷；压力—响应力反方向时，状态力随 $\max\{P, R\}$ 方向移动。

四、数据来源

数据均来自 2004～2016 年《中国城市统计年鉴》《内蒙古统计年鉴》。其中个别年份指标缺失值的处理采用其前后两年的均值进行替代。

第三节　资源环境承载力评价结果

一、资源环境承载力的时空演变规律

根据综合指数评价模型计算公式得出评价结果如图 9 - 7 所示。

整体来看，2003～2016 年间呼包鄂城市群整体呈现"W"形趋势，其中呼包鄂三市的资源环境承载力波动明显，三者差异较大。2006 年以前，包头市承载力得分最高，呼和浩特市次之，最低的是鄂尔多斯市；2006～2009 年，呼和浩特市和鄂尔多斯市承载力开始提高超过了包头；2009～2011 年，由于鄂尔多斯市承载力得分大幅度上升，位居最高，包头市第二位，呼和浩特市下降到最低；2012～2015 年，呼和浩特市承载力提高迅速，超越包头市和鄂尔多斯市，包头市和鄂尔多斯市缓慢增长位居第二、第三位。

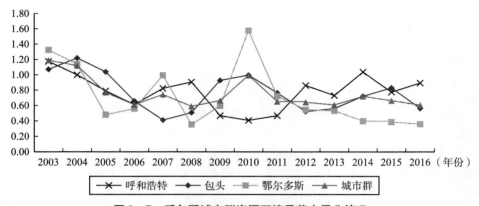

图 9 - 7　呼包鄂城市群资源环境承载力得分情况

资料来源：笔者根据《中国统计年鉴（2004—2017）》《内蒙古统计年鉴（2004—2017）》数据整理所得。

根据承载力评价表 9 - 2 中等级的分类，可以将呼包鄂城市群的资源环境承载力大致分为四个阶段：第一阶段是 2003 ~ 2004 年，城市群的资源环境承载力属于Ⅰ等级，资源环境完全可承载人口经济的发展，主要原因是人口密度低压力小，资源丰富，轻度环境污染；第二阶段是 2005 ~ 2009 年，呼包鄂的资源环境承载力属于第Ⅲ等级，属于临界可承载，表明这个阶段由于前一阶段资源的利用及环境保护工作不到位，通过资源开发短暂增加社会经济福利只是表面现象，并不能长期维持这种繁荣的景象，导致承载力下降到刚好维持经济发展的边缘；第三阶段是 2010 年，城市群的资源环境承载力属于第Ⅱ等级，由于鄂尔多斯市 2010 年资源环境承载力提升迅速，整个城市群的承载也迅速上升，回归到第Ⅱ等级的适度承载，但这种现象十分短暂；第四阶段 2011 ~ 2016 年，呼包鄂城市群的资源环境承载力又回到第Ⅲ等级，承载力开始缓慢下降到适度承载，并保持相对稳定。这就表明，虽然呼包鄂三市的资源环境承载力差异较大，并且发展不协调，但是就城市群整体情况而言，承载能力良好，表明呼包鄂城市群重视可持续发展的理念并付诸行动，在经济社会发展的同时兼顾资源环境的保护，从开始的粗放型发展向集约型发展转变，极大地增加了可持续发展的能力，从而可以看出呼包鄂今后的发展必将潜力无限。

表 9 - 2　　　　　　　　　　　　　资源环境承载力评价

等级	评价值	状态
Ⅰ	>1.0	完全可承载，城市系统有大量的福利剩余
Ⅱ	0.8 ~ 1.0	适度承载

续表

等级	评价值	状态
Ⅲ	0.6~0.8	临界可承载，城市系统处于承载力边界
Ⅳ	0.4~0.6	承载较弱，城市系统经济发展与其他因素发展不协调
Ⅴ	<0.4	严重非协调状态，传统的粗放型发展

二、资源环境承载力结构演进

利用 PSR 模型将呼包鄂资源环境承载力进行解构分析，即：基于 PSR 模型建立的系统压力、系统状态力和系统响应力的指标体系，将第 i 项指标的标准化值与权重相乘作为该项指标的评价值进行分析。根据 2003~2015 年间系统压力、系统状态力和系统响应力的指标及权重，得到呼包鄂资源环境承载力结构演进情况。

如图 9-8 所示，2003~2009 年呼和浩特市压力在逐步缩小，同时状态力也在波动中出现下降。其间 2003~2004 年压力与响应力作用方向相反，表明人类活动有助于促进经济社会发展，但是状态力随着压力的缩小出现下降，表明尽管此时属于完全可载，承载质量不高；2004~2006 年压力与响应力作用力方向仍相同，但压力增加，响应力也增加，表明承载力结构仍较弱；2006~2009 年压力与响应力作用方向先相反后相同，状态力随响应力的上升有小幅度的增加后又出现下降，表明承载力结构开始出现优化的迹象但由于响应力的下拉作用承载质量仍然偏低。2009~2016 年，状态力在提升，其间 2009~2012 年压力与响应力作用

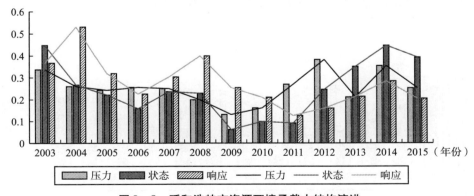

图 9-8 呼和浩特市资源环境承载力结构演进

资料来源：笔者根据《中国统计年鉴（2004—2017）》《内蒙古统计年鉴（2004—2017）》数据整理所得。

方向相反，人类活动对经济社会发展具有积极的促进作用，承载力结构向好的方向发展；2012～2014 年压力波动明显，状态力和响应力稳步提升，承载质量较高，但是由于压力的波动导致 2015～2016 年承载质量出现再次的下降，无法预测未来几年呼和浩特承载力结构的走向。综上所述，呼和浩特市在这 14 年间资源环境承载力结构变化趋势不稳定，波动较大。

观察折线图，呼和浩特市 2004～2008 年、2010～2013 年压力线高于状态线和响应线，表明呼和浩特市资源环境压力巨大，是制约经济发展的重要因素。2008～2010 年响应力线高于状态线和压力线，人类活动的过多干预并不能实现人与自然的和谐发展，反而使得状态线持续走低；2013～2016 年，状态线高于响应力线和压力线，表明这段时间里较小的人类活动实现了较高的经济状态，这样的经济发展可持续发展的前提，然而压力的波动却仍然对经济系统产生负面影响，呼和浩特市的经济社会可持续发展依然面临巨大的挑战。

如图 9－9 所示，2003～2006 年，包头市压力、状态力和响应力均呈现下降的趋势，表明压力和响应力的作用方向一致，此时社会经济整体处于低迷期，承载质量差；2006～2010 年，压力开始增大，响应力在下降，状态力在压力的作用下降迅速，表明经济系统处于非常脆弱的时期，承载状态令人担忧，但是 2009～2010 年期间，状态力提升，说明承载状态有所好转；2010～2015 年，压力在起伏中逐渐下降，状态力和响应力持续走高，这是一种较为理性的系统状态，承载质量不断提升，经济社会实现优势发展，但是 2016 年压力又大幅增大，导致状态力开始下降。折线图显示，2003～2016 年压力线始终高于响应力线和状态线，除 2015 年以外，压力的居高不下导致状态线不高，响应力线低于状态线，承载力结构较弱；2008～2009 年，响应力线提升，超过状态线，在巨大压力的负面作用下，经济状态在人类经济活动下开始提升，但从整体看，包头市资源环境承载力结构较差。

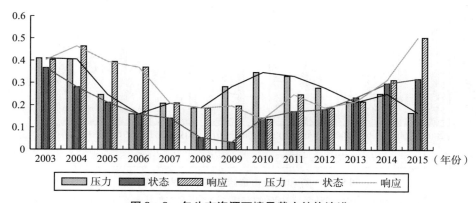

图 9－9　包头市资源环境承载力结构演进

资料来源：笔者根据《中国统计年鉴（2004—2017）》《内蒙古统计年鉴（2004—2017）》数据整理所得。

如图 9-10 所示，2003~2009 年，鄂尔多斯市压力不断下降，状态力也持续走低，响应力波动幅度较大。2003~2005 年压力与响应力同方向变动，表明人类活动对经济社会的消极作用明显，承载质量较差；2005~2009 年，响应力提升后又下降，对经济系统的影响起伏不定，承载力结构不稳定，承载状态一般；2009~2010 年，响应力大幅度提升，同时压力和状态力也在增加，人类活动的干预一方面使得压力增大，但同时也提高了状态力，虽然此时承载力质量仍不高，但是有一定的改善；2010~2016 年，压力在波动中有所增加，响应力开始下降，而状态力逐步上升，此时表明人类活动的积极作用大于消极作用，承载质量仍在不断恢复中。折线图中，响应力线波动剧烈，压力线高于状态线，表明压力的负面作用是状态力不能快速稳步提升的原因，而经济活动的过多或过少对鄂尔多斯市具有影响，如何合理的采取人类活动的干预是鄂尔多斯市未来发展的重要方面。

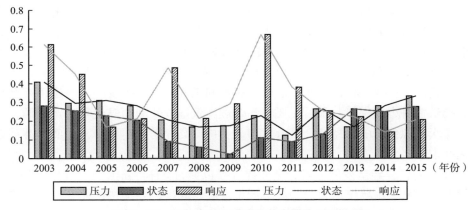

图 9-10　鄂尔多斯市资源环境承载力结构演进

资料来源：笔者根据《中国统计年鉴（2004—2017）》《内蒙古统计年鉴（2004—2017）》数据整理所得。

综合呼包鄂三市的具体分析，2003~2016 年呼和浩特市的承载力结构由低到高，但是压力明显存在并较强，2015~2016 年的情况显示承载质量较 2014 年要差，由此无法预测呼和浩特市未来几年的承载力结构的走向；包头市的承载质量较差，主要源于环境的巨大压力，它是阻碍包头市发展的短板之一。但是近几年状态有所改善，面对未来经济社会的发展仍要报以乐观积极的态度；鄂尔多斯市承载质量在不断提高中，未来的发展前途光明。所以，呼包鄂的发展一方面要充分抓住自身的优势，积极合理利用好各种资源，其次也要尽力维护和加强一些"短板"建设，要综合考虑到城市各要素之间的关系，维持城市发展间的协调与平衡，使得呼包鄂保持健康稳健可持续的发展势头的同时带动整个内蒙古的繁荣发展。

（1）要提高环保意识，建设节约型环保型城市。呼包鄂资源环境承载力不高，一方面是居民的环保意识差，环境治理力度不够；另一方面是能源消耗过于严重。所以，首先，要强化居民的环境和能源的危机意识，使得居民树立资源有限性和环保自觉性等科学发展意识，加强法律法规的保障和监督；其次，政府要加大环境治理力度，积极引进先进的污水、垃圾等处理设备，高效快捷的转化生活废物和垃圾；再其次，要关闭、改造一批污染企业，鼓励、引导企业绿色环保的开展作业，在保证产量的前提下尽量少的污染环境；最后，倡导低碳生活，积极引导居民、企业正确的资源需求导向，减少排放和浪费，实现城市的可持续发展。

（2）要合理利用自然资源，使资源发挥更大的作用。呼包鄂虽然自然资源比较丰富，但是对于土地、水、矿产等自然资源的开发和利用却不尽合理。由于呼包鄂身居内陆、远离江河，水资源本来就比较贫乏，再加上水利建设不够完善，使得水资源成为经济社会发展的一大短板。所以，首先，要科学调控生态建设用地、农牧业用地和城市建设用地。要坚持生态优先，保障和维护必要的生态建设用地；严格保护农牧业用地，采用先进科学的手段，构建高效高产节能的现代农牧业；合理优化城市建设用地，积极调整城市用地的结构和布局，避免浪费土地，提高土地的利用率。其次，要合理开发利用水资源，加强水利建设和供水管网的改造，使得居民生活用水、农牧业用水和工程用水和谐统一，为经济社会的发展提供强有力的保障。最后，要科学合理高效地开发利用煤炭等矿产资源，要做到煤炭资源保障的可持续，最有效和最直接提高煤矿的回采率，切实提高就地转化率。

（3）要转变经济发展方式，全面提升呼包鄂的整体经济实力。首先，要构建现代产业体系，由传统的粗放型向集约型发展；其次，要加快产业升级，调整产业结构，充分利用呼包鄂的资源优势推进农牧业和工业的快速发展；最后，要利用呼包鄂具有优势的绒业和乳业等特色的产业开辟一条新型产业路线，为内蒙古的经济发展注入更加新鲜的动力。

（4）要提高市政建设管理水平，保障居民生活更加殷实。首先，要加大基础设施建设工程，全面提高居民的衣食住行质量，继续完善交通设施网络建设，优化居民生活。其次，大力发展科教、文化、卫生等事业，全面提高人口思想道德素质、科学文化素质和身体素质。最后，完善养老、医疗、就业等社会保障制度，实现制度平等和管理资源共享，在推动建立更加公平可持续的社会保障制度中迈出坚实的一步。

第十章

发展前景和政策建议

第一节　城市群发展前景

最早提出"呼包鄂经济圈"是在 20 世纪 90 年代初，它真正开始发展壮大是在国家"十五"计划期间。2000 年，自治区政府根据内蒙古空间地理特征，把全区划分为东、中、西三大经济区域，确立了以呼包鄂为核心的西部特色经济圈建设的发展战略。2003～2008 年，自治区党委和政府连续每年召开呼包鄂经济工作协调推进会，提出了三地同城一体化的构想。2010 年，自治区《政府工作报告》提出"呼包鄂经济一体化"概念。2011 年 4 月，内蒙古《以呼包鄂为核心沿黄河沿交通干线经济带重点产业发展规划（2010—2020 年）》获国家发改委批准实施，从工业园区管理、政策支持、组织实施上都制定了具体措施和配套政策。2012 年，自治区政府批准实施《呼包鄂城市群规划（2010—2020 年）》。2016 年 11 月，自治区政府批准实施《呼包鄂协同发展规划纲要（2016—2020 年）》，这标志着呼包鄂协同发展步入了新的历史时期，对呼包鄂在未来五年发展的合作做了详细规划和部署，其中，在"共同推进改革开放"部分特别提到了要构建多层次开放合作新格局，从对外开放角度来看，要将呼包鄂地区打造成为内蒙古参与"丝绸之路经济带""中俄蒙经济走廊"建设的核心区。政府在多个方面为呼包鄂城市群的协同发展提供了大力支持。2016 年以来，内蒙古自治区财政厅安排资金 2.64 亿元重点支持呼和浩特、包头中心城市蔬菜基地建设和鄂尔多斯肉羊养殖建设。安排旅游发展资金 3985 万元，支持呼包鄂三市重点旅游景区基础设施和旅游公共服务体系建设。安排资金 1.87 亿元支持呼包鄂三市 3 个民航机场建设与航线开发，安排资金 8400 万元支持呼包鄂三市口岸基础设施建设。2017 年，设立总规模 200 亿元的重点产业发展引导基金，支持呼包鄂三地大数据产业、云计算应用服务、新能源、新材料、生物制药等战略性新兴产业发展。

　　为构建现代职业教育体系，内蒙古教育部门 2017 年下达呼包鄂中等职业教育基础能力建设资金 5407 万元，同时提高呼包鄂职业教育专业结构与产业结构的契合度，将三市 92 个专业纳入提升范围，每个专业支持 300 万元。为进一步优化就业创业环境，呼包鄂三地建成创业园和孵化基地 91 家，带动就业 7 万人。在呼和浩特建成创业市场，并把创业服务延伸到包头的土右旗、固阳县和鄂尔多斯的准格尔旗。为确保呼包鄂新建重点项目的用水需求，内蒙古大力推进跨盟市水权转让，已为 64 个重点工业项目提供 4 亿多方水权指标。《2017 年呼包鄂协同发展市长联席会议十项共识》于 2017 年 5 月 5 日在呼包鄂市长联席会议上签署，其中有一项强调要"在推动自治区改革开放创新发展上实现协同"。

　　内蒙古历来高度重视呼包鄂区域协调发展，并从产业布局、经济发展等方面进行统筹谋划，有力地推动呼包鄂协调发展不断迈出新步伐。经过近十余年努力开发创建，呼包鄂区域已经成为内蒙古发展最快的地区，充分整合资源、政策、人才优势，打造出一批优势产业集群集聚。初步形成了乳业、生物制药、钢铁、铝业、稀土、装备制造、能源、电力、化工等产业基地。培育和壮大了包钢、伊利、蒙牛、鄂尔多斯、鹿王、包铝等一批名牌企业。呼包鄂三市的生产总值、财政收入总和均占全区总量的一半以上，已成为内蒙古最具活力的城市经济圈，因而有了闻名区内外的"金三角"美誉。2015 年底，呼包鄂三市经济总量（GDP）为 11098.58 万元，占全自治区 GDP 的 61.55%，比 2007 年占比上升 8 个百分点。具有标志意义的是呼包鄂三市经济总量进入"万亿俱乐部"行列，全国现有 24 个省市 GDP 过万亿元，呼包鄂经济总量与吉林、云南、山西三个省的经济总量相近。从国家统计局发布的数据看，国家全面小康社会的 23 项指标，呼包鄂在总体上已达到大多数的指标要求，但分布不均衡。

　　协同发展涉及区域内资源优配、产业分工、财税分成、排放分担等利益格局的战略性调整，"十三五"时期推动呼包鄂协同发展，必须坚持创新、协调、绿色、开放、共享的发展理念，统筹谋划，建立科学长效的协同发展机制，不断增强发展整体性，使呼包鄂成为全区经济社会发展的火车头、改革开放的领头羊、统筹城乡发展的先行区、生态环境保护的示范区、我区"向北开放"中心和国内协作的枢纽，成为支撑环渤海地区合作发展的重要引擎和全国区域协调发展的样板。

第二节　城市群政策建议

一、打破行政壁垒，形成统一的市场体系

　　协同发展的要义是生产要素能够自由畅通地流动重组，在市场的作用下寻找

最佳的效益。当前，全国新一轮经济转型的核心是提高经济增长的质量和效益，从规模速度型增长转向质量效益型增长。"质量"就是要素生产率，"效益"是要素生产率的提升。如果生产要素因行政分割而不能自由流动，统一市场无法形成，生产要素不能实现最优配置，就谈不到要素生产率和要素生产率的提升。呼包鄂协同发展的目标要定位在质量效率型增长上，调整产业结构、提升产业集中度，使增长真正建立在全要素生产率提升这一内生动力上，这需要呼包鄂三市把行政区划经济变为互联互通互融互促的区域经济。国内区域经济发展的主要障碍是行政区划的分割，这种障碍也非短期内能够得到解决，关键是要在现行体制框架内寻找一条最有利于呼包鄂协同发展的路径。特别是在培植市场主体的过程中，尽量减少行政干预，同时创建三市协同为企业全程服务的"绿色通道"。

例如加大优质旅游资源整合和开发力度，协同推动无障碍旅游区建设，形成线路互连、客源互流、产品互补的统一旅游市场，打造区域品牌，将提升旅游产业整体竞争力和影响力。共同建立旅游协调机制、推动旅游项目招商工作、打造跨区域旅游精品线路，推出特色旅游线路，打破行政壁垒，共同鼓励旅行社互送游客、开拓发展自驾旅游、开展旅游宣传营销、推进市场监管、旅游服务等方面的合作，协同打造国内外知名旅游目的地。

在促进生产要素优化配置上也要实现协同，不仅要积极探索建立区域协同发展机制，更要破除行政和区域壁垒，协同促进资本、物流、人才、技术、劳动力等生产要素优化配置，努力实现生产要素在更大空间、更广领域进行配置，为加快推进呼包鄂协同发展探索新途径、新模式，带动全区发展。

要围绕要素有序流动、资源高效配置和市场深度融合，不断增强大局意识和全局观念，进一步清理、废除妨碍呼包鄂统一市场建设和公平竞争的规定和做法，严禁和惩处各地违规违法出台优惠政策的行为，促进经济要素在更大范围、更高层次顺畅流动与合理配置。按照调整存量、做优增量、集约发展的原则，支持各类新上项目与煤炭、天然气等资源企业在政府引导下，通过市场进行交易，促进区域内资源优化配置。实施差别化电价和水价政策，通过价格杠杆的调节作用，引导资源向优势地区、优势产业集中。深化户籍制度改革，建立区域人才开发与共享机制，促进区域内创业创新资源共享。推进区域社会信用信息交换共享和金融资源自由流动、金融产品高度可替代、金融服务无差异，构建普惠性的创新支持政策体系。

二、加强顶层设计，构建协同发展推进机制

呼包鄂协同发展的统筹协调机制落后于发展的需要，虽然建立了领导小组及办公室工作机制，市长联席会议机制，外部智力支撑机制等领导和运行的机制，

但要达到高质量高效率的统筹协调还需进一步努力。特别是在土地、财政、税收、城建、金融等行业特征明显的领域，从中央到地方都以行政区划为基础，统筹协调的难度更大。呼包鄂三市在规划、布局产业和基础设施时，其出发点仍基于各行政区的利益。还有很多困难和问题不是地方可以解决的，需要与国家层面进行沟通协调。现在急需做的是把各部门和三市关于呼包鄂协同发展的各项规划和各类政策进行梳理和整合，形成相互衔接、补充、支撑的规划体系和政策框架。例如，现在三市都根据自治区《呼包鄂协同发展规划纲要（2016—2020年）》编制自己的实施规划，三市的实施规划必须与整体规划相匹配，相衔接。再如，自治区近几年出台的关于呼包鄂一体化发展、同城化发展的几个规划也要实现对接。

呼包鄂城市群协调发展的实施要全面贯彻党的十九大精神，以习近平新时代中国特色社会主义思想为指导，统筹推进"五位一体"总体布局和协调推进"四个全面"战略布局，坚持以人民为中心的发展思想，牢固树立和贯彻落实新发展理念，坚持质量第一、效益优先，以供给侧结构性改革为主线，推动经济发展质量变革、效率变革、动力变革，着力推进生态环境共建共保，着力构建开放合作新格局，着力创新协同发展体制机制，着力引导产业协同发展，着力加快基础设施互联互通，努力提升人口和经济集聚水平，将呼包鄂城市群培育发展成为中西部地区具有重要影响力的城市群。

要围绕"合作共赢、共同发展"这个根本目标，坚持统筹协调、规划引领和市场运作原则，立足各地发展禀赋和实际，在自治区层面优化呼包鄂生产力空间格局，明晰各地差别化发展功能定位，推动错位共赢，打造生态优美、交通顺畅、经济协调、市场统一、机制科学的呼包鄂黄金经济带。一方面，完善自治区层面呼包鄂协同发展领导和协调机制以及呼包鄂三市党政主要领导联席会议制度，制定呼包鄂协同发展章程，立足呼包鄂三市各自比较优势、现代产业分工要求和合作互补共赢发展理念，重构呼包鄂经济区，激活沿黄沿线经济带。另一方面，建立呼包鄂协同发展资金保障机制和三市部门会商机制，构建呼包鄂协同发展专项合作组和信息交流平台，探索建立区域协同发展利益调节和激励机制，研究制定可量化、可报告、可核实的协同发展监测指标体系。通过顶层设计，打破呼包鄂三市之间合作的行政壁垒，在更高层面、更大空间范围内解决区域经济发展过程中出现的问题，形成区域经济发展的合力和新动力。

三、有序推进产业、创新、开放等领域协同发展

产业结构调整、产业优化和升级、产业融合与互补是呼包鄂协同发展最核心的目标和最重要的任务。传统区域经济学理论认为，各地区都应该集中生产并向

其他地区输出本地区具有比较优势的产品，同时从其他地区输入自身具有比较劣势的产品，这样每个地区都能从分工中获得比较利益。正是在这种理论的指导下，区域经济发展中的资源禀赋被格外重视。但是，随着全球经济一体化进程的加快、科学技术的发展和市场化的深入推进，特别是信息技术、网络技术的发展，区域经济的发展更加关注竞争优势，具有比较优势不一定具有竞争优势。呼包鄂的主导产业目前仍处于产业垂直分工体系的末端，研发和销售两头在外，大多在做初级能源、原材料生产或组装生产，产品的大部分价值向外转移，没有留在当地。因此，呼包鄂产业调整、优化、升级在不丢掉比较优势的基础上，要更加注重技术创新、人力资源开发、创新环境营造、产业集群形成等竞争优势的培育。只有具备了竞争优势，才能真正解决产业升级中的深层次问题，激发经济增长的内生动力，成为区域发展的增长极、火车头。

呼包鄂三市的工业化进程需要新的投入，特别是在"五大产业基地"建设上，需要一大批产业关联度高的项目落地，资本需求量非常大。一些传统优势产业，如煤炭、钢铁、电力等，由于前期在规模扩张过程中，不断投入固定资本、技术资源、人力资本、基本建设等，已经成为"沉没成本"。在供给侧结构性改革中，煤炭、钢铁、电解铝等产业都面临产能的政策约束，如何盘活"沉没成本"是企业面临的最大问题。另外，钢铁、煤炭、风力发电等行业还存在资产专用性问题。资产专用性是指某些行业的资产由于具有特定用途，一旦被投入后就不能挪作他用，或者改为他用其价值会降低，甚至成为无价值的资产。呼包鄂三市的传统优势产业均存在沉没成本和资产专用性问题，如果不能有效化解，企业的全要素生产率，市场竞争能力都会受到影响，降成本就是一句空话，从而对工业化进程产生影响。因此，打破市场分割和行业壁垒，破除地方保护主义，实现呼包鄂三市存量资产的优化配置，要放在与增量投入同等重要的位置。

围绕五大基地建设，立足三市资源禀赋和比较优势，坚持优势互补、合作共赢的原则，协同建设国家重要能源、新型化工、有色金属生产加工、绿色农畜产品生产加工和战略性新兴产业等基地；协同构建呼包鄂沿黄经济带同城化发展格局，形成科学的产业分工体系，实现上下游产业联动效应。培育、延长煤电灰铝、稀土、新材料、新能源汽车产业、绿色农畜产品生产加工、生物发酵等产业链，增加附加值，促进产业结构优化升级，提升区域整体竞争力。加快新技术、新产品、新标准的研发推广，培育具有自主知识产权的国内外品牌，强力推动优势产业向中高端迈进，促进传统产业新型化、新兴产业规模化、支柱产业多元化，形成优势互补、配套协调的产业分工体系。统筹创新驱动发展，深化科技体制改革，建立健全区域协同创新体系，调整优化区域创新发展布局，推动形成区域协同创新共同体，促进创新资源加速集聚、合理配置、开放共享、高效利用；加强基础研究，强化原始创新、集成创新和引进消化吸收再创新，引领和推动区域优势特色产业跨越式发展。构建多层次开放合作新格局，着眼于更好利用国内国际两个市场、两种资源，推动互利共赢、共同发展，主动融入国家"一带一路"建设、京津冀协同发展和呼包银榆区域经济发展中，深化与东部发达省市、港澳台等交流合作，加强呼包银经济带等建设，通过积极参与国际国内分工合作实现持续健康发展。

四、着力推进公共服务共享

呼包鄂协同发展就是坚持区域人民福祉"一盘棋"，坚守底线、完善制度、引导预期、保障基本，推进区域内基本公共服务均等化、一体化，提高公共服务共建能力和共享水平，让越来越多的人突破地域限制，实现工作、生活、休闲、置业、消费等的日益"同城化"。从最容易合作的领域、最容易提升群众获得感、幸福感的政策入手。一方面，要推进区域内各地固话并网升位、区号统一、资费同城，实现通信同城同网，促进老百姓生活便利化；另一方面，要搭建一体化的公共服务平台，加强智慧城市建设，不断推出跨区域办理业务、咨询服务、缴费充值等一系列便民服务，实行医疗、社保和交通"一卡通"。

呼包鄂三市的劳动力数量、劳动力素质以及劳动力性别比方面都存在较大差异，建立就业信息共享平台，有利于劳动力在三市之间有序流动，进而促进城市群整体就业水平的提高，减少摩擦性失业的出现。就业信息共享平台要实现线上与线下相结合的方式，线上主要是对城市群范围内的就业信息进行宣传以及从业人员的信息共享，线下要成立城市群专门的人力资源查验机构、培训机构、维权机构，分别对就业人员素质的真实性进行核实、从业技能进行提升、工作环境以及薪资福利进行保障。

呼包鄂三市由于高等学府以及科研机构的布局有所差异，呼和浩特在教育方面独具优势，教育资源共享平台的搭建有利于城市群内部教师、科研等资源的充分使用。教育资源共享的推动，一方面，要在城市群内部实现优秀师资的合理有序流动，加快信息化平台互联互通建设，实现远程互动教学一体化，扩大区域内优质教育资源覆盖面，尤其是要实现具有明显师资优势的城区与师资劣势的旗县之间的师资流动；另一方面，城市群要按照学校教育层次的不同制定明确的教学硬件设施标准，并依据标准对相关学校的设施进行补充。加强呼包鄂三地学校骨干教师交流学习，探索三地互设分校、分院、实习实训基地、课改试验点，开展三地学生生活体验和互动。在就业创业方面，呼包鄂三市也要协同建立统一来源、统一标准的就业信息数据库，实现三市业务经办统一流程，共享就业创业信息，为大学生就业创业和人才自由流动创造更为宽松的环境。以集聚各类科技创新创业人才为目标，探索建立户口不迁、关系不转、身份不变、双向选择、能进能出的柔性人才流动机制。

就呼包鄂城市群医疗卫生发展的现状来看，三市在医疗卫生体方面的合作空间依然很大，可以考虑建立城市群医疗卫生共享平台。城市群医疗卫生服务共享平台的搭建，建议从三点入手。第一，建立呼包鄂城市群居民健康信息电子档案库，档案库记载居民所有的就医及诊断记录，个人健康电子档案以其省份证件进行编号。第二，推行城市群医疗一卡通，在诊断结果、费用报销等方面实现互通互认。第三，推动医疗资源流向农牧区等基层地区，实现基本医疗卫生服务均等化。

五、优先突破基础设施、生态保护领域

要以拓展空间、补齐短板为目标，大力推进基础设施互联互通，统筹规划跨区域重大基础设施，以同城化、网络化、便捷化为方向，建设区域综合交通运输网络、能源输送通道、油气管道和信息基础设施，逐步建立统一的基础设施管理系统，形成能力充分、衔接顺畅、运行高效、服务优质、安全环保的一体化现代基础设施体系。

呼包鄂城市群将推共同打造呼包鄂1小时快速铁路经济圈；构建呼包鄂中心城区2小时公路经济圈。推动呼包鄂3个干线、支线机场间协作，有序推进区域内通用通勤机场建设。同时，还将建设城市市区内和市区至旗县及乡村公共交通，推进三市轨道交通建设和公共交通互联互通。以内蒙古和林格尔国家级新区为核心，协同构建快速、便捷、高效、安全、大容量、低成本的区域互联互通综合交通网络。还要依托三市云计算、数据中心、产业优势，统筹推进呼包鄂信息网络建设。推进三市固话并网升位、区号统一、资费同城，实现通信同城同网。党的十八大报告中将优化国土空间开发格局作为生态文明建设的重要抓手，指出"要按照人口资源环境相均衡、经济社会生态效益相统一的原则，控制开发强度，调整空间结构，促进生产空间集约高效、生活空间宜居适度、生态空间山清水秀"。呼包鄂三市大部分区域列入了国家重点开发区域，这是呼包鄂三市发展的基本条件和重要保障。在一定范围的国土空间，多少土地用于经济建设、多少土地用于社会事业的需求和生态安全的保障，有科学的规律。大气治理方面，要建立区域大气环境联合执法监管和污染事件应急处置机制、跨区域污染防治会商和协调处理机制、环境信息共享机制、区域大气污染预警应急机制，提升区域大气污染联控能力。流域治理方面，建立以重点流域为单元的水污染防治区域联动机制，共同推进水资源保护区规范化建设管理，确保流域饮用水安全。通过实施最严格的生态环境保护制度，建立生态系统保护修复和污染防治区域联动机制，规划实施跨区域的重大生态系统修复工程，开展环境联防联控和流域共治、重点行业和领域污染综合防治，共同发展循环经济，实现人与自然和谐共生。

呼包鄂协同发展，必须走生态优先、绿色发展之路。要推进生态文明联合共建，坚持绿色富区、绿色惠民，合理有序利用自然，划定农业空间和生态空间保护红线，科学构建城市化格局、农业发展格局和生态安全格局；协同建立生态系统保护修复，统筹规划实施贯通三地的重大生态系统修复工程，加快建设呼和浩特—包头大青山前坡生态综合治理工程、包头—鄂尔多斯沿黄生态绿化带工程、呼和浩特—鄂尔多斯黄河生态带，推进重要干线绿廊建设，构筑生态安全屏障，打造祖国北疆亮丽风景线。

六、创新城市群府际合作

中国城市群的形成和治理机制带有典型的"政府主导型"特征。虽然不同类型、不同规模、不同发展程度的城市群在开展府际合作的过程中所面临的具体问题不尽相同，但在如何突破"行政区行政"这一体制性障碍的问题上却有着高度的同质性。结合呼包鄂城市群府际关系结构，呼包鄂城市群府际合作应做到如下五点：

（1）理念创新，即树立短期"让利"基础上的长期"共赢"理念。由于城市政府均有自己的行政辖区，属地经济观念严重，加之城市政府间的合作在短期内往往投入大于产出，难以取得立竿见影的收益，这使得城市政府间的一些合作协议、合作项目往往流于形式或半路夭折。可以说，如果不做短期"让利"的思想准备，城市政府之间就难以形成具有长效性的合作共赢局面。当然，不能单纯依靠城市政府的自觉或上级政府的行政命令来实现短期"让利"，这就需要建立合理的政府间利益补偿机制。如果脱离了单体城市的现实利益，城市群的府际合作也就丧失了最重要、最直接的动力。

（2）组织创新，即建立权威的城市群综合协调管理机构。对地方政府而言，"行政区行政"远比跨行政区的府际合作更易于操作，也更加"实惠"。因此，要使地方政府间的合作变得更加规范、更富效率、更具长效性，有必要建立权威的综合协调管理机构，以此来消解"行政区行政"对府际合作造成的重重阻力。例如，根据呼包鄂城市群一体化发展的现实需要和各城市利益相统一的原则，可通过建立中共内蒙古自治区呼包鄂城市群工作委员会、呼包鄂城市群管理委员会以及内蒙古自治区人大常委会呼包鄂工作委员会等区域性管理机构来推动和深化呼包鄂城市群的府际合作。

（3）制度创新，即逐步建立一套具有较强约束力和执行力的城市群府际合作制度体系。内蒙古自治区政府可以借鉴珠三角城市群的做法，会同呼包鄂三市政府共同制定一部"合作章程"。在此基础上，从呼包鄂城市群府际合作的实践特点出发，建立并完善相应的例会制度、审核制度、申诉制度、协商制度、考评制度、问责制度、专家咨询制度和信息公开制度等。针对具体的合作事项制定相应的工作条例和细则，明确职责分工，规范工作程序，通过制度建设来推动呼包鄂城市群府际合作的常态化、长效化和规范化。

（4）拓宽领域，即把当前主要集中于经济领域的府际合作逐步拓展至非经济领域，如加强城市群公共服务资源共建共享中的府际合作。城市群的空间结构特征为城市群公共服务资源的共建共享奠定了重要前提和基础，但这一愿景能否真正实现则要取决于城市政府间的合作。通过借鉴国内外地方政府合作提供公共服务的成功经验，结合呼包鄂城市群的实际特点，在兼顾经济一体化的同时，从合作规则、合作方式、合作平台、供给系统、协调机构和监督评估结构六个方面对呼包鄂城市群公共服务资源共建共享中的府际合作机制进行全方位设计，以此来推动呼包鄂城市群公共服务的一体化、均等化，进而带动呼包鄂城市群经济社会的整体协调发展。

（5）在相关政策落实方面，通过改革创新体制机制和实行差别化政策。开放合作方面，以内蒙古和林格尔国家级新区为核心区，积极争取设立中国（内蒙古）自由贸易试验区，加快满都拉口岸、鄂尔多斯综合保税区建设，推动建设面向俄蒙的经济合作区、进出口商品加工区和旅游经济合作区，将呼包鄂地区打造成为自治区"向北开放"中心和内蒙古参与"丝绸之路经济带""中俄蒙经济走廊"建设的核心区。对外开放服务与监管方面，协同推进内蒙古电子口岸建设，形成电子口岸跨盟市共建、共管、共享机制，推动企业运营信息与监管系统对接，提高区域通关便利化水平。

七、创新发展评价和考核体系

创新是引领发展的第一动力，是新时代建设现代化经济体系的战略支撑。2017 年 7 月，国务院印发《关于强化实施创新驱动发展战略进一步推进大众创业万众创新深入发展的意见》，旨在进一步系统性优化创新创业生态环境，强化政策供给，突破发展瓶颈，充分释放全社会创新创业潜能，在更大范围、更高层次、更深程度上推进大众创业、万众创新，并明确指出"大众创业、万众创新深入发展是实施创新驱动发展战略的重要载体"。

创新发展是一个国家或地区发展的核心驱动力，而创新发展评价是制定区域创新发展政策的前提，是推动区域创新工作持续健康发展的重要手段。创新发展评价不仅是对过去及现在科技创新活动结果的确认，更对未来科技创新发展方向有重要的引导作用。理念创新、组织创新、制度创新、拓宽领域共同构成呼包鄂城市群创新发展的核心内容。

创新发展评价指标的选取要能够科学反映创新发展中的某一个特征，并具有一定的代表性。要重点关注城市群理念创新、组织创新、制度创新、拓宽领域等各方面情况，并选取有代表性的个案指标增强解释力。还要具有一定的稳定性，由于创新能力指数指标体系是对呼包鄂城市群进行的以年度为单位的、连续的、长期监测和评价，所选取的指标应当在一段时期内保持内涵、来源和计算方法的相对稳定，从而保持年度评价的稳定和可比性。与国内外有代表性的指数指标体系类似，针对呼包鄂城市群创新能力指数指标的筛选，需要与呼包鄂城市群创新工作特点、创新发展的实际需求和创新政策实施的要求有效结合，需要突出呼包鄂城市群创新发展的区域特色，比如重点关注呼包鄂城市群在特色产业发展方面具有比较优势的指标，例如稀土产业、绿色农畜产业等相关领域的代表性指标。

对呼包鄂三市发展的评价，要更加注重考察地方政府行为对长期发展和区域整体利益的影响，提高长期成效和整体效应在考核指标体系中的权重；要强化督促检查，对自治区确定的事项落实情况和责任分工进行定期、不定期检查和评估。审批制度方面，在呼包鄂率先成立政务服务综合体，逐步实现三市之间审批互认。修订和完善区域内有关领导干部考核指标体系和办法，逐步以区域协同发展指标来替代部分传统地区性统计指标，引导三市正确处理短期利益和长远利益、局部利益和整体利益的关系，形成有利于协同发展的工作导向。

理念创新、组织创新、制度创新、拓宽领域是呼包鄂三市之间的协同发展的前提，通过理念上对三市合作共赢的坚定，才能有合作组织和制度上的创新，才能在不同领域之间都有一席之地。例如，呼包鄂城市群应不断增加研发投入，优化动力结构，提升区域自主创新能力。高度重视对基础研究的投入，并通过一系列优惠政策主动积极引导企业加强科研投入，提升现有优势产业的领先水平，弥补弱势产业的不足，以关键领域为突破口形成创新支撑战略，既强调对产业的引导，也重视应用成果。还应加大基础设施建设，明确自身功能定位，扩大对外开放，全面提升产业契合度。主要围绕交通运输业、文化产业、旅游业、金融产业、生态产业等产业提高认识，积极寻找切入点，制定翔实行动方案，推进呼包鄂城市群的协同发展。还要注意到呼包鄂城市群的协同发展一定是绿色发展，这不纯粹是经济问题，更是民生问题。要时刻牢记良好生态环境是最公平的公共产品，是最普惠的民生福祉。呼包鄂城市群必须转变粗放式发展方式，形成节约资源和保护环境的空间格局和产业结构，为人民群众营造良好的生产生活环境，切实推动绿色发展。多方面相结合的发展考核体系才能保证呼包鄂城市群得以健康发展。

主要参考文献

[1] 包头市地方志编纂委员会编：《包头市志》，远方出版社 2007 年版。

[2] 布仁：《呼和浩特市城市发展及规划编制简史》，载于《内蒙古师范大学学报》2013 年第 7 期。

[3] 曹广忠、刘涛：《中国省区城镇化的核心驱动力演变与过程模型》，载于《中国软科学》2010 年第 9 期。

[4] 曹永年主编：《内蒙古通史》，内蒙古大学出版社 2009 年版。

[5] 陈博文、白永平、吴常艳：《基于"时空接近"的区域经济差异、格局和潜力研究——以呼包鄂榆经济区为例》，载于《经济地理》2013 年第 33 卷第 1 期。

[6] 陈明：《中国城镇化发展质量研究评述》，载于《规划师》2012 年第 7 期。

[7] 陈永林、谢炳庚、张爱明、柴超前：《不同尺度下交通对空间流动性的影响》，载于《地理学报》2018 年第 73 卷第 6 期。

[8] 程广斌、申立敬、龙文：《丝绸之路经济带背景下西北城市群综合承载力比较》，载于《经济地理》2015 年第 35 卷第 8 期。

[9] 程莉：《产业结构的合理化、高级化会否缩小城乡收入差距——基于 1985—2011 年中国省级面板数据的经验分析》，载于《现代财经》2014 年第 11 期。

[10] 程利莎、王士君、杨冉：《基于交通与信息流的哈长城市群空间网络结构》，载于《经济地理》2017 年第 37 卷第 5 期。

[11] 邓春玉：《珠三角与环珠三角城市群空间经济联系优化研究》，载于《城市问题》2009 年第 7 期。

[12] 狄乾斌、韩帅帅、韩增林：《中国地级以上城市经济承载力的空间格局》，载于《地理研究》2016 年第 2 期。

[13] 方创琳、王振波、马海涛：《中国城市群形成发育规律的理论认知与地理学贡献》，载于《地理学报》2018 年第 73 卷第 4 期。

[14] 方大春、孙明月：《高铁时代下长三角城市群空间结构重构——基于社会网络分析》，载于《经济地理》2015 年第 35 卷第 10 期。

[15] 方叶林、黄震方、涂玮：《社会网络视角下长三角城市旅游经济空间差异》，载于《热带地理》2013 年第 33 卷第 2 期。

[16] 高相铎、陈天：《我国新型城镇化背景下城市群规划响应》，载于《城

市发展研究》2014年第21卷第5期。

[17] 郭锐、樊杰：《城市群规划多规协同状态分析与路径研究》，载于《城市规划学刊》2015年第2期。

[18] 《国务院关于进一步促进内蒙古经济社会又好又快发展的若干意见》。

[19] 郝维民、齐木德道尔吉主编：《内蒙古通史纲要》，人民出版社2006年版。

[20] 郝维民、齐木德道尔吉主编：《内蒙古通史（国家社科基金成果文库）》，人民出版社2012年版。

[21] 赫胜彬、王华伟：《京津冀城市群空间结构研究》，载于《经济问题探索》2015年第6期。

[22] 侯赟慧、刘洪：《基于社会网络的城市群结构定量化分析——以长三角洲城市群资金往来关系为例》，载于《复杂系统与复杂性科学》2006年第3卷第2期。

[23] 侯赟慧、刘志彪、岳中刚：《长三角区域经济一体化进程的社会网络分析》，载于《中国软科学》2009年第12期。

[24] 呼和浩特市地方志编纂委员会编纂：《呼和浩特市志》，内蒙古人民出版社1999年版。

[25] 黄妍妮、高波、魏守华：《中国城市群空间结构分布与演变特征》，载于《经济学家》2016年第9期。

[26] 霍华德：《明日的田园城市》，商务印书馆2000年版。

[27] 靳涛、陈嘉佳：《转移支付能促进地区产业结构合理化吗——基于中国1994—2011年面板数据的检验》，载于《财经科学》2013年第10期。

[28] 孔凡文等：《城市综合承载力的内涵及测算思路》，载于《城市问题》2012年第1期。

[29] 蓝庆新、陈超凡：《新型城镇化推动产业结构升级了吗？——基于中国省级面板数据的空间计量研究》，载于《财经研究》2013年第12期。

[30] 李冰晶：《"呼包鄂"协同发展的回波扩散效应研究》，载于《中国市场》2018年第15期。

[31] 李炳坤：《关于加快推进城镇化的几个问题》，载于《中国工业经济》2002年第8期。

[32] 李东序、赵富强：《城市综合承载力结构模型与耦合机制研究》，载于《城市发展研究》2008年第6期。

[33] 李峰：《包头城市规划历程的思想解读》，载于《山西建筑》2011年第37卷第5期。

[34] 李国平、王立明、杨开忠：《深圳与珠江三角洲区域经济联系的测度及分析》，载于《经济地理》2001年第21卷第1期。

[35] 李俊权：《呼包鄂城市群开行动车组列车研究》，兰州交通大学2016

年硕士学位论文。

　　［36］李凯、刘涛、曹广忠：《中国典型城市群空间范围的动态识别与空间扩展模式探讨——以长三角城市群、武汉城市群和成渝城市群为例》，载于《城市发展研究》2015 年第 22 卷第 11 期。

　　［37］李克强：《协调推进城镇化是实现现代化的重大战略选择》，载于《行政管理改革》2012 年第 11 期。

　　［38］李廉水，Stough R R：《都市圈发展：理论演化·国际经验·中国特色》，科学出版社 2006 年版。

　　［39］李响：《长三角城市群经济联系网络结构研究——基于社会网络视角的分析》，载于《上海金融学院学报》2011 年第 4 期。

　　［40］梁宇、郑新奇、宋清华、白书建：《中国大陆交通网络通达性演化》，载于《地理研究》2017 年第 36 卷第 12 期。

　　［41］刘承良、余瑞林、熊建平等：《武汉都市圈经济联系的空间结构》，载于《地理研究》2007 年第 26 卷第 1 期。

　　［42］刘惠敏：《长江三角洲城市群综合承载力的时空分异研究》，载于《中国软科学》2011 年第 10 期。

　　［43］刘士林：《关于我国城市群规划建设的若干重要问题》，载于《江苏社会科学》2015 年第 5 期。

　　［44］刘玉亭、王勇、吴丽娟：《城市群概念、形成机制及其未来研究方向评述》，载于《人文地理》2013 年第 28 卷第 1 期。

　　［45］罗家德：《社会网络分析讲义》，社会科学文献出版社 2005 年版。

　　［46］梅志雄、徐颂军、欧阳军等：《近 20 年珠三角城市群城市空间相互作用时空演变》，载于《地理科学》2012 年第 32 卷第 6 期。

　　［47］孟德友、陆玉麒：《基于引力模型的江苏区域经济联系强度与方向》，载于《地理科学进展》2009 年第 28 卷第 5 期。

　　［48］《内蒙古大辞典》编委会：《内蒙古大辞典》，内蒙古人民出版社 1991 年版。

　　［49］内蒙古自治区统计局编：《内蒙古亮丽 70 年》，中国统计出版社 2017 年版。

　　［50］潘竟虎、胡艳兴：《中国城市群"四化"协调发展效率测度》，载于《中国人口·资源与环境》2015 年第 25 卷第 9 期。

　　［51］彭翀、林樱子、顾朝林：《长江中游城市网络结构韧性评估及其优化策略》，载于《地理研究》2018 年第 37 卷第 6 期。

　　［52］彭建、魏海、李贵才、陈昕、袁媛：《基于城市群的国家级新区区位选择》，载于《地理研究》2015 年第 34 卷第 1 期。

［53］任艳丽、张丽:《呼包鄂区域交通发展探析》,载于《内蒙古科技与经济》2012年第10期。

［54］善邻协会:《蒙古大观》,改造社1938年版。

［55］石忆邵等:《城市综合承载力的研究进展及展望》,载于《地理研究》2013年第1期。

［56］史东辉:《工业化、去工业化、后工业化与服务经济的形成》,上海大学出版社2012年版。

［57］苏红键:《城市承载力评价研究述评与展望》,载于《江淮论坛》2017年第1期。

［58］孙斌栋、华杰媛、李琬、张婷麟:《中国城市群空间结构的演化与影响因素——基于人口分布的形态单中心—多中心视角》,载于《地理科学进展》2017年第36卷第10期。

［59］孙莉、吕斌、周兰兰:《中国城市承载力区域差异研究》,载于《城市发展研究》2009年第3期。

［60］汤放华、汤慧、孙倩、汤迪莎:《长江中游城市集群经济网络结构分析》,载于《地理学报》2013年第68卷第10期。

［61］佟宝全:《基于系统动力学的城市群发展情景仿真模拟——以呼包鄂地区为例》,载于《干旱区资源与环境》2017年第31卷第4期。

［62］王春杨、吴国誉、张超:《基于DMSP/OLS夜间灯光数据的成渝城市群空间结构研究》,载于《城市发展研究》2015年第22卷第11期。

［63］王丹、陈爽:《城市承载力分区方法研究》,载于《地理科学进展》2011年第5期。

［64］王丽:《城市群的界定与识别研究》,载于《地理学报》2018年第8期。

［65］王欣、吴殿廷、王红强:《城市间经济联系的定量计算》,载于《城市发展研究》2006年第3期。

［66］魏后凯、张燕:《全面推进中国城镇化绿色转型的思路与举措》,载于《经济纵横》2011年第9期。

［67］邬文艳:《呼包鄂城市群空间结构及其演化机制》,内蒙古师范大学硕士学位论文2009年。

［68］吴敬琏:《中国增长模式抉择》,上海远东出版社2010年版。

［69］吴启焰:《城市空间结构的研究与展望》,载于《地理学与国土研究》2001年。

［70］夏春萍:《工业化、城镇化与农业现代化的互动关系研究》,载于《统计与决策》2010年第10期。

［71］熊建新、陈端吕、谢雪梅:《基于状态空间法的洞庭湖区生态承载力

综合评价研究》，载于《经济地理》2012 年第 11 期。

[72] 熊剑平、刘承良、袁俊：《国外城市群经济联系空间研究进展》，载于《世界地理研究》2006 年第 15 卷第 1 期。

[73] 徐境、石利高：《呼包鄂区域一体化发展的空间动力机制及模式框架研究》，载于《干旱区资源与环境》2010 年第 24 卷第 7 期。

[74] 许明军、杨子生：《西南山区资源环境承载力评价及协调发展分析——以云南省德宏州为例》，载于《自然资源学报》2016 年第 10 期。

[75] 阎东彬：《京津冀一体化进程中重点城市综合承载力研究》，载于《国家行政学院学报》2015 年第 7 期。

[76] 颜银根、文洋：《城市群规划能否促进地区产业发展？——基于新地理经济学的研究》，载于《经济经纬》2017 年第 34 卷第 2 期。

[77] 杨朝远、李培鑫：《中国城市群可持续发展研究——基于理念及其评价分析》，载于《重庆大学学报（社会科学版）》2018 年第 24 卷第 3 期。

[78] 姚士谋：《中国的城市群》，中国科学技术大学出版社 1992 年版。

[79] 伊克昭盟地方志编纂委员会编：《伊克昭盟志》，现代出版社 1994 年版。

[80] 余菜花、崔维军：《安徽省城市空间经济联系的网络特征分析》，载于《华东经济管理》2012 年第 26 卷第 9 期。

[81] 郁建兴，瞿志远：《就业能力理论及其中国应用》，载于《毛泽东邓小平理论研究》2010 年第 9 期。

[82] 张浩然、衣保中：《城市群空间结构特征与经济绩效——来自中国的经验证据》，载于《经济评论》2012 年第 1 期。

[83] 张建菅、毛艳华：《珠三角城市群经济空间联系实证分析》，载于《城市问题》2012 年第 10 期。

[84] 张秋亮、白永平、黄永斌：《呼包鄂榆经济区县域经济的时空变化》，载于《经济地理》2012 年第 32 卷第 8 期。

[85] 张伟：《都市圈的概念、特征及其规划探讨》，载于《城市规划》2003 年第 27 卷第 6 期。

[86] 张小富、张协奎：《广西北部湾经济区城市群城市综合承载力评价研究》，载于《国土与自然资源研究》2011 年第 2 期。

[87] 张珣、陈健璋、黄金川、于重重、陈秀新：《基于空间聚类方法的京津冀城市群多层级空间结构研究》，载于《地理科学进展》2017 年第 36 卷第 11 期。

[88] 张勇、蒲勇健、陈立泰：《城镇化与服务业集聚——基于系统耦合互动的观点》，载于《中国工业经济》2013 年第 6 期。

[89] 张云飞：《城市群内产业集聚与经济增长关系的实证研究——基于面板数据的分析》，载于《经济地理》2014 年第 34 卷第 1 期。

[90] 张贞冰、陈银蓉、赵亮、王婧：《基于中心地理论的中国城市群空间自组织演化解析》，载于《经济地理》2014 年第 34 卷第 7 期。

[91] 赵勇、魏后凯：《政府干预、城市群空间功能分工与地区差距——兼论中国区域政策的有效性》，载于《管理世界》2015 年第 8 期。

[92] 周婕、卢孟：《基于 MODIS 影像和夜间灯光数据的长江中游城市群空间特征研究》，载于《现代城市研究》2017 年第 4 期。

[93] 周清澍主编：《内蒙古历史地理》，内蒙古高等教育自学考试指导委员会办公室编印 1991 年版。

[94] 周一星、张莉：《中国大陆对外经济联系的空间格局》，载于《经济地理》2000 年第 20 卷第 1 期。

[95] 卓莉：《基于夜间灯光数据的中国城市用地扩展类型》，载于《地理学报》2006 年。

[96] Elvidge C D, Baugh K E, Kihn E A et al, Mapping city lights with night-time date from the DMSP operational line-scan system. *Photogrammetric Engineering and Remote Sensing*, Vol. 63, 1997, pp. 727 – 734.

[97] Gottmann J. Megalopolis, the urbanized northeastern seaboard of the United States [J]. *Economic Geography*, Vol. 39, No. 2, 1963, pp. 441 – 444.

[98] Krugman P. R, Increasing Returns and Economic Geography [R]. *Journal of Political Economy*, Vol. 99, No. 3, 1991, pp. 483 – 499.

[99] Masahisa Fujita, Paul Krugman and Anthony J. Venables, *The Spatial Economy*: Cities, Regions and International Trade, Cambridge Mass, MIT Press.

[100] Nemani R, Running S, Land cover characterization using multitemporal red, near – IR, and thermal – IR date from NOAA/AVHRR. *Ecological Applications*, Vol. 7, No. 1, 1997, pp. 79 – 90.

[101] Sechin Jagchid and Paul Hyer, *Mongolia's Culture And Society*. America：Westview press, Inc, 1979.

[102] Taaffe E J, The urban hierarchy. *An air passenger definition. Economic Geography*, Vol. 38, No. 1, 1962, pp. 1 – 14.

后　　记

　　《呼包鄂城市群协同发展研究》是"内蒙古自治区地缘经济数据工程技术研究中心"和"草原英才"项目资助的研究成果。本书出版之际，心中满满的感慨、感恩和感谢。

　　2016 年内蒙古自治区地缘经济数据工程技术研究中心获批；2017 年和 2021 年，"草原英才"项目分别获得滚动支持。

　　本书的出版获得了中国城市群研究丛书学术委员会专家的指导，没有他们的建议、支持和鼓励，就不会有本书的出版。

　　本书由内蒙古大学师生共同完成，共十章。其中第一章和第二章由晓敏撰写，第三章由茶娜撰写，第四章和第五章由薛继亮撰写，第六章由王宇撰写，第七章由秦虎撰写，第八章、第九章和第十章由崔新蕾撰写。杜凤莲对全书框架、章节安排进行统一设计，并对全稿进行了统一修订完善。

　　完稿之际，感觉有许多缺憾。特别是随着《黄河流域生态保护和高质量发展规划纲要》的印发，发现有很多重要话题以及闪光点都没有能够呈现在本书中。当然，因为笔者知识水平所限，疏漏之处在所难免，恳请指正。

杜凤莲、崔新蕾等

2022 年 12 月